登陆日

"海王"行动、"霸王"行动和诺曼底之战

D-DAY Operations Manual
'Neptune', 'Overlord' and the Battle of Normandy

[英]乔纳森·法尔康纳（Jonathan Falconer） 著

姚军 译 杨文嘉 审订

WUHAN UNIVERSITY PRESS
武汉大学出版社

CONTENTS 目录

1944 年 6 月初，美国陆军第 18 团级战斗队（RCT）的 GMC 卡车在英格兰南部海岸正在装载到第 134 号坦克登陆舰（LST）上，为"霸王"行动做准备。这艘坦克登陆舰是"O"突击部队第 12 号坦克登陆舰支队第 30 大队的 24 艘同型号舰艇之一，该部队的目标是在 6 月 6 日登上"奥马哈"海滩的"F 区绿段"（Fox Green）和"E 区红段"（Easy Red）。（图片来源：美国国家档案馆）

BERTH E

序

斯图尔特·沃特森少将、大英帝国司令勋章获得者（1944 年 6 月 6 日时隶属第 13/ 第 18 皇家骠骑兵团）

下图：1944年6月6日8时40分左右，洛瓦特勋爵（在水中，他的部下右边）率领第1特勤旅登上"剑"海滩Q区红段，图中可以看到第13/第18皇家骠骑兵团的谢尔曼两栖坦克和其他车辆。（图片来源：阿拉米图库）

在诺曼底登陆75周年之际，海恩斯（Haynes）出版公司推出一个关于诺曼底登陆的新版本，这个版本是1944年诺曼底登陆到横渡塞纳河之间历次战役的全面指南，新版本中有更多个人的贡献，并增加了有关英美爆破工兵和海滩大队活动的新章节，这些部队对行动的成功起到了重要作用。

本书介绍了为此次行动提供的各种设备，其中许多是新装备和非常规装备；它们的出现很大程度上要归功于时任英国首相的热情支持，

以及第 79 装甲师师长珀西·霍巴特（Percy Hobart）少将的决心与训练能力。

我所在的第 13/ 第 18 皇家骠骑兵团于 1943 年春季加入第 79 装甲师[1]，整个夏季里都使用"瓦伦丁"坦克进行训练。秋季，我们在诺福克使用"瓦伦丁"两栖坦克（缩写为 DD，意为"双驱动"）训练，这时我们才第一次知道未来的任务。1944 年初，我们继续在苏格兰的马里湾（Moray Firth）与第 3 步兵师一同训练，那里的地形与"剑"海滩有着惊人的相似之处。4 月，我们转移到英格兰南部，两栖坦克中队则前往戈斯波特（Gosport）。直到 D 日前的 6 周，我们才在那里接收了"谢尔曼"两栖坦克。

我们于 6 月 4 日登上登陆艇，5 日开往诺曼底，因为恶劣天气，D 日已被推迟了一天。在惊涛骇浪中渡海之后，我们的 40 辆两栖坦克中有 31 辆于 6 日 7 时 30 分左右登陆"剑"海滩，此前，它们在水中行驶了 5000 码（约 4570 米）。

我们本应最先抵达，结果装甲工兵抢先了一步，随后是步兵和两栖坦克。泅渡中，我们只损失了两辆坦克，很幸运的是，只有很少的伤亡。当坦克在海滩上提供火力支援时，主发动机将关闭，只使用辅助发电机，以节约燃油。

当时，由于未能及时打通足够多的海滩出口，岸上变得非常拥挤，坦克重启发动机向前开进时，有 19 台克莱斯勒汽油发动机无法启动，这是海水渗入发动机舱造成的。如果能将柴油动力的谢尔曼坦克改装成两栖坦克，这一幕就不会发生了。无法启动的坦克被上涨的潮水淹没了，几个小时之内，增援的坦克上岸了，燃油也不再短缺。

"剑"海滩以西的几个海滩天气更为恶劣，两栖坦克只能在水中行驶 1000 码（约 914 米），有些情况下甚至完全不能入水。尽管如此，人们普遍认为两栖坦克为登陆成功作出了很大的贡献，日后在横渡莱茵河的行动中再次使用两栖坦克。

本书中介绍的其他装备，也就是所谓的"霍巴特的马戏团"，都为诺曼底战役作出了很大的贡献。我认为，这可以归功于非常全面、逼真的训练，以及极高的保密级别。

我向所有对这一有史以来最大规模的海陆空联合作战感兴趣的人推荐本书。

斯图尔特·沃特森少将（大英帝国司令勋章获得者）
2018 年 12 月 21 日于威尔特郡

---

[1] 此处沃特森少将的回忆不甚准确。第 13/ 第 18 皇家骠骑兵团随第 27 装甲旅于 1942 年 9 月 8 日转隶至第 79 装甲师。不过 1943 年的 4 月，该团明确将参与登陆作战，当月该团收到了首辆"瓦伦丁"坦克。——审校注

6月6日正午刚过，加拿大第9步兵旅的第二批部队（可能是加拿大高地轻步兵团），携带自行车从大型步兵登陆艇（LCIL）上向滨海贝尔尼埃（Bernières-sur-Mer）的"朱诺"海滩"N区白段"（Nan-White）区域登陆。在照片中央，"丘吉尔"AVRE架桥坦克已经在防波堤上搭建了一座小箱梁桥（SBG），为轮式车辆建立一条海滩上的通道。（图片来源：加拿大国家档案馆PA-131506）

前言

"这里是 BBC 国内广播。约翰·斯纳格（John Snagge）为你播报特别新闻。登陆日到来了，今天凌晨，盟军开始攻击德军欧洲堡垒的西北面。第一条正式新闻发布于 9 时 30 分，盟军远征军最高司令部发表了第一号公告：'在艾森豪威尔将军的指挥下，盟军海军在强大的空军支持下，于今晨在法国北部海岸运送陆军部队开始登陆。'"

19 44年6月6日，整个世界都被盟军进攻法国的重大新闻所惊醒——这是人类历史上最大规模的两栖作战。"霸王"行动已经展开，仅仅6月6日这一天就有156000名士兵（包括20000名空降兵）在诺曼底登陆，盟军为运送这些部队动用了6939艘舰艇（包括为了第二天和第三天登陆部队和预备队准备的船只）和空军的14674架次飞机。到6月11日（D+5日）结束时，已经有326547名士兵、54186台车辆和104428吨补给品通过滩头和空投上岸。

从海上发动正面进攻是风险极高的行动，它的成功取决于周密的计划和大胆的实施。在第一批部队上岸之前，冒险空降的伞兵和乘坐滑翔机降落的步兵已经占领了攻击区域侧翼的关键阵地，这是第一次，也是最后一次在夜色中发起的大规模伞降。

"霸王"和"海王"（攻击行动的海军部分）行动计划的确很周密，其中涉及大西洋两岸的数千人。德国人知道总攻即将开始，但是直到第一支部队登上诺曼底海滩，他们还不知道盟军登陆点的具体位置，甚至不确定这是不是为了配合在别处登陆而进行的佯攻。

D日之所以重要还有以下几个原因：见证了伞兵和滑翔机机降部队的大量采用；是欧洲战场上第一次大量使用专门的两栖登陆舰艇的登陆战役，而且在登陆前后，第一次使用了大规模的战术空中支援。

诺曼底登陆也是历史上科技发明第一次担当重要角色的大规模登陆战役——从运载坦克的滑翔机、两栖坦克、专业工程车辆，到协助海岸扫雷和登陆舰艇到达正确滩头的无线电导航设备，还有引导盟军作战飞机的浮动指挥控制中心；对盟军的补给和油料供应，到前线附近前方机场的建造等。

D日：背景

在D日于法国北部海岸登陆的行动由英国和美国军队联合承担。按照盟军作战计划人员的说法，"海王"行动（海军部分）和"霸王"行动（地面部队）的目标是"在欧洲大陆建立一个稳固的立脚点，并由此发起进一步的攻击"。

"霸王"计划的主要特点是在登陆海滩的东侧和西侧空投3个空降

对页图：盟军的两位主要指挥官在登陆日："艾克"（Ike）——盟军总司令德怀特·D.艾森豪威尔将军（Dwight D. Eisenhower, 右），"蒙蒂"（Monty）——这次攻击行动的盟军地面部队总司令伯纳德·L.蒙哥马利将军（Bernard L. Montgomery，左）。（图片来源：美国国家档案馆）

师，然后由 5 个步兵师、英军突击队和美国陆军"游骑兵"部队发动总攻，这些部队由船只和登陆舰艇沿着乌伊斯特勒昂（Ouistreham）和瓦尔勒维尔（Varreville）之间 80 千米宽的战线进行运送。他们和 D 日的第二批攻击部队会合，然后与 6 月 7 日登陆的其余后续部队会合。此后的计划以每天 $1\frac{1}{3}$ 个师的速度加强登陆部队的兵力。一旦建立了稳固的立足点，目标就是占领瑟堡（Cherbourg）港，然后挥师南下，在 35 ~ 40 天之内占领布列塔尼地区的各港口。终极的目标是，消灭西部战线的德国军队，占领巴黎，并解放法国南部。

欧洲堡垒

但是，打破德军自称的"欧洲堡垒"对于任何进攻者来说都是艰苦的任务。德军投入了大量资源，沿着欧洲北部海岸构筑了大规模的坚固堡垒（"大西洋壁垒"），目标是在足够长的时间内挫败盟军的进攻，使德军能够调集部队，将盟军突袭部队击退到海中；德军在法国海岸构筑防御雷区，并建立了一个雷达链，提供对突袭部队的早期预警。德国空军虽然已经被盟军的战略空袭严重削弱，但仍然是一支不可小视的力量，纳粹海军的 U 艇游弋于比斯开海岸，它们能够给英吉利海峡的登陆船队带来毁灭性的打击。

下图：D 日最初的登陆行动之后，加拿大部队登上"朱诺"海滩。左侧是 519 号突击登陆艇（LCA）的船体，画面前方可以看到德军布设的滩头障碍物已被海滩大队的士兵拆除。右侧是第 11 坦克登陆舰分舰队的 474 号 Mk 3 型坦克登陆舰，它于登陆行动发动后 4 小时（H+4）携带 190 吨物资在圣欧班（St-Aubin）以西的 N 区红段抢滩。

关于本书

本书标题及正文中的"D日"是从1944年6月6日至8月底整个诺曼底战役期间的简称（具体"D日"指6月6日，"D+5日"指6月11日）。本书有些章节中D日与6月6日当天有关，有些章节介绍的则是整个诺曼底战役的情况。

有两个主题特别适合于海因斯系列丛书"看看这是如何做到的"风格，所以相对于其他章节做了更为详细的介绍，它们是"桑椹港"和"前方着陆场"。这两者和D日没有直接关系，但是前者（"桑椹港"）使盟军更有信心将最初的攻击位置选在英吉利海峡的重要港口之间（而不是依托这些港口）；而这些攻击区域（前方着陆场或者前方机场）使盟军可以不将加莱（Calais）作为攻击目标（那里有许多现成的机场），而选择其他地点。

在这样篇幅的书籍中，想涵盖整个诺曼底战役中地面、空中和海上行动使用的多种不同系统和所有设备是不现实的，所以我们没有这么做，而是深入介绍了一些D日及之后的战役中使用到的一些设计、构造均有创新的机器，揭示了它们对"霸王"行动和"海王"行动的贡献，这两个行动最终打开了盟军通往欧洲的大门。

下图：美国第9航空队的C–47"空中列车"运输机于D日晚间牵引"霍萨"滑翔机飞过"犹他"海滩。（图片来源：美国国家档案馆）

攻击的地理环境

D 日攻击区域确定在北至北纬 49 度 40 分，西、南、东端分别与塞纳湾沿岸相接。这一区域分为两个任务区，两者的边界从贝桑港（Port-en-Bessin）西防波堤的基点向 25 度方向延伸到西经 0 度 40 分，然后再沿着经线的方向延伸到北纬 49 度 40 分。

西部任务区的行动由奥马尔·M. 布莱德利（Omar M. Bradley）中将率领的美国陆军第 1 集团军承担，海上指挥官是美国海军少将 A.G. 柯克（A.G. Kirk）；东部任务区的行动由迈尔斯·登普西（Miles Dempsey）中将率领的英国陆军第 2 集团军承担，海军指挥官是海军少将菲利普·维安（Philip Vian）爵士。

西部任务区分为两个攻击区域——"犹他"（Utah）区域覆盖科唐坦半岛（Cotentin）的东岸直到维尔河；而"奥马哈"（Omaha）区域覆盖了从奥马哈到英国本土沿岸区域。负责这些区域所

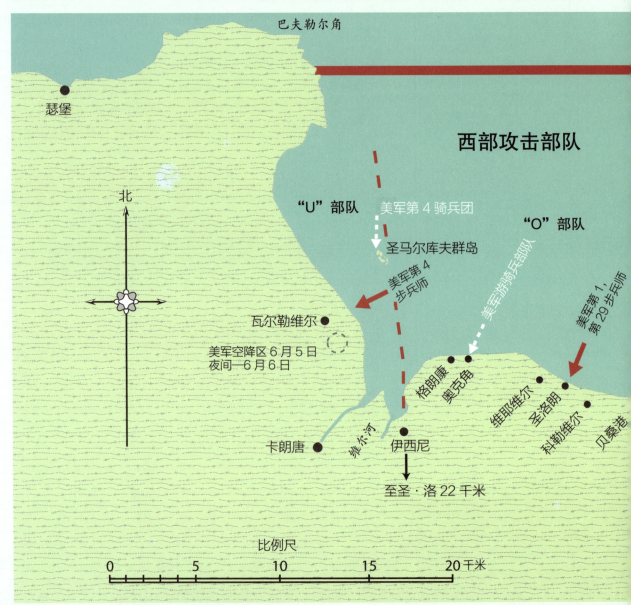

有海上行动的是两个海上突击编队，分别称作"U"和"O"。

美国第 82 和第 101 空降师将降落到科唐坦（Cotentin）半岛。

东部任务区分为三个攻击区——"金"（Gold）从贝桑港到滨海韦尔（Ver-sur-Mer）；"朱诺"（Juno）从滨海韦尔到朗格吕讷；"剑"（Sword）从朗格吕讷到乌伊斯特勒昂——海上行动分别由海军突击编队"G""J"和"S"负责。

英国第 6 空降师（除第 5 伞兵旅外 [1]）降落到卡昂（Caen）以东地区，跨越奥恩河和卡昂运河。

---

[1] 英文原文如此，但这一说法有误。隶属于英国第 6 空降师第 5 伞兵旅的伞兵团第 7 营和伞兵团第 13 营均参加了 D 日当天的"汤加行动"（Operation Tonga）。

这一说法的由来可能是源于原先英国第 6 空降师 D 日当天的作战计划中仅包括第 3 伞兵旅和第 6 机降旅，后者原本计划夺取奥恩河上大桥以及朗维尔 (Ranville) 附近地区。后来因为侦察情报显示德军在此地潜在可用于机降的地区均布置了反滑翔机的障碍柱，部分地区还埋设了地雷，导致无法在 5 日夜至 6 日在此进行大规模机降作战，因而改由第 5 伞兵旅在 D 日执行占领朗维尔附近地区的作战行动。

诺曼底攻击区域作战示意图

东部攻击部队

"G"部队　　"J"部队　　"S"部队

英军突击队
英军第 50 步兵师

加拿大第 3 步兵师
英军突击队

英军突击队

英军第 3 步兵师
英军突击队

勒阿弗尔

塞纳河

阿罗芒什　阿内勒　韦尔　库尔瑟勒　贝尔尼埃　朗格吕讷

巴约

至科蒙 21 千米

乌伊斯特勒昂

英军空降区 6 月 5 日
夜间—6 月 6 日

奥恩河

卡昂

诺曼底攻击区域作战示意图，1944 年 6 月。（图片来源：多米尼克·斯蒂克兰德）

上图：诺曼底乡间，一位美国士兵跑向掩体，此时一辆 M5 "斯图尔特"轻型坦克正在与德军交火。（图片来源：美国国家档案馆）

上图：在诺曼底的一个农场，衣冠不整的德军士兵被手持M1卡宾枪的美军士兵包围。（图片来源：美国国家档案馆）

1944 年 6 月 6 日——亲历者说

登陆舰艇、坦克、作战飞机和单兵武器只有在人们的手中才能发挥作用。尽管各种巧妙的科学技术使诺曼底登陆成为可能，但它仍要依靠人们的努力，没有那些血肉之躯，没有盟军官兵的勇敢顽强，就不可能赢得最终的胜利。

列兵约翰·亨特（John Hunter）——伞兵团第 8 营，奥恩河桥头堡

"我是第 16 个跳伞的。我还记得在飞机里四处张望，想知道其他人在想什么……尽管形势紧张，飞机上似乎完全感受不到应有的压力，相反，战士们相当放松。直到我们飞到法国海岸上空，一切都失控了，所有的威胁似乎都扑面而来。天空中高射炮弹横飞，爆炸声不绝于耳，曳光弹非常缓慢地飞了过来，随后加速上升。飞机散落到各地，这是我有生以来最靠近地狱的一次，而要逃离地狱只有一条路可走，就是跳下去！"

戴维·M. 罗杰斯（David M. Rogers）中士——美国第 101 空降师第 506 伞降步兵团，"犹他"海滩

"打开降落伞时，我就在圣玛丽迪蒙（Sainte Marie du Mont）教堂尖顶的正上方。那天是满月，只有零星的云彩，地面上的一切都很容易看清……我飘到了村庄边缘，降落时伞挂在了篱笆里的一棵小树上。我距离一些建筑物可能有 75 英尺（约 23 米），甩掉降落伞后，我环顾四周，看到一个朦胧的人影正在 150 英尺（约 46 米）外沿着篱笆向我移动。我用识别响片发出模仿蛐蛐的叫声，收到了两声回应。我们向对方靠拢，来者是我同营的军士长艾萨克·科尔（Isaac Cole），看到彼此，我们简直高兴极了。"

伦纳德·布罗克（Leonard Brock）准尉——皇家空军志愿后备队，皇家空军第 299 中队机械师

"我们在空投区遇到了猛烈的防空炮火，我左腿受伤，但后来才知道，我们仍然将伞兵们空降到了正确的位置。我们的两个轮胎都被高射炮火击穿，飞机上有 150 个弹孔，左尾翼上也有一个弹孔，但我们用轮辋安全着陆，并在触地时将起落架拉了起来。这说明'斯特林'飞机能够承受什么样的伤害。"

比尔·邦迪（Bill Bundy）上尉——美国陆军"X 站"[1]，布莱奇利庄园

"大约 3 点，最先接收到信号的房间里突然间窸窣作响，很明显有大事发生。很快，人们就传开了，德军用明文发报称，到处都有伞兵降落，而且发生在更靠近加莱而非诺曼底的地方，因此我能肯定，那是一次欺骗行动。我们后来得知，那根本不是伞兵，而是一捆一捆的稻草，在雷达上看起来是相同的效果。"

---

[1] Bill Bundy 的全名是 William Putnam Bundy，后任美国前东亚和太平洋事务助理国务卿，他的中文名为：彭岱。X 站并不是美国陆军起的代号，而是英国特别行动处（SOE）起的。SOE 给自己的站点起代号的规则是实际工作的站点代号为阿拉伯数字，实验类站点的代号为罗马数字。X 站就是布莱奇利庄园最初的代号。——审校注

诺曼·科尔比（Norman Kirby）中士——蒙哥马利将军的战术空军司令部

"我们此时就像在公海上——如果用'公海'来描绘目之所及这一桅杆林立的景象是正确的话。其他舰艇从我们身边经过，身穿卡其布衣服的乘员挥着手，或者做出粗鲁的手势。"

列兵道格拉斯·"皮特"·莫里斯（Douglas 'Pete' Morris）——皇家通信兵，隶属于英国陆军第 147（埃塞克斯义勇）野战炮兵团

"我们于 6 时 15 分登上机械化登陆艇（LCM），但从低矮的位置上，无法看到运载突击步兵和海滩通信单位的'R'艇[1]的进展情况。根据时间表，我团的试射就要开始了；还有'刺猬'（低弹道火箭发射器）[2]，用来摧毁步兵前进道路上的任何地雷或障碍，在海滩上撕开一个口子。果不其然，时间一到，火箭的呼啸声和坦克登陆艇（LCT）上 25 磅炮的轰鸣声开始传来。"

理查德·L. 斯特劳特（Richard L. Strout）——美国记者、评论员

"上周二滩头登陆时，我正坐在美国巡洋舰'昆西'（USS Quincy）号的舰桥上层休息。我们在最靠近瑟堡的右端。英国巡洋舰'黑王子'（HMS Black Prince）号和美国巡洋舰'塔斯卡卢萨'（USS Tuscaloosa）号与我们同在一条航线上，其他大型舰艇则在大约 6 英里外列队，提供炮火支援。我们可以在'正面看台'上目睹整个行动。通过双筒望远镜，我可以看到 20 或 30 英里（32 或 48 公里）的悬崖和海滩……四个小时的等待中，我们的神经饱受折磨，已几乎不能忍受。空中不断有看不见的轰炸机呼啸而过，就像一列没有尽头的火车正在经过高架桥。"

斯图尔特·希尔斯（Stuart Hills）中尉——舍伍德义勇游骑兵团，"金"海滩

"我们在水里向海滩走了 50～70 码（46～64 米），很明显，有些东西出了问题，当然不仅仅是帆布幕。坦克底部正在进水……显然，我们绝对没有机会到达海滩。仔细想来，这真有一点讽刺意味，我们刚刚离开一艘军舰的保护，却发现完全搞砸了。谢尔曼两栖坦克就要变成谢尔曼潜艇了。"

乔·斯特林格（Joe Stringer）中士——第 48（皇家海军陆战队）突击队 B 分队，"朱诺"海滩

"当我从跳板上进入水中，水一下子就没到了脖子。强大的逆浪打来，差点把我的脚都弄断了。我的爆破筒从手上滑脱，但我紧紧抓住了步枪。我设法找到了一个牢靠的立足之地，挣扎着冲向海滩，但周围的许多人都遇到了真正的麻烦。一旦在水中翻倒，要带着沉重的背包重新站起来，真是一项艰巨的任务。"

二级军士长伦纳德·G. 洛梅尔（Leonard G. Lomell）——美国第 2 游骑兵营 D 连，"奥马哈"海滩奥克角（Point du Hoc）

"我们首先想到的，就是爬上峭壁时经受的挑战，那里因为雨水和黏土而变得潮湿，非常滑。

---

[1] R 艇（R Boat），主要是英国士兵对此的称呼，也称尤里卡艇（Eureka Boat），美国海军陆战队在 1942 年前称呼它为 T 艇（T Boat），这是一款希金斯早前设计的登陆艇，特点就是没有艇艏的坡道，需要从两侧跳下船。正式名称叫大型人员登陆艇（Landing Craft Personnel (Large)），简称 LCP (L)，最初英国海军于 1940 年采购了不少，很多英军突击队的行动中使用的就是这个登陆艇。——审校注

[2] 英文原文如此，但这一说法不严谨。这是从突击登陆艇（"树篱"型）（LCA Hedgerow）上发射的，原用于反潜作战的名为 Hedgehog（"刺猬"）的深水炸弹发射装置，原理上并非火箭，而是杆式迫击炮。D 日发射的该武器的弹头加装了碰炸引信，以使其可以在陆地上引爆。该武器可用于清除探头上宽达一百码的地雷和铁丝网等障碍物。——审校注

德军居高临下对我们开火，并砍断绳索，想要杀死我们。我已经中枪了。我们能爬到上面吗？我们会不会中枪？这都是我们要考虑的事情。我想，我们当时太过自负了，以至于没有太多的恐惧或者惊慌。我从没有想到会被杀死。战友们都很乐观，我想他们对此也没有想得太多。他们认为，只要在战斗中有成败均等的机会，他们就会像以前一样获胜。"

R.L. 杰克逊（R.L. Jackson）少校——第 6 绿色霍华德团登陆指挥官，"金"海滩

"每走一步，我们都等待着敌人开火，但并没有。没有遇到抵抗是很怪异的事。走了大约 200 码（约 183 米）以后，我们肯定到了德军设定的界线，他们突然间用一切武器打击我们。先是迫击炮，我腿上狠狠挨了一下。我的无线电操作手和宪兵在同一次爆炸中双双阵亡……第一波步兵从我身边经过，接着是下一波，过了一会儿，战场前移了……这对我来说是战争中最糟糕的时刻。我无法动弹，也没有人把我拖到高潮位线之后。"

海军一等兵罗伯特·沃特森（Robert Watson）——美国第 5 特种工兵旅第 6 海军海滩营，"奥马哈"海滩

"到处都是尸体、石块和血腥。我用膝盖和手肘继续爬上海滩，在那里遇到了一名陆军医护兵，并帮助他处理伤员。敌人用机枪、迫击炮和 88 毫米加农炮，从四面八方向我们开火。海滩上伤亡者多于幸存者。我最终毫发无伤地抵达了沙丘线，它为我们提供了些许保护。随后，一名陆军上尉命令我爬到沙丘线的顶部，用步枪向敌人开火。"

坑道工兵鲍勃·希思（Bob Heath）——皇家工兵第 5 突击工兵团，"剑"海滩

"当我们开始按照部署的顺序向内陆推进时，敌军炮兵向海滩倾泻火力。进攻不时被敌军的火力阻挡，但我们还是来到了科勒维尔（Colleville）。在这里，我们所属的第 3 师侧翼得到了掩护，一些英军步兵战死在了这个地方。过了贝努维尔（Benouville）教堂后 50 码，我们拐了一个小弯，看见一座建筑物，屋顶飘着法国的三色旗。事实证明，那就是我们的目的地——市政厅。市政厅以东 200 码的地方有一座横跨卡昂运河的桥梁（日后著名的'飞马桥'），已在早上被空降兵占领。"

新西兰皇家空军上校德斯蒙德·斯科特（Desmond Scott）——第 2 战术航空队 123 联队"台风"战斗轰炸机飞行员

"在桥头堡的情况稳定下来，建立一条明显的轰炸安全线之前，我们的目标主要限于主要突击区东南方的区域。直到晚上，我才能飞往诺曼底海滩，及时与'空中列车'会合——那是一条由牵引飞机和滑翔机组成的'溪流'，从塞尔西角（Selsey Bill）向南延伸到目力所及。数百架四发动机轰炸机串成一条窄窄的'小溪'，每架牵引一架'哈米尔卡'（Hamilcar）大型滑翔机，全都向诺曼底桥头堡飞去。"

埃德加·"比尔"·威廉斯（Major Edgar 'Bill' Williams）少校——"蒙蒂"的情报军官

"有史以来，没有几支军队在上战场时能比我们更加了解敌人。'超级'情报在攻击计划的制定中起到了积极作用，后来关于科唐坦半岛敌军部署改变的报告使我们能重新安排美国空降部队的空投区：这是整个计划中最有贡献的组成部分之一。"

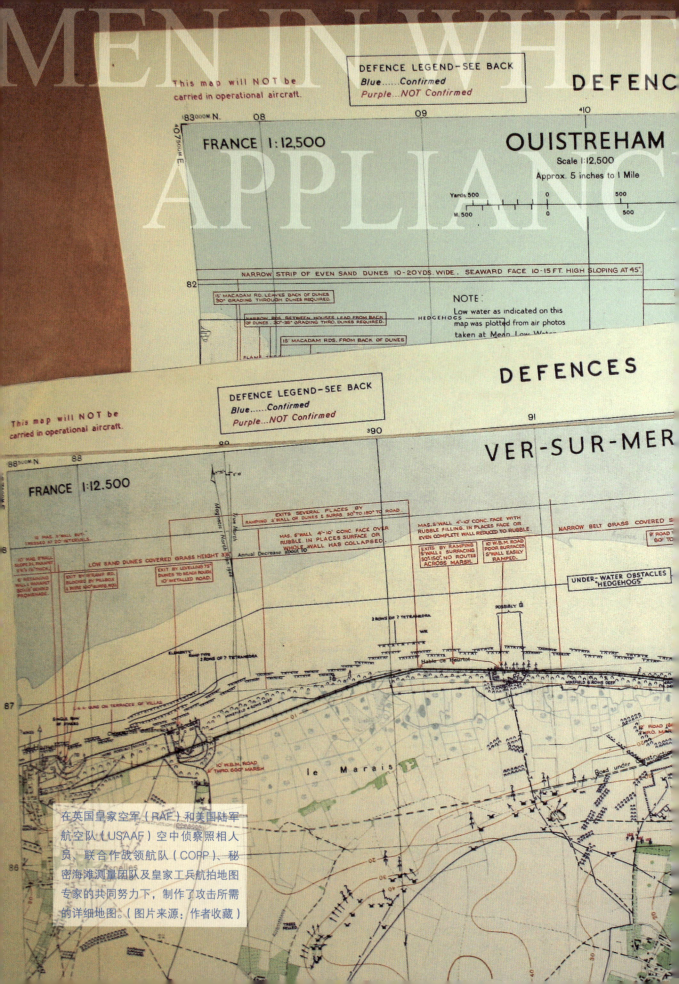

在英国皇家空军（RAF）和美国陆军航空队（USAAF）空中侦察照相人员、联合作战领航队（COPP）、秘密海滩测量团队及皇家工兵航拍地图专家的共同努力下，制作了攻击所需的详细地图。（图片来源：作者收藏）

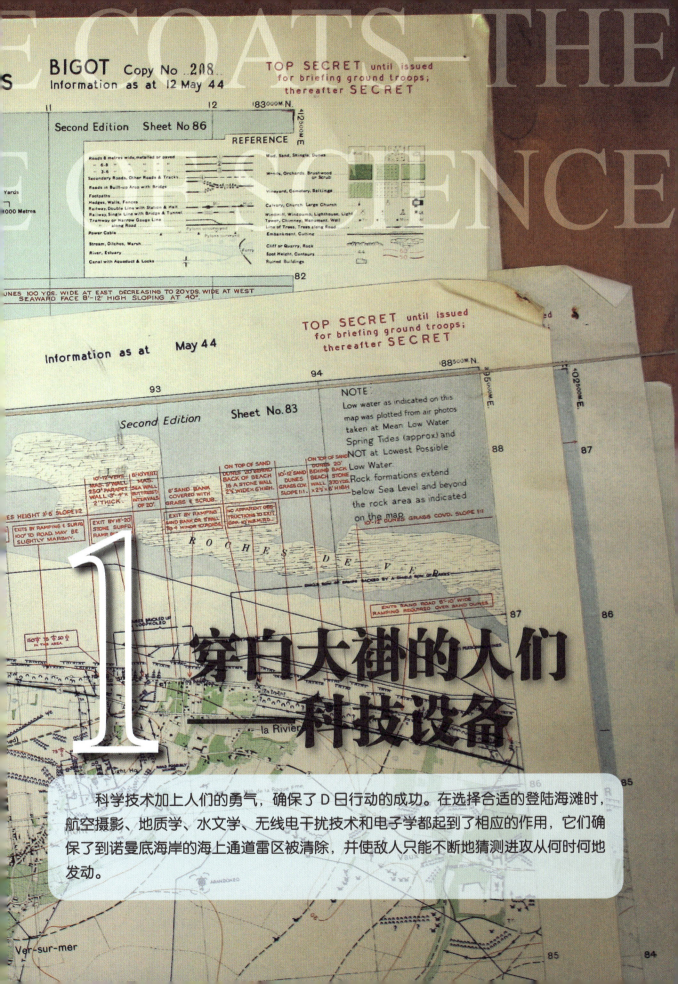

BIGOT Copy No .208..
Information as at 12 May 44

TOP SECRET until issued
for briefing ground troops;
thereafter SECRET

Second Edition   Sheet No 86

REFERENCE

1

穿白大褂的人们
——科技设备

科学技术加上人们的勇气，确保了 D 日行动的成功。在选择合适的登陆海滩时，航空摄影、地质学、水文学、无线电干扰技术和电子学都起到了相应的作用，它们确保了到诺曼底海岸的海上通道雷区被清除，并使敌人只能不断地猜测进攻从何时何地发动。

测量海滩

绘图和测量海滩坡度

法国北部适合登陆海滩的坡度信息对 D 日的计划者来说很关键。盟军在 1942 年进行的试验得出结论：如果用垂直航空照片的 6 条线覆盖海岸线，就可以测量出海滩的坡度，其中一条线穿过（或者靠近）大潮低潮面，另一条线穿过（或者靠近）大潮高潮面，剩余的 4 条线平均分布在这两条线之间。通过测量每条水线之间的距离，加上拍照时的潮水高度，就可以计算出海滩坡度的确切数字。

为了在图像上尽可能获得最高的陆地和海洋对比度（以确定水线），照片必须在非常精确的时间点上拍摄——在白昼的前两个或者最后两个小时内较为合适。风速也是一个重要的因素，不能超过 20 节（1 节 =1 海里 / 时≈ 1.852 千米 / 时），因为更大的风速会推动潮水涌上海滩，从而造成虚假的水线高度。既要满足这样精确的要求，又要保证观测位置不能有云层遮盖。这些都还不是最大的难题，寻找潮水高度合适的时机进一步增加了任务的难度，由于糟糕的天气条件或者攻击机群要飞过相关空域，许多照相侦察飞行都被取消了。

英国皇家空军的第 140 中队负责收集照片，它从 1942 年 5 月开始使用"喷火"照相侦察飞机（1944 年 3 月又加入了"蚊式"轰炸机）执行这项任务。该部队的侦察机最初从牛津郡的皇家空军本森基地起飞，后来从芒特农场（Mount Farm）、哈特福德布里奇［Hartford Bridge，后改名布莱克布什（Blackbushe）］和诺霍特（Northolt）等地的机场起飞。获得照片并处理之后，来自第 1 航空测量联络处（基地也在布莱克布什机场）的一个皇家工兵测量小组立刻进行照片叠加，并测量出水线的距离。与此同时，汤顿（Taunton）的水文局潮汐处提供了照片拍摄时间所预测的潮水高度。指定海滩的所有 6 条线完成之后，由 5 个较高潮位照片拼接而成的水线将被转印到低潮位拼接照片上，和测量的距离以及预测的潮水高度一起送交水文局，由其制作成最后的坡度图表。

随着 D 日的临近，所有的工作开始快速推进，从 1944 年 2 月起，第 140 中队的机组人员和皇家工兵测量人员的压力陡增。对德军海岸

对页图：这张维耶维尔（Vierville）海岸线的高海拔垂直照片是 1944 年 5 月 24 日皇家空军第 140 中队的"喷火"飞机使用配备 914 毫米镜头的 F52 相机拍摄的。它展示了"奥马哈"海滩的西端的情况［代号"D 区绿段"（Dog Green）］。两周之后，美军部队在这里登陆时遭受了重大伤亡。（图片来源：战术空中侦察档案馆）

上图：盟军照相侦察飞机有时候会受到诺曼底海岸上空云雾的干扰，在这幅攻击期间从7620米高空拍摄的垂直照片中可以看到这一点。海面被透明的云层覆盖，而海岸线则惊人地清晰，云层的边缘甚至勾画出了布洛涅（Boulogne）和迪耶普（Dieppe）之间的欧蒂河口的轮廓。（图片来源：作者的收藏）

防御、海滩和港口的照相侦察变得更加频繁，他们拍摄了诺曼底卡尔瓦多斯省（Calvados）沿海的海床，并完成了加莱和诺曼底的大量照片拼接。这些工作都和皇家空军本森（Benson）基地的其他任务（轰炸破坏铁路、编组站、桥梁、机场和V1飞弹发射场等的拍摄）同时进行。

从比利时的布兰肯贝尔赫（Blankenberge）延伸到下诺曼底大区阿夫朗什（Avranches），宽度为2.5英里（约4千米）的海岸线，最初由英国皇家空军的照相侦察飞机每3个月覆盖一次，到了这个阶段，"喷火"和"蚊式"侦察机每3天会将它覆盖一次。对某些海滩，还采用配备摄影机的照相侦察飞机从6000英尺（1830米）的空中拍摄，以获得德国人为了阻止两栖登陆而布设的滩头障碍物的大幅影像。

尽管在合适的时间和必要的条件下拍摄海滩照片很难，但是第

140 中队还是在 1944 年 5 月完成了他们的拍摄任务，他们总共覆盖了大约 200 处海滩。

"掷骰子"飞行

为了获得德军在诺曼底沿岸海滩防御部署情况更详细的照片，美国陆军航空队第 10 照相侦察机大队（10th PRG）开始大显身手。这一系列行动称作"掷骰子"（Dicing）任务，他们使用了驻扎在意大利的美国陆军航空队第 3 照相侦察机大队开发的超低空技术，第一次飞行在 5 月 6 日由第 31 照相中队（31st PS）的阿尔伯特·兰克尔（Albert Lanker）中尉驾驶一架洛克希德 F-5E "闪电"（P-38 "闪电"战斗机的照相侦察型）完成。第 10 照相侦察机大队（由第 30、第 31、第 34 照相侦察中队组成）在 1944 年 5 月 6 日—30 日于牛津郡的查尔格罗夫（Chalgrove）基地持续执行了 35 次"掷骰子"任务。

F-5 飞机的"掷骰子"照相机配置包括一部配备 30.5 厘米焦距镜

下图：为照相侦察特制的单座"喷火"PR 型飞机是卓越的照相平台，它提供了很长的航程和高空高速性能。图中看到的是 1943 年 10 月驻扎在英国皇家空军牛津郡本森基地的第 542 中队的 EN343 号 PR Mk XI 飞机，本森基地是英国皇家空军照相侦察飞机战时的大本营。Mk IX 飞机是诺曼底上空使用的"喷火"照相侦察飞机多种型号中的一种。（图片来源：帝国战争博物馆 CH18430）

头、向下倾斜 10 度的前向 K-17 照相机和 2 部配备 15.2 厘米焦距镜头的 K-17 照相机（机头下方的前机身两侧各安装一部，对准与飞机航向垂直且稍靠前的方向）。这种照相机的组合能够进行超过 180 度视角的无间断覆盖。

从查尔格罗夫起飞，F-5 的飞行员以非常低的高度飞越英吉利海峡，在各自的海岸线区域内进行照相飞行。一般来说，以海滩为中心，陆地在飞行员的左侧，英吉利海峡在其右侧。然后，他将照相机设置为"失控速度"（快门每 6 秒释放一次），放开油门，沿着海滩以 7.62 米的高度和约 603 千米 / 时的速度飞行，3 部照相机同时快速拍摄，它们的覆盖范围相互重叠，所以可以在一次飞行中覆盖目标区域中很广的范围。

在白天以如此低的高度驾驶没有武装的飞机飞行就像掷骰子一样命运未卜，这也是任务名称的来历。在第二次"掷骰子"任务中，第 31 侦察中队的弗雷德·海耶斯（Fred Hayes）少尉于 5 月 7 日失踪。但是总体来说，这些任务获得了无法估量的成功。它们带回的照片显示了德军在沙滩上布设的"刺猬""比利时之门"等致命的防御装置，所有照片都很精细，足以使盟军指挥官们对突击部队在进攻时可能碰到的抵抗有清晰的了解。

航拍地图

诺曼底海岸的拍摄实际上只是更大范围的地图项目中的一部分。除了研究海滩的坡度之外，140 中队的侦察飞机还参与地图的航拍。1942 年开始的 D 日计划中，缺乏足够的 1∶25000 和 1∶12500 比例的地图，因此盟军启动了一个重要的测绘飞行计划，通过空中测绘方法获得必要的测绘标准图像。这个项目的代号根据英国皇家空军照相侦察机场的名称命名为"本森"。为了这项任务，英国皇家工兵的 6 个测绘处得到加强并进行地图航拍的训练，他们和第 1 空中测量联络处的专家们一起配合皇

对页图：从"掷骰子"行动拍摄中得到的诺曼底海滩防御详细信息。图中像铁门一样的船只障碍物（Element 'C'，又称比利时门）清晰可见（它们无法阻止登陆）。这张照片是 1944 年 5 月 6 日美国陆军航空队第 10 照相侦察集群的阿尔伯特·兰克尔中尉在第一次"掷骰子"任务中拍摄的。（图片来源：美国国家档案馆 / Fold3）

上图：美国陆军航空队地勤人员托马斯·鲍文中士（Thomas Bowen）打开第 33 照相侦察中队一架洛克希德 F-5 飞机（这架飞机昵称为"Super Snooper"，意为超级侦探）的发动机罩，其中装有两部侧向 K-17 相机中的一部。注意前向相机和机鼻上涂绘的任务标记，它包括 18 个骰子，象征着这架飞机已经执行了 18 次"掷骰子"飞行。（图片来源：美国国家档案馆 /Fold3）

上图：F-5 驾驶舱中的控制盒，飞行员用它来操纵 3 部照相机。注意，飞行员的手指放在"失控控制"开关上。（图片来源：美国国家档案馆 /Fold3）

家空军的工作。

　　"本森"地图为基图提供了不同的套印，有些显示了德军抗登陆障碍物、碉堡和炮台的详细情报。这些套印的修订版本几乎直到 D 日的前夜还在制作。但是，空中侦察还是遗留了一个问题：用于绘制地图的详细地形特征如何确定，特别是等高线和高程如何确定。

滩头的地质情况

　　早在 D 日行动前一年，英国地质学家就参与了"霸王"行动的设计。他们的两个主要任务是研究可能发动登陆的海滩，以及可能修建机场的地点的土壤条件。其他地质活动包括研究攻击区域的悬崖，提供有关敌军防御工事地基的信息，准备水文地图，提供铺路石、沙子和砾石来源的有关信息、诺曼底各港口的水下地质情况，从强渡的角度详细研究某些河流，以及英吉利海峡海底的特性［为了铺设"普鲁托"（Pluto）输油管道］。

　　第 21 集团军群首席工程师 J.D. 英格利斯（J.D. Inglis，军衔为少将）爵士记录道：

　　　　　我们很幸运，长期以来都承认地质学在现代战争

下图："France 1: 25000 sheet 40/18 SW St Aubin, stoppress edition 20 May 1944"（1944 年 5 月 20 日最新版法国 1: 25000 作战地图）的一部分。这是根据诺曼底上空的英国皇家空军照相侦察飞行提供的信息制作的许多 1: 25000 地图中（所谓的"本森"地图）的一张。它展示了"剑"海滩的一部分。基图是英军总参谋部地理处（GSGS）4347 系列地图，套印的细节展示了空中照相收集的最新情报，例如岸上以及近海防御设施。这些地图覆盖了整个登陆海岸，是在极其秘密的情况下制作的，分级为"绝密"并附有"Bigot"的说明，意味着它们只供知道整个攻击计划的少数高级军官使用。蓝色的套印详细地展示了截至 1944 年 5 月来自情报源和航拍的信息；橙色的套印将这些信息更新到 5 月 19 日。（图片来源：作者的收藏）

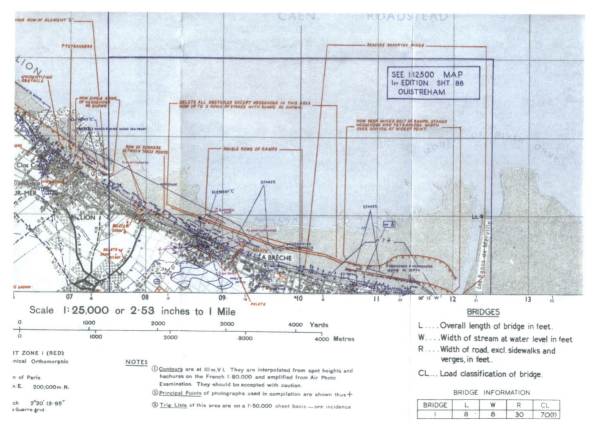

Scale 1: 25,000 or 2·53 inches to 1 Mile

BRIDGES

L ....Overall length of bridge in feet.
W ....Width of stream at water level in feet
R ....Width of road, excl. sidewalks and verges, in feet.
CL... Load classification of bridge.

BRIDGE INFORMATION

BRIDGE	L	W	R	CL
1	8 ·	8	30	70(?)

NOTES

① Contours are at 10 m. V. I. They are interpolated from spot heights and hachures on the French 1: 80,000 and amplified from Air Photo Examination. They should be accepted with caution.
② Principal Points of photographs used in compilation are shown thus +
③ Trig. Lists of this area are on a 1: 50,000 sheet basis — see incidence

1944 年 5 月 140 中队行动记录节选

日期：5 月 10 日

飞机型号和编号："蚊"式 IX，MM249

机组：W. 谢尔曼（W. Shearman）上尉，J. 伯德（J. Bird）中尉

任务：贝桑港海滩。SP.914 毫米焦距照相机［分离安装的一对 F52 36 英寸（914 毫米）焦距相机］

起飞时间：7 时 45 分

降落时间：9 时 45 分

飞行详情：获得了所需要的照片。飞机在瑟堡上空遭到两架"喷火"Mk XIV 的拦截，后者识别出"蚊"式飞机而没有开火。（原文如此）

飞机型号和编号："蚊"式 XVI，MM302

机组：D.R. 汤普森（D.R. Thompson）中尉，理查德森（Richardson）上士

任务：布洛涅海滩。SP.914 毫米焦距照相机

起飞时间：7 时 50 分　降落时间：9 时 55 分

飞行详情：俯冲穿过云层下降到 3810 米后拍摄到照片。

日期：5 月 12 日

飞机型号和编号："蚊"式 IX，MM249

机组：J.B. 雷诺兹（J.B. Reynolds）中尉，C.G. 查德威克（C.G. Chadwick）上尉

任务：贝森港—乌伊斯特勒昂。SP.914 毫米焦距照相机

起飞时间：9 时 00 分　降落时间：11 时 05 分

飞行详情：获得了所需要的照片，没有遇到事故。由于基地的能见度不佳，飞机转场到汤密尔（Tangmere）。

注："蚊"式 IX 照相侦察飞机携带 5 部相机：2 对分离的垂直照相机（在上述飞行中，安装配备 914 毫米焦距镜头的 F52 高空昼间侦察照相机）和一部倾斜照相机。两对分离的照相机对目标和周围区域进行立体覆盖，可以在单次侦察飞行中覆盖更大的地面范围。

左图：英国皇家空军本森基地的仪器技术人员将航空照相机排在德哈维兰"蚊"式 IX 照相侦察飞机之前，准备安装。从左到右：两部 F24（356 毫米焦距镜头）垂直照相机，一部 F24（356 毫米焦距镜头）倾斜照相机，两部 F52（914 毫米焦距）相机"分离配对"垂直照相机。（图片来源：帝国战争博物馆 CH18399）

左图：这架"蚊"式 IX 照相侦察飞机倾斜飞行，展示其机腹和光滑的 3 个空中侦察相机窗口。2 个窗口并排放在弹舱门的前端，装有一对分离的垂直照相机。和"喷火"飞机一样，双座的"蚊"式飞机有多种改型用于诺曼底海岸的摄影行动。（图片来源：作者的收藏）

下图：1942 年 8 月 19 日迪耶普惨败的记忆在"霸王"行动计划人员心中挥之不去。这是他们需要吸取教训的一次灾难。图中，盟军撤退之后的沙滩上留下了许多燃烧的坦克和登陆艇。在参战的 24 艘登陆艇中，10 艘将坦克顺利送到岸上，但最终这 24 辆坦克全部损失。配备"丘吉尔"坦克的加拿大"卡尔加里"团（加拿大第 14 坦克团）被选中为加拿大陆军步兵提供支援，他们正在准备上岸。前景中的坦克是由 B.G. 道格拉斯（B.G. Douglas）中尉指挥的 C 中队所属 T68559"卡尔加里"号"丘吉尔"III 型坦克。它因左履带被敌军炮火击中而被丢弃。图中的登陆艇是 LCT 5 型，它被迫出炮击中，舰桥被摧毁，艇长和艇员丧生。（图片来源：作者的收藏）

中的重要性。从战争开始以来，金教授（W.B.R. King，伦敦大学地质学教授，从 1943 年起任教于剑桥大学）就和我们在一起工作。金教授为我们提出了许多极其宝贵的建议，他指出在卡昂和巴约（Bayeux）之间的一块土地不仅较为平整，且土壤表层有很好的排水特性，特别适合于建造机场。这实际上是选择最终使用的登陆海滩的主要因素之一。

在卡尔瓦多斯省海岸被选为登陆位置之后，海滩和岸边礁石的特性以及岸上（这里是第一阶段登陆行动发起的地方）的土壤和地形成为地质学家特别关注的要点。他们知道这些情况对于车辆沿着可靠的通道越过实际登陆海滩有多重要。

1942 年在迪耶普海滩，盟军的"丘吉尔"坦克经历了一次火的洗礼，在由黑硅石组成的松散砾石滩上，坦克履带无法获得足够的摩擦力。这种石头主要由微晶石英组成，对于履带车辆来说，它比砾石更硬，更加难以通过。坦克转动履带试图获得足够的摩擦力，在沙滩上挖出了深深的沟槽，使石子进入坦克的主动轮和履带之间，导致其出现故障。有些坦克因此被困住，成为德军炮手的静

左图：英国皇家海军的奈杰尔·克罗格斯通·威尔莫特上校（Nigel Clogstoun-Willmott，1910—1992年）是联合行动领航队（COPP）的创始人。作为海军少校，他在1944年进行了两次诺曼底海岸测量，其中一次使用登陆艇（因此在战报中被提名表扬），第二次则使用了微型潜艇，在这次行动中为他原有的"优异服役十字勋章"增加了一根勋条。令他感到遗憾的是，疾病使其无法参加真正的登陆作战。

下图：为了避免坦克遇到像迪耶普海滩的困境，确定计划登陆海滩的地质特性、坡度和承载特性以及上岸后是否存在可靠的通道就变得十分关键。图中所示的是6月7日的"金"海滩，非装甲车辆正在穿越低潮时结实的沙滩。（图片来源：帝国战争博物馆 B5125）

上图：在 1943 年的新年，洛根·斯科特 - 鲍登少校在夜色的掩护下在诺曼底海岸登陆，从计划用于 D 日登陆的沙滩上取得土壤样本。

右上图：布鲁斯·奥格登 - 史密斯中士和斯科特·鲍登一起完成了采样的工作。

止目标。

　　为了避免重复迪耶普的沉重失败，盟军对诺曼底海滩进行了详细的分析，不仅确定了外观、坡度和通道，还确定了海滩表层上片状泥炭、黏土、沙子和鹅卵石的分布。利用现存的地形与地质学记录、空中侦察照相和秘密的地下侦察，制作出了 1∶5000 比例的地图。

　　为了确定这些细节，在 1943 年没有月亮的新年前夕，由英国皇家工兵的洛根·斯科特 - 鲍登（Logan Scott-Bowden）少校和布鲁斯·奥格登 - 史密斯（Bruce Ogden-Smith）中士组成的联合行动领航队（COPP）秘密地对海滩进行取样。这个两人小组在戈斯波特登上一艘摩托炮艇，炮艇将其带到距离目标滨海吕克（Luc-sur-Mer，后来英军登陆的"金"海滩所在地）几千米的地方，两人换上笨重的橡胶泳衣，携带着沉重的子弹带、背包、测量设备和武器，然后，他们由一艘近岸小艇运送到离海滩不到约 400 米的地方，接着游泳靠岸。他们将目标海滩四等分，进行测量并用金属钻获得砂石样本，储存在特殊容器中，供伦敦的英国地质调查局进行分析。

　　斯科特 - 鲍登回忆道：

　　　　在我们穿过大浪游回集结点时，我听到同伴大声呼喊，我以为他遇到了麻烦，但是当我回过头去帮助他时，发现他只是想对我说"新年好"。我本想对他说，"游你的，不然我们会回到海滩上去"。但是，我还是回复了一句"新年好"，然后用红外手电向支援艇发出信号，并和摩托炮艇会合。天气条件在回程中给我们带来了麻烦，我们不得不向纽黑文进发，因为必须在黎明之前靠岸，避免被敌军发现。

上图：联合作战领航队人员佩戴的联合行动臂章，他们也被称作"COPPists"。（图片来源：作者的收藏）

"邮资已付"（Postage Able）行动

当美国人听说了这次大胆的行动之后，他们要求联合作战领航队在几周之后的下一个无月光夜晚测量美军的登陆场。在1月16日的"邮资已付"（Postage Able）行动中，X20微型潜艇（X艇）从朴茨茅斯由皇家海军的拖轮牵引到距离法国海岸几千米的地方。X20由皇家澳大利亚皇家海军志愿后备队的肯·赫兹佩思（Ken Hudspeth，曾获得"优异服役十字勋章"并加勋条，他是一位老兵，曾经参与1943年对德国战列舰"提尔皮兹"号的X艇攻击）上尉和皇家海军志愿后备队的布鲁斯·恩佐（Bruce Enzer）中尉指挥，联合作战领航队团队由皇家海军的奈杰尔·克罗格斯通·威尔莫特海军少校（获得"优异服役勋章"和"优异服役十字勋章"）以及再次出战的洛根·斯科特-鲍登少校（获得"优异服役勋章"和"军功十字勋章"）和布鲁斯·奥格登-史密斯中士（获得"杰出操守奖章"和"军功奖章"）组成。

下图：洛根·斯科特·鲍登少校和布鲁斯·奥格登·史密斯中士由英国皇家海军的摩托炮艇（类似于图中这艘C型"费尔迈尔"号摩托炮艇）运送通过英吉利海峡，执行秘密的海滩采样任务。（图片来源：作者的收藏）

斯科特-鲍登回忆道：

　　我们在海底花了4天，其中3个晚上对贝桑港以西的海滩和"奥马哈"海滩进行了测量。当我们第一次靠近目标海域时，我们发现通道被法国捕鱼船队和敌军的防御设施挡住了一部分。我们的澳大利亚艇长肯·赫兹佩思说可以从渔网的下面通过，在穿行之中，我们升起了潜望镜。令我吃惊的是，我竟然看到一名德国士兵在最后一艘渔船的船艉抽着烟斗！我们赶忙降下潜望镜，干得相当漂亮！

　　白天，微型潜艇保持在潜望镜深度，艇员们进行海岸线的侦察，用回声探测器测量水深。到了晚上，X20上浮并靠近岸边，让斯科特-鲍登和奥格登-史密斯游约370米到海滩上，进行维耶维尔、莱穆兰（Les Moulins）和科勒维尔（美军"奥马哈"海滩所在区域）的地质测量。

　　每名官兵都穿着紧身潜水衣，背负砂石袋、白兰地酒瓶、测深锤、水下书写板和铅笔、指南针、海滩坡度卷筒和木桩、0.45英寸口径左轮手枪、铲子、螺旋钻、手电和子弹

左上图：澳大利亚皇家海军志愿预备队（RNVR）的肯·赫兹佩思上尉在D日行动中指挥X20微型潜艇。他在1944年的11个月中被授予"优异服役十字勋章"和勋章上的两条勋条，使他成为在第二次世界大战中接受嘉奖最多的澳大利亚皇家海军军官。勋章上第二根勋条是嘉奖他"在任务中表现出的勇敢、技能、决心和大无畏的奉献精神"。战争结束后，他回到教学的岗位上，于2000年去世，享年82岁。（图片来源：作者的收藏）

左图：澳大利亚皇家海军志愿预备队的乔治·昂纳上尉（1918—2002年，曾获"优异服役十字"勋章），布里斯托尔人，于1940年加入澳大利亚海军志愿预备队。他在D日指挥X23号微型潜艇。（图片来源：皇家海军潜艇博物馆）

带。他们将从海滩上取得的土壤样本放进塑胶套中，以防止在返回途中进水。

在第三个晚上，斯科特-鲍登和奥格登-史密斯更进一步，登上了奥恩河口周围的海岸。但是，这次他们太疲劳了。X20 中的 5 名官兵只能依靠水和苯丙胺药片（安非他命——以前用作兴奋剂和食欲抑制剂）支撑，加上恶劣的天气，赫兹佩思不得不中止行动，于 1 月 21 日回到潜艇部队岸上驻地（HMS Dolphin）。这次行动收集了很多信息，在 D 日中证明了它们的价值，赫兹佩思因此得到了"优异服役十字勋章"上的一条勋条。

上图：D 日最先靠近诺曼底海岸的是两艘英国皇家海军的微型潜艇—X20 和 X23。在这张摄于 D 日的 X23 照片上，乔治·昂纳上尉和澳大利亚海军志愿预备队的 H.J. 霍奇斯（H.J. Hodges）中尉站在艇壳上。（图片来源：皇家海军潜艇博物馆）

"开局"行动

D 日之前，肯·赫兹佩思再次操纵 X20，但是这次和在 X23 上的

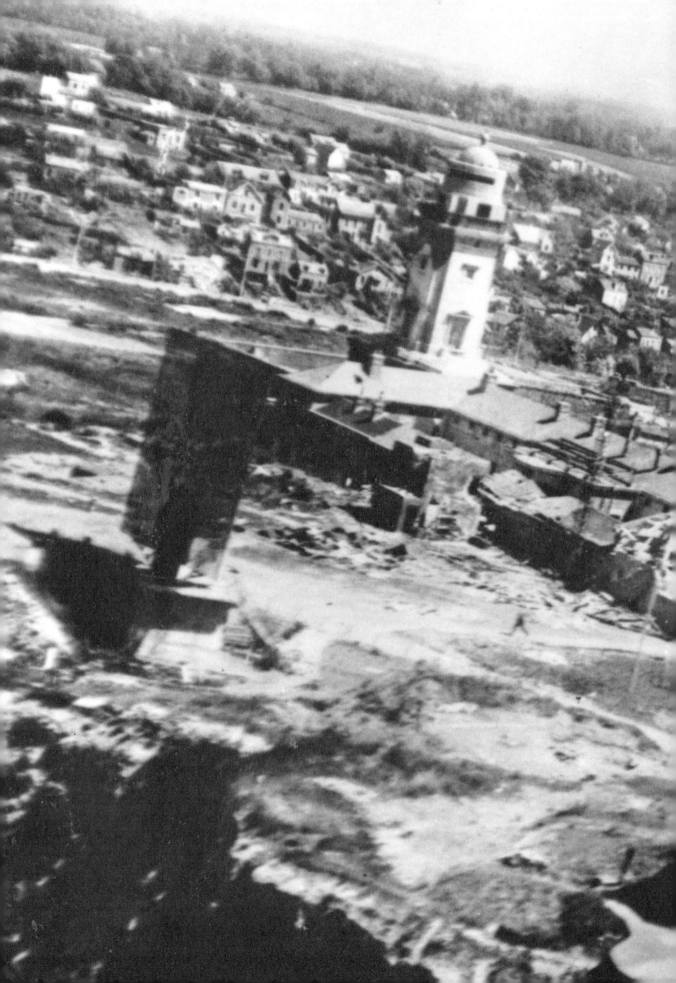

超低空飞行的英国皇家空军侦察机拍到的勒阿弗尔附近的"弗雷娅"（Freya）和"维尔茨堡巨人"（Giant Würzburg）雷达站。注意照片中央的建筑物，它遭受了炸弹的破坏。（图片来源：作者的收藏）

"全视之眼"

德军在登陆区域沿岸布置了有效且联系紧密的雷达网。利用这些雷达站，他们能够获得盟军空中和海上力量逼近的早期预警，并用雷达测出盟军船只移动的准确距离和方位，还可以控制德军的岸防炮进行拦阻射击。尽管该系统各个组织部分的整合在 D 日之后几个月才能完成，但是这些可怕的雷达阵地对于登陆行动仍然是一个很大的威胁。

在加莱和布雷斯特（Brest）之间，德军地面雷达的实际数量是：6 部 "水瓶座"（Wassermann）和 6 部 "猛犸象"（Mammut）远程早期预警雷达，38 部 "弗雷娅" 雷达用于中程早期预警和夜间战斗机控制，42 部 "维尔茨堡巨人" 地面控制拦截雷达用于夜间战斗机控制，并控制针对低空飞机的防空炮，17 部 "海岸监视者"（Seetakt）雷达和 "维尔茨堡" 小型雷达用于火炮瞄准，每个高射炮连一部。

下图：FuMG 404 "狩猎宫"（Jagdschloss）环视雷达安装在一个砖房之上。它由一个 16 个水平偶极子的可旋转堆叠和安装在 7 米高的塔状轴上的反射器组成。上方安装了发射和接收敌我识别信号的垂直宽带天线，工作频率在 125 兆赫兹和 156 兆赫兹。"狩猎宫" 能够持续地在 "窗口" 和其他干扰条件下工作，获得良好效果。（图片来源：作者的收藏）

"威尔兹堡巨人"雷达是第二次世界大战时最为可靠、制造最精良的雷达之一。它的抛物面天线安装在结实的特制四轮交错基座上。(图片来源：美国国家档案馆)

在丹麦安装的"水瓶座"雷达的天线和转轴。法国沿岸有一系列这种远程系统的不同版本，工作频率范围为 75 ～ 149 兆赫兹，此外还在一个 4 米直径、60 米高的筒状钢制桅杆上，垂直堆叠"弗雷娅"雷达天线阵列。"水瓶座""L"形和"S"形的探测距离分别为 200 千米 和 300 千米。（图片来源：美国国家档案馆）

在浮动干船坞中的 MTB 255 号鱼雷艇，前甲板上是一部烟囱状的高频天线，在桅杆顶部的是低频偶极天线。该艇于 1945 年 2 月 14 日在奥斯坦德港神秘爆炸，所有船员均丧生。(图片来源：R.G.R. 哈加德)

澳大利亚皇家海军志愿预备队乔治·昂纳（George Honour）上尉一起受命回到诺曼底，协助引导突击舰队进入"朱诺"和"剑"海滩。他们 6 月 4 日就已就位，但是英吉利海峡的坏天气导致登陆延期，他们不得不保持下潜，保持位置到 6 月 6 日（D 日）的凌晨 4 时 30 分。他们上浮并布设导航辅助标记———一根 5.5 米高的望远桅杆（上面有向海上闪烁的绿色灯光，可以在 8 千米之外看到）、一个无线电信标和一个向靠近海滩的扫雷艇发出信号的回声探测器。

电子对抗

美国陆军航空队在"最伟大的一周"（1944 年 2 月 20 日—26 日）中对西北欧地区德国空军力量的打击，使德国空军走向衰落。尽管如此，1943 年的整个冬天，英国皇家空军的轰炸机部队在"柏林之战"中遭到了严重的损失，有 1117 架"兰开斯特"和"哈利法克斯"轰炸机被德国空军战斗机和高射炮击落。3 月 30 日—31 日，在臭名昭著的纽伦堡空袭中，795 架轰炸机中的 95 架被夜间战斗机击落（轰炸机部队在第二次世界大战中损失最大的一次）；5 月 3 日—4 日对马伊勒康（Mailly-le-Camp）的德国军营的空袭中，派出的 346 架飞机中有 42 架"兰开斯特"轰炸机被击落。皇家空军在这些行动中的损失很大。

D 日计划人员对德国空军的情况及其对登陆部队造成的威胁十分担心，这是正确的。德军的昼间和夜间战斗机基地受到从挪威延伸到比利牛斯山的早期预警雷达网的支持。在奥斯坦德（Ostend）和瑟堡之间每隔约 16 千米就有一个较大的德军雷达站。但是，到了 D 日作战时，不管是对抗盟军空中力量的能力还是自身的攻击能力，德国空军带来的威胁都比想象的要小。

全副武装的夜间战斗机（如梅塞斯密特 Bf110）依靠地面雷达的引导，能够猎杀运送伞兵或者牵引运兵滑翔机、飞行速度较慢的"达科他"（Dakota）和"斯特林"（Stirling）运输机编队。如果德军的福克－沃尔夫 Fw190 等战斗轰炸机在登陆舰队和登陆海滩的部队上空为所欲为，可能会造成盟军的极大伤亡。到 D 日为止，这种情况发生的可能性已经变得很小，但是盟军仍然不得不提防。

因此，盟军的行动方案规划人员必须考虑如何避免这种风险变成现实。他们需要做的是尽可能隐藏登陆舰队的踪迹。答案是发动欺骗性的两栖登陆和空降，使德国守军产生混乱，哄骗德军将地面和空中力量调离真实的登陆区域。

第一步是获得关于敌军雷达站的位置和相互联系的详细情报，以及型号、频率、特性和单个雷达性能的技术细节。

盟军最高司令部参谋长（COSSAC）于 1943 年成立了一个委员会，

由所有兵种的代表组成，开始收集必要的信息。在盟军远征军总司令（SCAEF）承担作战指挥任务后，这个委员会继续作为其参谋部下设部门工作。最后，他们获得了详细和准确的情报，这些情报来自照相侦察、雷达监控和其他来源。盟军远征军海军指挥官（ANCXF）负责作战方针和一般命令，管理无线电对抗（RCM）的使用。1943 年 11 月制定的海空军联合无线电对抗计划提供了如下对抗敌军雷达的措施：

• 了解敌军沿海雷达的准确位置及其频率；
• 利用空袭摧毁这些雷达；
• 在登陆当天，电子佯攻部队将敌人的注意力引离真实的登陆区域；
• 对 D 日在登陆区域仍然起作用的雷达进行电子干扰。

　　盟军利用沿英国南部海岸布设的专用雷达定位器，根据三角测量法得出法国北部德军雷达站的位置。然后，由照相侦察飞机进行目视确认。

　　在靠近温彻斯特（Winchester）的英国海军部通信中心（HMS Flowerdown）协调的一次绝密行动中，一艘皇家海军鱼雷艇（MTB）经过了专门的改装，搭载精心挑选的船员，目标是确定英吉利海峡沿岸敌军雷达站的准确位置和频率，特别强调炮瞄雷达。通过获取雷达频率的细节，就可以有效地进行干扰；了解了雷达站的位置，盟军就可以成功部署诱饵，混淆敌军对盟军可能的登陆位置的判断。

MTB 255 号鱼雷艇隶属于驻扎在纽黑文基地（HMS Aggressive）的第 14 鱼雷艇区舰队，配备一些专用无线电设备，包括一根高频波导天线和一根低频偶极天线。该艇去掉了鱼雷和深水炸弹以减轻重量，油箱只加注一半的油量，以降低吃水线，以便穿越未发现的近岸雷区。但是，它的火炮仍然保留，用于自卫。

这些行动的代号为"编织"（Knitting），在月光昏暗或者没有月光的夜晚进行，覆盖从加莱到海峡群岛的敌方海岸线。由于 MTB 255 号鱼雷艇的任务非常重要，它得到了空中支援，其他两艘鱼雷艇留在海上以备不时之需。从 D 日前几个月直到 1945 年 2 月结束，MTB 255 号执行了 23 次"编织"行动。它所收集到的情报对于海军部和皇家空军都有很高的价值。

皇家空军第 2 战术航空队的"喷火"和"台风"战斗轰炸机承担摧毁这些坚固雷达站的艰巨任务。为了不露出马脚，对于他们所攻击的每个"实际"目标，在法国和比利时的其他地方至少轰炸了 3 个类似的目标。反雷达行动从 1944 年 3 月 16 日清晨开始，第 198 中队的"台风"战斗轰炸机携带火箭和航炮，轰炸了比利时奥斯坦德的"水瓶座"早期预警雷达。对敌军雷达站的系统性破坏持续到 D 日前夜，但是在 6 月 6 日仍然有一些雷达能够正常工作。

"应税"（Taxable）和"微光"（Glimmer）行动

盟军规划人员试图欺骗德军最高统帅部，让他们以为攻击将从勒阿弗尔（Le Havre）或者布洛涅附近发起，诱使他们将力量集中到这些区域。

左图：在法国德占区上空飘浮的"窗口"。这些金属箔条（在它们连接到一起之前，和纸片在外观上没有什么区别）根据需要干扰的雷达波长，切割成特定的长度。"窗口"在飞机中成捆携带。它们被解开之后，从照明弹斜槽放下，散布到飞机的气流中，飘向地面，所造成的虚假回波使敌军的雷达屏幕上一片迷雾。（图片来源：作者的收藏）

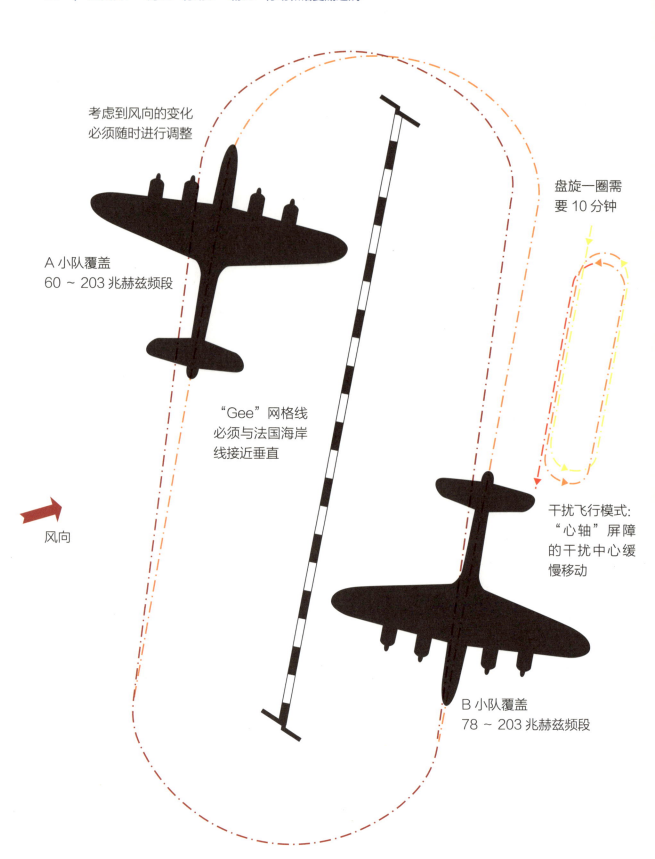

考虑到风向的变化
必须随时进行调整

盘旋一圈需
要 10 分钟

A 小队覆盖
60 ~ 203 兆赫兹频段

"Gee"网格线
必须与法国海岸
线接近垂直

干扰飞行模式:
"心轴"屏障
的干扰中心缓
慢移动

风向

B 小队覆盖
78 ~ 203 兆赫兹频段

设于莫尔文（Malvern）的英国电信研究所（TRE）的科学家与第15 美英实验分部（ABL-15）的对策小组合作，设计了一种精巧的电子欺骗手段：他们建立了两个"幽灵舰队"，静静地穿越英吉利海峡，以7 节的速度开向法国海岸的不同地点——造成这一登陆部队假象的是飞机而非船只。

两支"舰队"中较大的一支代号为"应税行动"（Operation Taxable），覆盖上诺曼底海岸费康（Fecamp）和勒阿弗尔之间 22.5 千米宽、纵深约 26 千米的区域，在 6 月 6 日凌晨开始，历时 3 个半小时。8 架来自著名的第 617 中队（"大坝毁灭者"）的"兰开斯特"轰炸机小心地按照计划的航线在海上飞行，同时投下大量的"绳索"——代号为"窗口"（Window）的长条雷达反射箔条，以干扰工作在 370 兆赫兹波段的"海岸监视者"雷达。

为了形成特定的云雾形状"绳索"，在德军雷达屏幕上造成连续光点，模拟慢速前进的登陆舰队，需要精确的飞行。为了防止意外的设备故障，每架"兰开斯特"携带两组 Gee 设备（一种无线电导航系统）和两位领航员，以及 4 名投放"窗口"的机组人员。

"微光"行动是对更北面的法国海岸的较小规模干扰。第 218 中队的 6 架肖特"斯特林"轰炸机以和"应税"行动相同的轨迹飞行，同时也抛撒"绳索"，目标是敦刻尔克和布洛涅之间的海岸。每架飞机配备了一组 Gee 设备、一套 Gee-H 导航系统和 3 名领航员，以监控这次行动中复杂的飞行模式，另外 4 名机组人员负责抛撒"窗口"。

为了让敌人相信这种骗术，每次行动分配了 4 艘皇家空军海空救援（ASR）汽艇，每艘汽艇上配备了"月光"电子信号转发器。"月光"获取德国空军侦察机上携带的"霍恩特维尔"（Hohentwiel）雷达发出的信号，然后将它们放大并转发出去，造成大量船只密集航行的假象。

每艘救援汽艇由海军的 14 艘小汽艇相伴，牵引一个类似木筏的漂浮物，放飞一个 9 米长的阻塞气球（"榛子"），内装一个 9 英寸（229毫米）的雷达发射器，这个发射器能够提供类似大型舰艇的雷达回波。这些船只快速行驶在英吉利海峡中"绳索"抛撒的地区，使这种骗术更加具有可信度。

皇家空军第 199 中队的 16 架"斯特林"轰炸机和 4 架从美国陆军航空队租借到皇家空军的第 803 轰炸机中队的 B-17 "空中堡垒"组成了利特尔汉普顿（Littlehampton）到波特兰角（Portland Bill）一线的"心轴（Mandrel）"屏障，为前进中的登陆舰队提供电子掩护，但是故意放松对东部的干扰，使德军雷达操作员能够观察到"应税"和"微光"行动。

在预定航迹上飞行的飞机和它们抛撒的"窗口"形成的云雾下面，海军汽艇区舰队将"榛子"气球顺风向南飘往英吉利海峡的未定水域。

030	登陆日：“海王”行动、“霸王”行动和诺曼底之战

“应税”行动中的领航员

托马斯·本内特（Thomas Bennett）空军中尉，皇家空军 617 中队“兰开斯特”轰炸机领航员

当行动命令下达时，决定一开始起飞 8 架飞机，在两小时后由另外 8 架飞机替换。我们必须告诉第二批飞机从英国海岸起飞的时间，它们将下降高度选择所要接替的飞机，和被替换的飞机一起飞最后一圈。正在投放“窗口”的飞机应该在 915 米的高度上，接替的飞机在约 1065 米高度进入，选择接替的对象并和它们一起飞被接替飞机的最后一圈。

然后，第一架飞机将飞回基地，第二架飞机下降到 915 米，并选择继续飞行的次序。但是这一任务必须在 90 秒之内完成，否则整个“船队”将从雷达的屏幕上消失，当然也就意味着德国人马上会怀疑这件事情的真实性。所以，这使我们非常担心，但是整个交接完成得很漂亮。

与此同时，第 214 中队的 5 架 B-17 联合第 101 中队的 22 架“兰开斯特”，组成“幽灵轰炸机队”向法国飞行，投放大量的“窗口”，用它们的“空中雪茄”（Airbone Cigar）干扰机干扰索姆河口一带。它的目的是将敌军的夜间战斗机引离正在飞向圣梅尔埃格利斯（Sainte-Mere-Eglise）和奥恩河畔空降区的皇家空军和美国陆军航空队运输机。

第 214 中队的“空中堡垒”轰炸机在空中停留 6.5 个小时，沿着一条约 144 千米长的直线，在 8205 米的高空上来回巡逻，101 中队的“兰开斯特”轰炸机最长留空时间为 7.5 个小时，在 6100 米到 7930 米之间的高度上巡逻。在派出的 22 架“兰开斯特”中，6 架因为飞机和设备的技术问题放弃了任务，其中有一架是因为一位机组人员晕机而中途返航。

空中干扰通过英国的地面站放大，“心轴”屏障、“地面心轴”和“窗口”都针对 90～200 兆赫兹波段的敌军早期预警雷达。使用的“窗口”为 MB 型号，设计用于干扰德军的“弗雷娅”雷达系统。

“心轴”屏障采用所谓的“跑道形航迹”，飞机沿着与敌方海岸近乎成直角的 Gee 网格线上下飞行。“心轴”干扰机有一个不受欢迎的副作用，它对 Gee 系统的传输有不利影响，这意味着在屏障起作用时，领航员必须使用航位推测法来计算风偏流。第一圈大约 16 千米长，两个直道之间有一个标准转弯，后续的每一圈都要修正，以补偿正常风速条件的影响，使得每一圈在 10 分钟内精确地完成。

两架飞机组成一个“干扰中心”，它们各自从“跑道”相对的一端出发，跟随另一架飞机，从而“维持很强的平均干扰强度”。

烟幕

隐蔽攻击船队更简单、更有成本效益的一种方法是使用烟幕。在 D 日中，使用烟幕的隐蔽受到英军的重视，这可以从皇家海军和皇家空军都参加这项任务得到证明。美军指挥官制定了由化学战部队在"奥马哈"和"犹他"海滩攻击阶段使用便携烟雾发生器、制造大范围烟幕的计划，但是因为敌军空袭的威胁很小，他们确定没有必要实施这一行动。

在 D 日之前，美国陆军航空队已经用 P-51 "野马"和 P-47 "雷电"战斗轰炸机进行了实验，这两种战机在机翼下携带 M10 烟罐，施放长达 610 米的烟幕，但是最后这一系统没有用在诺曼底战役中。

6 月 6 日，皇家海军人员登陆艇（LCP）为"剑""朱诺"和"金"海滩的攻击以及近岸进行炮击的战舰提供了烟幕掩护。为了"制造烟雾"，氯磺酸（一种高危险性物质）被加压，从 LCP 艇艉的喷口射出，通过与空气的接触反应，产生浓密的白烟。

英国皇家空军提供了两个中队的道格拉斯"波士顿"Mk Ⅲ 中型轰炸机，在弹舱中配备了发烟罐。每架飞机携带 4 个发烟罐，每个发烟罐能够通过弹舱门上的 4 个喷管，向下投射持续 11 秒的白烟。

第 88 中队的"波士顿"轰炸机从皇家空军在汉普郡的哈特福特桥基地出发，负责掩护攻击舰队的东部侧翼（英国和加拿大军队），而

下图：第 88 中队的一架承担烟幕任务的"波士顿"轰炸机低空飞跃英吉利海峡，前往攻击区域。注意机身下的烟雾发射管。（图片来源：帝国战争博物馆 FLM 2585）

上图：第 149 中队的肖特"斯特林"轰炸机在"泰坦尼克"行动中实施佯攻。（图片来源：作者的收藏）

第 342 中队（自由法国空军）负责西侧的掩护。这是一次精确的行动（第一批在早上 5 时进行），后续的"波士顿"轰炸机每批两架，以 10 分钟的间隔从 300 英尺（91 米）的高度进入两翼，以便保持持续的烟幕。每一架飞机都向海平面俯冲，施放长达 5000 码（4570 米）的烟幕。毫无疑问，这一屏障对诺曼底登陆成功起到了重要的作用。

"泰坦尼克"行动

6 月 6 日午夜刚过，40 架皇家空军飞机的混合编队——由来自第 138 中队和第 161 中队的"哈德逊"和"哈利法克斯"轰炸机，以及第 90 和第 149 中队的肖特"斯特林"轰炸机组成——对诺曼底上空进行了一次伪装的空降突袭。这项任务代号为"泰坦尼克"，由 4 个部分组成，要求空投 500 个假伞兵、步枪射击声音模拟器、"窗口"和两个特种空勤团（SAS）小队，模拟远离实际登陆区域和伞兵空降区域的空降作战。

"泰坦尼克 I"：模拟一个空降师在靠近伊沃托（Yvetot）的塞纳河北岸、滨海塞纳省的耶维尔（Yerville）和杜德维尔（Doudeville）以及厄尔省的福维尔（Fauville）降落。

"泰坦尼克 II"：在迪沃河以东投放 50 个假伞兵，吸引河流这一侧的德军预备队（这项任务在 6 月 6 日之前不久被取消）。

"泰坦尼克Ⅲ"：在下诺曼底大区的卡尔瓦多斯省马尔托（Maltot）
　　　　　附近，以及奥东河畔巴龙（Baron-sur-Odon）以北
　　　　　的丛林里投放 50 个假伞兵，吸引德军预备队离开
　　　　　卡昂以西。
"泰坦尼克Ⅳ"：在芒什省圣洛（Saint-Lo）以西的马里尼（Marigny）
　　　　　空投 200 个假伞兵，模拟在卡朗唐（Carentan）以
　　　　　南空投一个空降师（与"泰坦尼克Ⅰ"一样）。来
　　　　　自第 1 特种空勤团（SAS）的两个 6 人小队也于 6
　　　　　月 6 日上午 12 时 20 分降落在附近。特种空勤团
　　　　　小队携带录音设备和放大器，重放射击和迫击炮
　　　　　开火的声音以及指挥官喊话下达命令的声音。这
　　　　　些录音持续 30 分钟，然后两个小队撤出该区域。

由 12 名官兵组成的特种空勤团小队由哈里·福尔斯（Harry
Fowles）上尉和诺埃尔·普尔中尉（Noel Poole）指挥。他们受命让一
些敌人逃脱，传播数百名伞兵登陆的消息，但是在空降中他们丢失了

下图：假伞兵是"泰坦尼克"
行动中"攻击"的一部分。（图
片来源：作者的收藏）

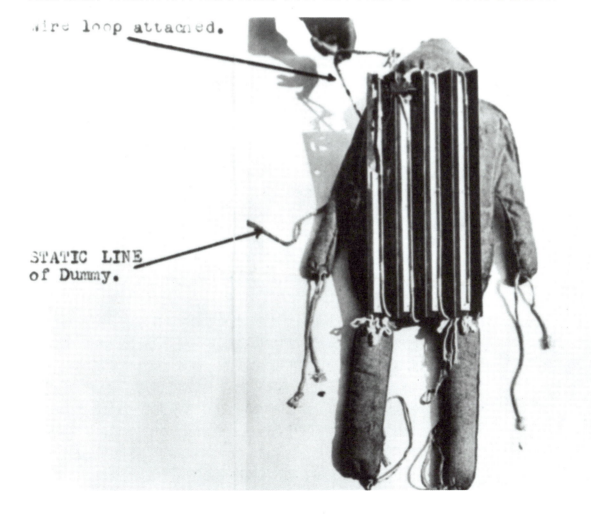

武器，被迫躲避德军的追捕。他们东躲西藏了一个月，终于被德军跟踪并俘虏。有 8 名官兵未能归队，他们要么在行动中丧生，要么随后被德军处决。

在"泰坦尼克Ⅲ"行动期间 149 中队派出的 7 架飞机中，损失两架"斯特林"和 8 名机组人员，原因不详。

6 月 6 日黎明时分，诺曼底沿岸幸存的几个岸防雷达的操作员看到了"微光"行动的幽灵船队，德军最高统帅部下发了预计盟军在加莱和敦刻尔克地区登陆的警报。在"微光"行动结束后 5 个多小时，德军仍在搜索敦刻尔克和布洛涅附近的海面，寻找报告中的攻击部队。"应税"行动吸引的注意力比"微光"行动少，可能是因为第 2 战术航空队的战斗轰炸机攻击太有效，以至于这一区域只有很少的雷达设施仍然工作，所以逼近的"幽灵船队"没有被发现。

"泰坦尼克"行动获得了成功。德军相信伞兵已经于凌晨 2 时许降落在卡昂以东，以及库唐斯（Coutances）、瓦洛涅（Valognes）和圣洛，德军第 7 集团军处于全面警戒。党卫军第 12 "希特勒青年团"装甲师一部于凌晨 4 时 30 分受命应对降落在乌尔加特（Houlgate）和特鲁维尔（Trouville）之间的伞兵，这正是"泰坦尼克Ⅲ"投放的假目标。在科唐坦半岛意外被打散的美军第 82 和第 101 空降师，以及奥恩河周围的英军第 6 空降师起到了意想不到（但是正面）的效果。德军第 352 步兵师的"迈尔战斗群"被派去进行一场徒劳无益的追逐，而如果他们被用在"金"和"奥马哈"海滩，就能够有效地阻挠盟军的登陆。从"泰坦尼克Ⅰ"行动区域截获的密报表明，当地的指挥官已经向德军最高统帅部报告，登陆的主攻方向是勒阿弗尔以北海岸。

海上电子导航系统与雷达

1944 年 6 月 5 日，21 艘扫雷舰和其他船只配备代号为"海军部 QM 装备"的秘密设备，这种设备帮助船队精确地穿越英吉利海峡，清除预定登陆区域的雷区，打开安全通道，攻击舰队穿越这些通道到达登陆海滩。

盟军的海上力量在"海王"行动中的主要任务之一是保护舰队和海上攻击力量避开敌军雷区的威胁。盟军舰队从英国西南部、南部和东南部沿岸的多个港口出发，然后在 Z 区域（英吉利海峡中的一个圆形集结区域，直径为 16 千米）集合，然后转向南方，从"喷口"穿越海峡，从分别对应于各个登陆海滩 5 个扫雷航道之一靠近攻击区域。

海军扫雷计划的要求是确保这些路径、攻击区域的锚地以及船只的部署区域内没有敌军的水雷。但是，为穿越英吉利海峡的扫雷舰艇导航很困难，如果没有某种无线电精确导航，在夜间准确靠岸几乎是左图：Gee 网格示意图。

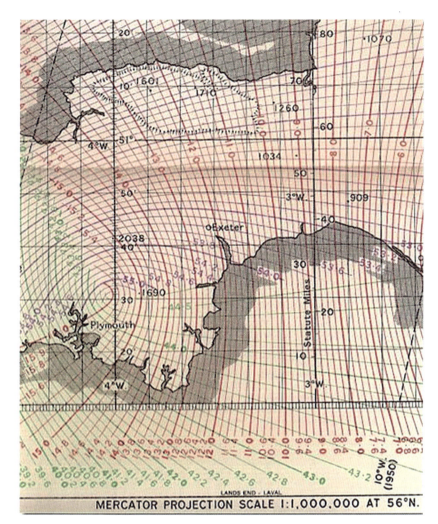

MERCATOR PROJECTION SCALE 1:1,000,000 AT 56°N.

不可能的。解决方案是使用两种相似的无线电导航系统——"Gee"
（QH 装备）和"台卡"（Decca，QM 装备）。这些系统使舰船无论在
白天和黑夜以及任何气象条件下都能高精度地定位。

　　值得注意的是，这两种双曲线导航系统中，第一种（Gee）在当
时已经广泛用于英国皇家空军和皇家海军。Gee 的海军版本在 1942 年
8 月遭遇惨败的迪耶普突袭中首次使用，后来被确定为地面和海上导
航的制式系统。对于"海王"行动，扫雷通道最初的一段行程计划采
用和 Gee 网格图相同的线路。在这项任务中精确度至关重要，因此大
约 860 艘攻击舰船配备了"Gee"。

Gee（QH 装备）

　　Gee 是皇家空军使用的无线电导航系统的代号，这一系统是 20
世纪 30 年代由罗伯特·J. 迪皮（Robert J. Dippy）在皇家空军鲍德西
（Bawdsey）基地的罗伯特·华生 - 瓦特雷达实验室中设计的，并由位
于斯沃尼奇（Swanage）的电信研究所进一步开发。它包含 3 个位于英

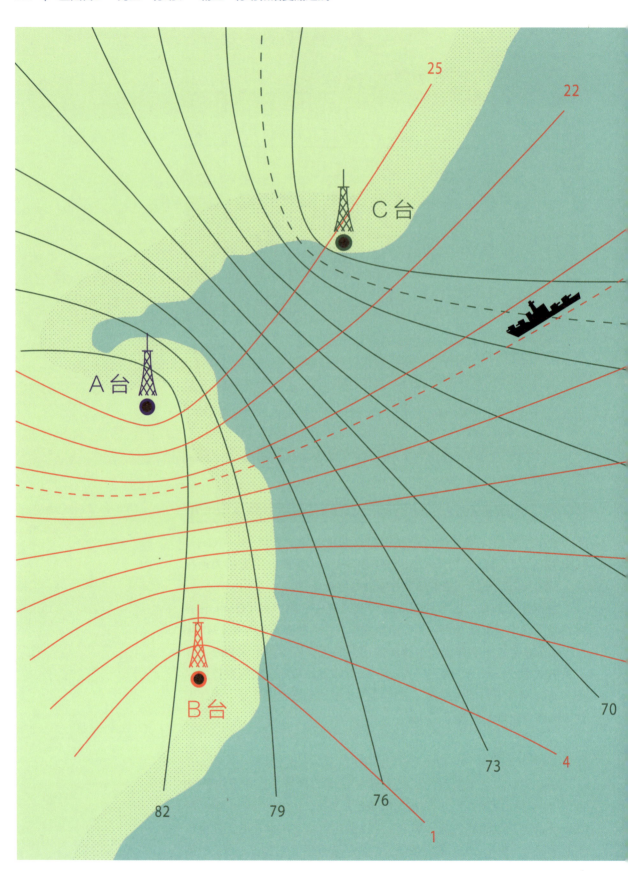

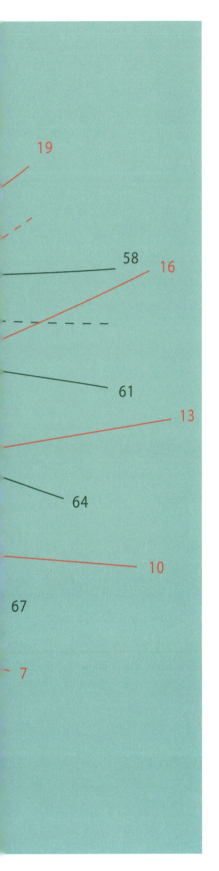

19

58   16

61

13

64

10

67

7

格兰南部已知位置的发射台（一个为主发射台，其余两个为辅助发射台），每个发射台同时发出一个"尖头"脉冲信号。从接收到的来自两个发射台的"尖头"信号之间的时差可以确定一条定位用的直线，而另一对"尖头"信号之间的时差可以确定另一条定位线，这两条直线的交叉点就是船只所在的位置。Gee 的名称来自由两对发射台生成的二维网格，Gee 就是"网格"（Grid）中的"G"。

"台卡"（QM 装备）

海军部对"台卡"系统的一次战时测试几乎以灾难结束。为了易用性，进行评估的船只根据一条双曲线导航，这条曲线穿越一处暗礁。船上的领航员盯着系统的指示器上的这条线，几乎使船搁浅，他根本没想到台卡系统有这么高的精确度。

为了实施"海王"行动，在英国南部海岸建立了 4 座秘密的发射台。在它们的周围有严密的保安措施，因为如果泄露它们的位置，就会使敌军知道登陆海滩。主发射台称为"A"台，建于奇切斯特（Chichester），西部的"B"台（红台）靠近斯沃尼奇，"C"台（作为副台的绿台）在距离比奇角（Beachy Head）大约 1 英里（约 1.6 千米）的内陆。在谢佩（Sheppey）岛上的泰晤士河口，建立了一个发射台，作为"假目标"，以防德军发现这一计划的任何部分（战后，这个发射台用于建立第 4 个发射台（紫台），以提高精确度，但是在 D 日的行动中没有被视为必要的装置）。

从红台和绿台发来的信号组成双曲线图案，称作"网格线"，这些曲

左图："台卡"网格示意图。（图片来源：多米尼克·斯蒂克兰德绘制）

Gee 是天才之作

英国民用研究科学家罗伯特·鲍勃·迪皮是 D 日行动中伟大的无名英雄之一。他是称为 Gee 和"罗兰"（Loran）的无线导航系统思路的提出者，这一发明使数百艘舰船沿着扫雷通道上的 Gee 网格线，安全地在诺曼底海岸登陆；并且帮助大规模的飞机编队在云层和黑暗中秘密飞向法国上空的空降区，在这一飞行中除了"Gee"系统，其他人都是"瞎子"。没有这些设备，D 日行动很可能陷入一片混乱。

罗伯特·詹姆斯·迪皮是造船工程师的儿子，于 1912 年 11 月 26 日生于肯特郡的查尔顿（Charlton）。他曾就学于达特福特文法学校和伦敦大学，1934 年毕业并获得电子工程的荣誉学位。

迪皮在 1934 年底加入通用电气英国公司的研究所，很快参与了电视的开发。他根据报纸广告应聘了空军部的无线电研究职位，并于 1936 年被称为萨福克的鲍德西研究站的"创始成员"之一，这个地方是英国雷达的诞生地。鲍德西研究站后来成为电信研究所。在这研究所，他从事雷达开发，是罗伯特·华生 – 瓦特团队的一员。

1938 年左右，迪皮提议用一种类似雷达的系统，辅助飞机在能见度不佳的情况下进近机场并降落。由于鲍德西的首要工作是本土雷达网（Chain Home）所用的雷达和机载雷达系统，他的提议没有被立即采纳，但是迪皮在 1941 年皇家空军急需的时候再次推进这一项目。这种设备（一种用于无线电导航的脉冲双曲线系统）后来成为 Gee 导航系统，使皇家空军在 1942 年发动的第一次"千机大轰炸"行动成为可能，也使 Gee 系统成为所有雷达和类雷达机载设备中广为使用的导航系统——大大提升了皇家空军导航和轰炸的准确率。许多轰炸机飞行员能够安全地在各种天气条件下回到基地，都要归功于 Gee 系统。

1942 年夏季，皇家海军开始在轻型水面船只上安装 Gee 系统，使它们能够准确地在任何气候条件下导航。扫雷和布雷行动也成为 Gee 的用武之地。实际上，盟军空中和海上力量在 1944 年 6 月 6 日广泛地使用了 Gee 系统，以至于 D 日也曾被称为 G 日！

Gee 和"罗兰"进一步发展为 Gee-H，在美国（迪皮作为顾问）发展为"罗兰 –A"。Gee 最终得到广泛的使用，迪皮后来被授予大英帝国勋章（1948 年）和美国颁发的带有铜棕叶的自由奖章。为了表彰他的工作，他还被颁发了 5000 英镑的部门奖。

战后，迪皮成为陆军军需部的高级首席科学官，后于 1949 年迁居新西兰，加入航空部民航局，任电信负责人。1957 年，迪皮热切地

想回到科研界，他前往澳大利亚加入阿德莱德附近的武器研究所，担任电子技术首席科学官，后晋升为负责应用物理分部的首席科学家。他在 1966 年因为双曲线无线导航领域的成就而被授予 IEEE 的"先驱奖"。

　　退休之后，迪皮回到英国，于 1984 年逝世于肯特郡福克斯通（Folkestone），享年 71 岁。

上图：鲍勃·迪皮是 Gee 的发明人。（图片来源：作者的收藏）

线画在地图上。计算"台卡"网格线的本土辅助部队（ATS）制图人员两人一组，在武装守卫下的海军部信号机构（ASE）的小屋内工作，他们的工作非常秘密。

台卡公司在很短时间内制造了20台预生产型"台卡"接收机，将其配备到13艘英国、美国和加拿大扫雷舰队引导船上、5艘登陆指挥艇（LCH）和两艘导航摩托艇上。

这一通信链的传输始于6月5日一早。开发"台卡"导航系统的美国工程师威廉·J.奥布莱恩（William J. O'Brien）在其伦敦的家中一直开着一台原型接收机。当指示器的指针摆动的时候，他知道攻击开始了，盟军在岸上也设立了监控用的接收机。

970 型雷达

一些摩托汽艇（ML）被指定为扫雷区舰队和担任先锋的坦克登陆艇区舰队的导航引导船。它们配备了970型雷达。这种雷达的平面位置指示器（PPI）上配备一个投影仪，可以用幻灯片将图像投影到PPI的范围内。PPI范围内投影的图像是根据事先推算制作的，就像船只到达某一位置时雷达屏幕上显示的图像一样。当雷达图像和预测的图像相符时，就知道船只已经到达了所指示的点。在进港路线（出发线路）上离岸5000码（约4570米）和1500码（约1370米）的点上进行了推算，利用这些推算，导航引导船带领登陆船队和指挥舰以很高的精度行进在出发线路上。

科技在得到很好应用时会带来巨大的好处，但是当它出现问题（不管什么原因），后果也无法预料——在战时条件下，这些后果可能是灾难性的。在D日中，攻击船只中的雷达出现了一些严重的故障，在"奥马哈"海滩的奥克角和"犹他"海滩，导航设备的故障严重影响了美军的登陆行动。

"登基"行动和声纳浮标

为了确保D日能够更加容易地重新定位扫雷通道，在登陆前6天，于10个进港航道（每支攻击部队两个）的北端投放了10个声呐水下浮标（FH-830水声信标）。它们保持"静默"并且配备了一个在D日前一天"激活"的定时器，届时，作为标定艇的海港防御汽艇（HDML）将使用它们向扫雷舰艇指示进港航道上扫雷的起始点。

所有关键标识浮标都配备了特制的雷达反射器，它能在船只的雷达上形成不同的回波反射。大约1/6的步兵登陆艇（LCI）和较大的登陆艇上安装了海上面对面（SG）雷达，所以反射器浮标是重要的安全保障。这样，船只不管能不能看到浮标，都可以得到方位。

10支各由9艘舰队扫雷舰组成的区舰队扫清10条通道，并搜索

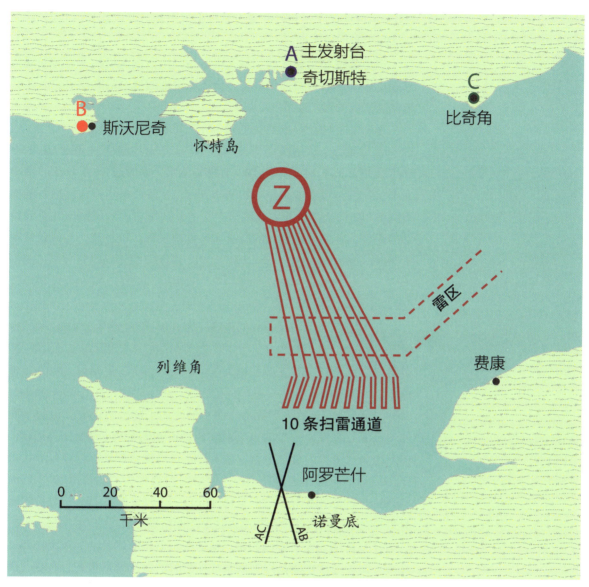

5 个"运输区域"。每个区舰队中加入 4 艘扫雷摩托艇，两艘装备"奥罗佩沙"（Oropesa）及双环磁性扫雷具（LL）的拖船和 4 艘扫雷标识布设船。摩托艇配备轻型扫雷具，先于舰队扫雷舰出发，为它们清理出一条路径。LL 拖船扫除磁性水雷，而标识布设船用浮标标出扫雷通道，引导后续的攻击舰队。盟军参与扫雷行动的舰船总数为 255 艘。

上图："海王"行动中的"台卡"扫雷通道。（图片来源：多米尼克·斯蒂克兰德绘制）

精确度

一旦扫雷从正确的起点开始，导航的精确度就使用 QH 和 QM 以及拉紧钢线来保证。例如，皇家海军第 18 扫雷区舰队从朴茨茅斯出发，尽管途中遇到了强风和潮汐，在到达指定海滩的目标点时，仅晚了 4 分钟，偏离位置只有大约 366 米，这主要归功于两种电子设备。在人们看来，上述误差是可接受的。后来，一位导航官曾经这样报告：

"这太不可思议了。我们好像有某种架空电缆，不仅能告诉我们方向，还能指出我们的速度"。

进港通道和运输区域扫雷完毕之后，扫雷舰队将注意力转向通道末端近岸区域的扫雷，然后进一步拓宽进港通道，最终建立进入各特遣部队战区的宽广通道。

第3和第4通道（统称为通道34）之间水域以及第5和第6通道（通道56）之间水域的清除按照计划于D日完成。通道12和通道78在D+1日完成。第14通道于D+7日准备就绪；而通道58在D+8日清除完毕，宽度拓展到6英里（约9.65千米）。整个登陆行动区域内的障碍到D+12日全部清除，开放海上交通。敌军雷区的清除向北扩展足够的距离，确保进港期间的所有雷区都被发现。仅在这一地区就发现了78枚系留水雷。

Gee 还是 "台卡"？

在"海王"行动中，Gee的精确度为100码（约92米）以内，而"台卡"的精度为50码（约46米）。但是，这两种宝贵的设备也各有缺点。尽管两个系统在大的方面上很类似，但是"台卡"更精确，也更易于操作，因为它的读数直接显示在被称作"台卡相位差计"（Decometer，又称"台卡计"）的标度盘上，而Gee使用了阴极射线管。但是早期的"台卡"装置有一个缺点，需要使用已知的精确位置设定指示器。如果因为任何原因接收中断，台卡计就必须重新校准。尽管台卡计工作得很好，而且精度好于Gee，但是因为被称为"航道滑动"（Lane slipping）的问题，导致它的可靠性较低。不过，配备Gee接收机的船只只有在英吉利海峡中部集结点之前才能精确导航。

令扫雷舰上人员懊恼的是，他们擅长使用的"台卡"系统在D+1日被关闭了，这可能是因为该系统在当时的保密级别很高。有些人认为它被关闭是因为发射台出现了故障。"台卡"从未受到干扰，德军或许从来没有发现过该系统在第二次世界大战期间的存在。这可能是因为该系统的保密工作很出色，也可能是因为和Gee相比，"台卡"的配备数量很少。所以"海王"行动中"台卡"导航系统的使用在此次进攻的任何报道中都很少提及。

战斗机指挥供应舰

在诺曼底滩头上空，盟军预计将投入大量的飞机，所以人们认为，对它们进行管理的指挥控制系统是很重要的。为此，将一些坦克登陆舰（LST）改装成战斗机指挥供应舰（FDT），搭载专用雷达设备。战斗机指挥供应舰由皇家空军引导小组在海上指挥，在D日驶入预定位置，于进攻期间在诺曼底海岸参加行动，指挥盟军飞机，并拦截敌军的飞机，直到在法国建立岸基雷达。

在经过特殊改装的海上舰船上操作地面雷达设备的概念在盟军1943 年的西西里登陆战役中进行了试验，当时皇家空军的一部移动式地面控制拦截（GCI）雷达单元安装在一艘坦克登陆舰上。试验很成功，战斗机司令部司令建议将类似的舰船用于 1944 年计划中的法国北部登陆战役。

3 艘坦克登陆舰被选中，由克莱德班克（Clyderbank）的约翰·布朗船厂改装，于 1944 年 2 月份竣工。改造内容包括将登陆舱门焊死，并用装甲钢板覆盖舱口。因为坦克登陆舰吃水较浅，在主甲板上放置了 300 吨的生铁锭，以减缓船只摇晃的速度，在船只货舱内铺设了一层新的甲板，以容纳鉴定室、通信办公室、译电室、空中控制室和雷达接收室的人员。在前部区域构建一个测向室，用于安装海上测向设备，而坦克甲板的尾部则为收发报室、飞机测向、无线电对抗室和储藏室提供了空间。在甲板上，则建造了一个舰桥目视测向阵位和一个舰桥标图室。

下图：英国皇家海军扫雷艇上的船员操纵绕线架，释放用于引爆磁性水雷的 LL 扫雷具。LL 扫雷具由两根不等长的漂浮电缆组成，电缆的末端带有电极，拖在扫雷舰艇后面。这些电缆由一系列电脉冲供电，形成足以引爆水雷的磁场。（图片来源：帝国战争博物馆 A15551）

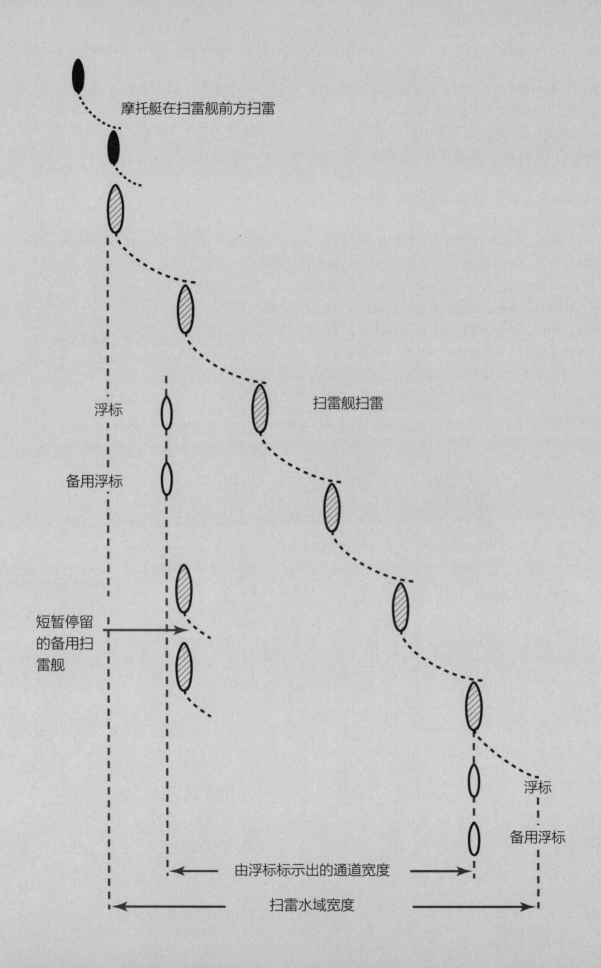

摩托艇在扫雷舰前方扫雷

浮标

备用浮标

短暂停留
的备用扫
雷舰

扫雷舰扫雷

浮标

备用浮标

由浮标标示出的通道宽度

扫雷水域宽度

6月4日—7月3日盟军由于敌军水雷而损失的舰艇，以及清除的水雷

	西部特混舰队	东部特混舰队	总计
舰艇伤亡（艘）	24	19	43
清除的系留水雷（枚）	91	95	186
清除的沉底雷（枚）	140	109	249
由扫雷舰艇之外的舰艇清除的沉底雷（枚）	6	68	74
清除水雷总数（枚）	237	272	509

注：如果德军在 6 月 6 日之前的几周开始布设新一代压发水雷，就可能大大增加对盟军舰艇的威胁。如果他们完成了这一布雷行动，盟军所能检测或者清除的水雷就会很少。

每艘战斗机指挥供应舰中，最重要的雷达设备包括一部 15 型 GCI 雷达（前部）和一部 11 型 GCI 雷达（中部），它们的天线阵列悬挂于水线之上 30 英尺（约 9.15 米）。船上安装了 Mk Ⅲ 敌我识别装置（IFF），在空中行动联络小组没有提供应答时进行识别。舰上安装空中拦截（AI）信标，用于辅助夜间战斗机的指挥，每艘战斗机指挥供应舰均携带 1.5 米的 Mk Ⅳ 信标和 10 厘米的 Mk Ⅷ 空中拦截信标。为了提供战斗机指挥供应舰和飞机之间的语音通信，配备了多通道甚高频无线电话（R/T）和无线电（W/T）。

改装为战斗机指挥供应舰之后，每艘登陆舰的排水量变为 3700 吨，长度为 328 英尺（约 100 米），大小与英国皇家海军的驱逐舰相仿。它携载由 8 名军官和 92 名水兵组成的海军小组，以及 19 名皇家空军、加拿大皇家空军军官和 157 名空军士兵。

在攻击阶段，指挥皇家空军和美国陆军航空队战斗机的战斗机指挥供应舰共有 3 艘：

对页图：扫雷示意图。（图片来源：多米尼克·斯蒂克兰德绘制）

战斗机指挥供应舰在 1944 年 6 月 6—13 日中取得的战果

战果编号	指挥飞机	取得联系	拦截的友军飞机	击毁/击伤的敌军飞机
216	62	49	33	3/0
217	225	66	37	3/2

- FDT 216——在攻击区域的西半部，美军负责的"奥马哈"和"犹他"海滩。
- FDT 217——在攻击区域的东半部，英军和加拿大军队负责的海滩。
- FDT 13——在主航线上。

　　6月5日晚间10时，3艘战斗机指挥供应舰从怀特岛（Isle of Wight）的考斯（Cowes）出发，加入攻击舰队。在6月6日上午7时25分攻击开始时，3艘战斗机指挥供应舰开始雷达监控，并立即与承担特遣部队防空的盟军战斗机取得联系。

6月15日，FDT 216 返港进行维修，由 FDT217 接替美军所在海滩的任务；FDT 13 部署在巴夫勒尔东北偏东 20 英里（约 32 千米）处，覆盖前往瑟堡的通道。FDT 217 在连续执行任务 17 天之后，于 6 月 23 日撤离。6 月 27 日，FDT 216 接替巴夫勒尔（Barfleur）附近的 FDT 13，7 月 1 日，岸基 GCI 雷达在巴夫勒尔开始工作，FDT 216 转移到勒阿弗尔以西 23 英里（约 37 千米）处。7 月 7 日，它被一架德军容克 Ju88 轰炸机发射的航空鱼雷击中倾覆。除了 5 名舰员，其余人员均获救。FDT 13 和 FDT 217 在战争中幸存了下来。

下图：战斗机指挥供应舰（FDT）是浮动的指挥控制中心，舰上雷达和雷达天线林立，甲板下则隐藏着复杂的通信设备，被部署在诺曼底海滩之外。FDT 216 是 3 艘从坦克登陆舰改装的战斗机指挥供应舰之一。（图片来源：帝国战争博物馆 A21922）

6 月 6 日，临近中午，美军在"奥马哈"海滩登岸。（图片来源：美国国家档案馆）

2 海滩清障

　　海军蛙人和陆军的爆破工兵随同第一波突击部队登上诺曼底海滩，用特种装甲车辆支援英加军队所在的战区，用坦克推土机支援美军所在海滩。他们的任务是用炸药清除海滩障碍和地雷／水雷，使登陆艇可以抢滩而不必担心遭到损坏。另外，他们还将为登陆部队和车辆清出"安全"通道，沿着海滩向出口推进。

率先上岸

下图：皇家海军第 3 登陆艇排障部队（LCOCU）的突击队员在拉里维耶尔（La Rivière）的"金"海滩上。最右端的是皇家海军志愿后备队的 J.B. 泰勒（J.B. Taylor）少尉。（图片来源：阿拉米图库）

　　对 D 日登陆的大部分报道聚焦于突击部队在激烈争夺的诺曼底滩头奋力登岸的戏剧性场面。它们通常都忽略了——或者仅仅顺便提一下——由爆破蛙人及工兵组成的专业小队在攻击初期关键阶段所发挥的重要作用。他们往往是最先上岸的人，甚至在第一波突击部队之前，任务是在德军为了挫败两栖攻击而设置的大量海滩障碍物中开辟一条安全通道。一旦登陆部队站稳脚跟，还要建立一个滩头管理体系，以便在盟军向内陆突进之前迅速集结人员和物资。

"剑""朱诺"和"金"海滩

皇家海军登陆艇排障部队与皇家工兵突击中队

　　大约在首批突击部队离开登陆艇的同时，皇家海军登陆艇排障队（LCOCU，读为"Locyews"）与隶属于皇家工兵突击中队和野战连的坑道工兵都在第一波中。这两组人都隶属第 79 装甲师指挥下的排障中队。

　　滩头清障是危险的活动，对体力的要求很高，必须冒着敌人的枪炮火力进行，德军在海边建筑物上布设了步枪、机枪（包括狙击手），更远的内陆则有迫击炮和炮兵火力。

　　排障部队的蛙人们身穿潜水服在充气小艇上作业，负责排除水下 5～10 英尺（1.27～2.54 米）深的障碍物。每段海滩有两个 18 人组成的小队，他们使用爆炸物清除水下障碍和水雷，使突击艇可以毫发无伤地抢滩。

　　每段海滩上与两个排障小队协作的，是两个从皇家工兵第 5 和第

下图：在德文郡北部海岸阿普尔多尔（Appledore）的联合作战训练基地进行的训练中，登陆艇排障队的蛙人身穿浅水潜水服，携带戴维斯水下逃生装置（DSEA，氧气循环呼吸器）。

海滩障碍

从 1940 年起的一段时期，德军一直沿着他们的"大西洋壁垒"，有条不紊地修建一系列致命的海滩障碍，以挫败任何两栖突击。这些防御带距离高潮位线最远达 1200 码（约 1100 米），通常位于高潮位的一半以内（这意味着它们在高潮时处于水下）。障碍物用钢材和混凝土制成，有着各不相同的形式和名称，包括"C 构件"（Element C，又称"比利时之门"）、钢质和木质斜桩、地桩、钢质"刺猬"、混凝土"四面体"和标桩。这些障碍物中大部分连接着触发式水雷/地雷，或者用饼形地雷、过时炮弹和其他弹药制成的简易爆炸装置。

从海上看，一排排"比利时之门"、木桩或水泥桩打入砂石之中；向海一端的沙地上嵌入了用木材或钢材做成的斜桩，它们在向陆一端上升到 6 英尺（约 1.83 米）高，意在顶翻靠近滩头的登陆艇；混凝土、钢材或木材做成的"四面体"用于阻碍车辆行进；最后一道障碍是金属材料做成的"刺猬"，它是由三根铆接的金属梁和金属板组合而成

下图：从沿岸碉堡中敌人的角度可以看到，滩涂上布满了各种障碍物，包括钢制"刺猬"和木质标桩。（图片来源：德国联邦档案馆 Bild 101I–674–7773–07）

的，上表面的凹槽可以撕开登陆艇的艇身，使其无法离开守军的火力范围。

最可怕的障碍是"C 构件"（Element C），这是一种 2.5 吨重的钢结构，外形与尖桩篱笆相似，高度和宽度均为 10 英尺（约 3.05 米），安装在 10×14 英尺（约 3.05×4.27 米）的基座上。它最初的设计目的是用于比利时战前的 K–W 防线，抵御德国装甲部队可能在陆地上发动的进攻。这个名称取自它的法国发明者莱昂 – 埃德蒙·德宽泰·德菲莱恩（Leon–Edmond de Cointet de Fillain）上校，他曾设想将其用在马奇诺防线。结果是，数以千计的"宽泰构件"（Conintet-Element）从没有形成一道连续的屏障，德国装甲兵轻而易举地在 1940 年的"闪电战"中绕过了它们。

德军在比利时取得胜利后，大量的"宽泰构件"（德国人将其改名为 C 构件）被带到诺曼底，改用于他们的大西洋壁垒防御中。它们通常被单独放在低潮线上，与其他类型的海滩防御障碍比邻而立。底部附加了混凝土滚轴，以便根据潮汐情况不同，在必要时用两匹马牵引，移到其他位置。

　　破坏"C构件"结构必须方法得当，否则它们将大体上保持原样，继续造成威胁。在"比利时之门"的关键位置上放置36个小型塑性炸药包，将结构炸成碎片时，伸出海底的钢制框架至多只有18英寸（约0.46米）。

6月8日，"犹他"海滩上清除的海滩障碍堆放在一起。（图片来源：美国国家档案馆）

6 突击团抽调的突击中队。

他们在浅水和海滩上作业，任务包括移走低潮时暴露的海滩障碍，使这些障碍不会在涨潮时被掩盖起来造成危险；拆除障碍物中的水雷／地雷和其他爆炸物；在有防波堤的地方打开缺口；在高水位线以上的软沙中建立并维护坡道及稳固的通道；移除被击毁的车辆，以免挡住上述通道。皇家工兵突击中队的 AVRE（皇家工兵装甲车）还为步兵提供炮火支援（例如"丘吉尔"AVRE 携带的杆式迫击炮，也称超口径臼炮），帮助他们突破德军的据点和在高潮位线以上据守的建筑物。步兵和各种车辆一直不断地从登陆艇涌上滩头，进入越来越大的桥头堡。在首波登陆后的一个小时内，就打通了多个滩头出口，使部队可以向内陆挺进。

排障中队

每段海滩上部署第 79 装甲师的两个排障中队，每个排障中队由 3 个排障小队组成。装甲支援车辆的构成每个海滩各有不同，但通常每个小队有 6 辆车，加上 AVRE、谢尔曼"螃蟹"扫雷坦克和装甲推土机。这些排障中队的目标是清理出登上海滩的安全通道，建立多达 8 条 50 码（约 46 米）宽、适合履带车辆使用的出口，通往第一条内陆公路。

皇家工兵装甲车（AVRE）

本书第 5 章将详细介绍第 79 装甲师的特种车辆，但为了完整起见，在这里做一个简单的概述。每个突击中队装备一定数量的皇家工兵装甲车（AVRE），这种车辆以"丘吉尔"坦克为基础，去掉火炮，经过各种改装，适用于突击工兵的特殊要求——比如杆式迫击炮、装甲跳板运送车和"滚筒"路面铺设车。此外，突击小队还包括了一些来自第 30 装甲旅的谢尔曼"螃蟹"扫雷坦克，它们的前部安装了一个旋转链击式扫雷具，可以在高水位之上布设的雷区中清除道路。

突击中队遭受了一定的伤亡，在某些海滩分段上，多达半数的AVRE 和装甲推土机被击毁，乘员伤亡惨重。

"奥马哈"与"犹他"海滩

美国海军作战爆破队（NCDU）

美国海军作战爆破队（NCDU）负责两个美军登陆海滩的滩头障碍清除工作。与英国皇家海军登陆艇排障队不同，美国海军作战爆破队没有潜水或泅渡装备，因为美方计划人员假设，当他们的攻击部队抢滩时，所有障碍应该都在低潮下暴露出来。每个爆破队包括 1 名军官和 16 名士兵，在 D 日由美国陆军直接指挥。"奥马哈"海滩有 24 个爆破队，"犹他"海滩有 8 个，另有 3 个作为预备队。他们的任务是为每个美国海滩打开 16 个 50 码（约 46 米）宽的登陆通道。M4 坦克推土机于登陆时间由坦克登陆艇运送上岸，根据陆军作战爆破队军官的指示清除障碍物。

通路突击队

一支海军作战爆破队和一支陆军作战爆破队组成通路突击队（Gap Assault Team）。陆军作战爆破队由 25 名士兵、2 名医疗兵和 1 名军官组成。

通路突击队负责清除海岸线上可能阻挡登陆部队或补给的所有障碍，并清除直到高水位线的所有障碍和水雷 / 地雷。

通路突击队与突击步兵大约同时抵达"奥马哈"海滩，但有一个例外，虽然许多人先于步兵抵达，但有少数人比计划中迟到了。由于一些不可预测的情况，大部分突击艇在预定海滩的左侧登岸。迎接他们的是毁灭性的防御火力，这是一场史诗级生存之战的开端。

"奥马哈"海滩麻烦重重——最先登陆的一支突击队遭到全歼，另一支突击队在准备引爆一长串炸药时几乎全军覆没，只有一名士兵幸存。幸存者们成功地在水边的障碍物中清除出五条主要通道和三条不完整的通道，此时潮水开始上涨，他们被迫撤离。日暮之时，大约三分之一的滩头障碍已被摧毁或移除。夜幕降临时，计划中的 16 条通道有 13 条已被打通，登岸的 175 名海军作战爆破队官兵中，已有 31 人阵亡，60 人受伤。

下图：美国海军爆破队士兵在"比利时之门"上安放炸弹。这是米切尔·贾米森（Mitchell Jamieson）在纸上所作的水墨画。（图片来源：美国海军历史与遗产司令部）

海军蛙人

哈里·哈格里夫斯上尉（皇家海军志愿后备队，第 3 登陆艇排障队指挥官，曾获"优异服役十字勋章"）

"对普通人来说，诺曼底登陆战是有史以来最大规模的联合作战，事实也是如此。然而，行动之前和第一波登陆期间，由小规模的特种单位完成的工作却鲜为人知。我们就是发挥这一特殊作用的小单位之一。完成这项任务并非易事，我们许多人甚至没有想到能活着回来，但我们下定决心，一定要坚持到最后。为了诺曼底登陆战，部队指挥官们动用了皇家海军登陆艇排障队中的 120 名官兵，分成 10 个小队。每个小队有一名军官和 11 名士兵，各负责一个海滩，也各有自己的工作。我和一位同为军官的战友被派去处理靠近拉里维埃（La Riviere）村附近一个海滩上的障碍。"（在"金"海滩的"K 区红段"）

"我们本应于突击——开始（H 时）就动手。早上 7 时，我们从一艘步兵登陆舰上跳进小艇，风风火火地奔向海滩，希望看到前排的障碍物是在水边而非水中，但却发现障碍物在水下 2~3 英尺的地方。我们离开小艇，立刻着手处理顶部安放着水雷的标桩、专门修建的木制斜桩（也埋了雷）以及顶部有地雷和防空炮弹的钢质'刺猬'，整个工作期间，我们都遭到了敌方火箭、炮弹和炸弹的猛烈袭击。"

"我们离海滩还有大约 400 码（约 366 米），敌人就开始射击了，他们也没忘了告诉我们，他们知道我们来了。当我们最终抵达海滩时，发现自己正在遭到敌人有条不紊的狙击，不仅有步枪火力，不时还有机枪的齐射——那是最令人不愉快的经历——但我们很快适应了。随着时间的推移，我们几乎已经忘记了这件事，直到我们意识到敌人的抵抗已逐渐减弱，因为与此同时，陆军已经登陆，正在对付机枪和迫击炮火力点，以及其他所有德国佬为对抗我们而准备的据点。"

"六月的天气十分恶劣，出乎所有人的意料，我们最大的困难是要在巨浪中工作。这真的很艰难，我们很快就疲惫不堪，但障碍物还

下图：皇家海军志愿后备队的哈里·哈格里夫斯中尉是 D 日最先登陆的 LCOCU 蛙人。他是土生土长的兰开夏郡伯恩利（Burnley）人，志愿加入海军之前是一名棉布推销员。为了防止直接命中的炮弹消灭整个滩头作业单位，来自英加军队海滩大队以及美军海滩营的官兵分散在许多艘大型步兵登陆艇、步兵登陆舰和坦克登陆艇上。

是缓慢而有条不紊地被摧毁了。我们为登陆艇打开了第一条通道，并不断地扩大这条通道的宽度。到 D 日结束时，我们成功地清理了长约1000 码（约 915 米）的海滩，其中障碍物超过了 400 码（约 366 米）。"

"我们的工作当然还没有结束，但最艰难的时期已经过去了。各种型号、不同大小的登陆艇涌上滩头，与此同时，我们在清理完这个海滩之后，就必须继续到另一个海滩，清除那里的障碍物。我们共成功处理了超过 2500 个障碍物，几乎每个都埋了雷，此外，我们还清除了半打遥控爆破车上的炸药，算是意外之喜了。"［来源：瓦尔顿与格里森《蛙人》（ The Frogmen ）］

下图：艺术家描绘的登陆艇排障队蛙人在"比利时之门"上安装爆破炸药的情景。

"犹他"海滩上的敌军火力没有"奥马哈"海滩那么强烈，海滩障碍物也没有那么多，右翼的障碍物密度中等，而左翼则很稀少。美军在这里的攻击遇到的问题少得多，取得了更大的成功——海军爆破队有4人死亡，11人受伤。两个海滩之间的重要区别是，"犹他"海滩的障碍物上没有安放饼形地雷，坦克推土机可以更快地清理海滩。但是，工兵在试图修建离开海滩的道路时遇到了麻烦。

美国海军预备役中尉沃尔特·库珀（Walter Cooper）是"奥马哈"海滩第2大队（负责E区红段和F区绿段）海军作战爆破队的指挥官。他回忆道：

下图：7时左右，在"奥马哈"海滩E区红段的波涛中，暂编特种工兵旅的士兵隐蔽于"刺猬"障碍物中。在他们身后可以看到逼近海岸的后续波次登陆艇。这是6月6日美国战地摄影师罗伯特·卡帕（Robert Capa）拍摄的一系列激动人心的照片之一。（图片来源：玛格南图片社）

"在"奥马哈"海滩上，我的海军作战爆破队由大约15艘中型支援登陆艇组成，每艘登陆艇上有44名士兵和炸药，整个滩头从低潮位到高潮位（落差约7.6米）都有一排排五花八门的障碍物，令人难以置信。我们的工作是在指定海滩的入口上清出16条50码宽的通路，这些通路将由分配到每个通路突击队的陆军爆破队用5英尺（约1.52米）高的标准通路标识标示出来。没有移除的障碍物将用红色布片标示，以便第一波部队继续上岸。"（来源：www.6thbeachbattalion.org）

海军作战爆破队使用的爆炸物

海军作战爆破队在拆除天然和人造海滩障碍物时使用了多种烈性炸药——TNT、"特屈儿"–TNT 混合炸药和带有爆炸导火索（Primacord）的 C2 塑性炸药。C2 和"特屈儿"–TNT 混合炸药优先使用，因为它们的爆炸力强于 TNT、更稳定，也较不容易被小型武器火力引爆。爆炸导火索是一种细导火索，内核是连续填装的 TNT 或旋风炸药（RDX），用纺纱线捆绑并以防水涂层封装，可以 23000 英尺（约 7000 米）/ 秒的速度燃烧，几乎是瞬时引爆。

美军还使用多种临时准备的装置清除通过雷区、铁丝网和其他障碍物的道路，或者在沙洲中炸开道路，例如，Mk 8 "爆破软管"——25 英尺（约 7.63 米）长的 2 英寸（约 5.1 厘米）浮力橡胶管，填充 50 磅（约 22.7 千克）"特屈儿"–TNT 混合炸药；以及"爆破筒板条箱"——在 5 英尺（约 1.52 米）长的钢管中装入 9 磅（约 4.1 千克）"阿玛托"炸药并将引信连在一起，形成巨大的炸药块。对于沉重的钢质"刺猬"，则使用 15 磅（约 6.8 千克）"特屈儿"–TNT 混合炸药包。

哈根森炸药包

海军作战爆破队军官卡尔·P. 哈根森（Carl P. Hagensen）上尉提出了一个思路，用爆破炸药摧毁德军布设的"比利时之门"障碍物，而不会使弹片飞溅。这种方法以发明者的名字命名，称为"哈根森炸药包"，具体做法是将约 1 千克 C2 炸药装在一个约 30 厘米长的帆布包里，再配备一个金属钩和吊绳，这样就可以将其附着在障碍物的各个部位。C2 塑性炸药的柔性使其可以沿着横梁或者柱子卷绕或者塑形。

C2 炸药中插入一段爆炸导火索，其余导火索沿炸药包缠绕，这样就可以连接到与多个目标相连的主干线上，以同时摧毁所有目标。

炸药包放在障碍物的连接点或焊接处、或者靠近地雷 / 水雷时最为有效，试验证明，16 个哈根森炸药包足以摧毁一个"比利时之门"。

为了确保 D 日时准备足够的炸药包，一个快速解决方案是在标配的美军军用羊毛袜中装入 C2 炸药和 30 厘米长的爆炸导火索，这样的"炸药包"可以用胶带、绳子或者金属线固定在障碍物上。

滩头管理

盟军为诺曼底的所有登陆海滩指定了代号——"犹他""奥马哈""剑"和"金"。每个海滩分为几段（也称滩头登陆区域），使用"军用音标"表示［如"Dog"（D 区），"Easy"（E 区），"Fox"（F 区）等］，

6月6日，英军海滩大队士兵在"剑"海滩上工作，他们的头盔上有用于辨识身份的白色带状图案。图片中央的军官正用双筒望远镜巡视天空，监视敌机动向。前方的士兵头后是一辆装甲推土机，有许多这种车辆随排障小队一起在攻击开始时登陆。

英军宪兵在"朱诺"海滩后靠近贝尔尼埃（Bernières）的铁路线旁边搜查德国战俘，后者很快将被带到等待的登陆艇上，送回英国囚禁。

下图：6 月 6 日早上，士兵们（可能来自第 2 东约克郡团）、各种车辆和滩头大队官兵在"剑"海滩的 Q 区红段躲避德军火力。

这些区域再用颜色细分［如"Dog Green"（D 区绿段），"Easy Red"（E 区红段）］。D 日规划人员认识到，随着大批部队、车辆和补给离开登陆艇登上海滩，必须建立一个体系，在挺进内陆之前管理人员和物资的迅速集结。具体的解决方案就是海滩分区（Beach Sub Areas）、海滩大队（英国和加拿大部队）以及海滩营（美军）——登陆区域的行政分组。不过，这些分组的存在必然是短暂的，因为一旦不再进行海滩作业，或者建立了常规补给与调动组织，它们的工作也就结束了。官方确认的"海王"行动于 1944 年 6 月 30 日结束，但一些海滩单位继续工作到 7 月，最后直到 8 月才解散。

英国和加拿大海滩大队

　　英国陆军海滩大队（以及附属的皇家海军与皇家空军人员）随第一波突击部队在"剑""朱诺"和"金"海滩登陆，其他海滩分区单位人员紧随其后。海滩维护区很快建立，海滩分区的控制权也从各突击师移交给所属的军。最终，英国第2集团军在交通线组织建立后接管，海滩维护区成了更大规模的后方维护区的一部分。

上图：皇家海军海滩突击队从其中一个英军登陆海滩上的指挥所里监督行动。他们的战斗服上佩戴着联合作战徽章。左侧的军官可能是登陆海滩指挥官。（图片来源：阿拉米图库）

登陆海滩指挥官——滩头管理者

登陆海滩指挥官来自各个兵种，通常是下级军官。在"犹他"和"奥马哈"海滩，"海蜂"部队（海军工程营）和陆军或海军宪兵充当这一职务。在英国和加拿大军队登陆的海滩上，承担这一任务的是皇家海军陆战队和陆军工兵。

登陆海滩指挥官就像交通警，必须让所在区域的一切都动起来。每当提到"他的"海滩（涵盖水边到高潮位的区域）的管理，他的话就是法律。他也很像一艘船的船长，对海滩的行动有最终决定权，地位高于越过他的"地盘"的任何军官。

登陆海滩指挥官在第一波登陆，指挥部队和车辆经过用标识带标示的已排雷通道离开海滩。他们监督登陆艇卸载，通常会在出现混乱时设法恢复秩序。

海滩分区

英国和加拿大军队登陆的"剑""朱诺"和"金"海滩的组织为三个"海滩分区"（Beach Sub Area），以便指挥和加速登陆行动，以及人员、物资与装备在登陆海滩上的集结和随后的调动。这些分区是：101分区涵盖"剑"突击区域，102分区涵盖"朱诺"海滩，104分区则包含"金"海滩。

每个海滩分区组织有两个陆军海滩大队，负责建立海滩维护区，区域中有保存汽油、弹药、给养和其他物资的堆场，以及用于刚抵达的人员及车辆的集结区。为了将伤亡人员、战俘和抢救出来的装备送回英国，他们还需要管理向海上的返程交通。

想要实现上述目标，就必须利用陆海空三军专业兵种的人力和物力。被选中负责这项工作的部队在D日前的几个月中接受了联合作战训练。每个海滩分区组织由皇家海军滩头突击队、陆军海滩大队和皇家空军海滩中队以及皇家空军海滩气球中队组成，并由一位陆军上校在海滩分区指挥部的协助下进行总体指挥。

陆军海滩大队

海滩分区中的主要单位是陆军海滩大队，每个大队有一个步兵营。这些步兵营的主要作用是作为海滩组织的劳动力，但在突击部队向内陆挺进后，他们也会应要求肃清任何残余敌军的反抗。遇到敌军反攻时，他们也将被当成海滩的最后一道防线。

每个陆军海滩大队还包括一些执行海滩组织特定任务的特种单位——皇家工兵、宪兵、轻工兵部队、皇家陆军医疗部队、皇家陆军军械部队、皇家陆军勤务部队和皇家电气与机械工程兵。步兵营的指挥官是一位中校，他同时是海滩大队的指挥官。

皇家海军海滩突击队

皇家海军海滩突击队管理在海滩卸货船只的抵达与离岸。他们由8个单位组成——"F""J""L""P""Q""R""S""T"和"W"突击队（后者由加拿大皇家海军的志愿人员组成）。每支皇家海军海滩突击队包括11名海军军官、6名海军中士和67名海军下士及以下军阶的水兵组成，编制外另有一个30人组成的通信单位。每个海滩突击队有一名登陆海滩总指挥官（PBM）、一名登陆海滩副总指挥官，以及两个或三个登陆小队组成，每个小队包括一名登陆海滩指挥官、两名助理登陆滩头指挥官和大约20名水兵。

3个皇家空军海滩中队

第1、2和第4皇家空军海滩中队与陆军海滩分区组织一起工作，引导皇家空军人员、车辆和物资登岸，以及他们后续越过海滩的行动。每个皇家空军海滩中队由一个中队部和两个海滩小队组成，这样中队

英国和加拿大军队海滩分区

"剑"海滩（第3步兵师）——101海滩分区
第7和第8登陆艇排障队
第5海滩大队（Q区）
F海滩突击队
    皇家空军101海滩小队
    ［国王团（利物浦团）第5营］
    第5工兵突击团团部——第77和第79突击中队
"剑"海滩预备队：第6海滩大队（R区）
    R海滩突击队
    皇家空军第102海滩小队
    （牛津郡与白金汉郡轻步兵团第1营）

"朱诺"海滩（第3加拿大步兵师）——102海滩分区
第1、第5、第11和第12登陆艇排障队
第7海滩大队（M区）
    P、S、U海滩突击队
    皇家空军第103海滩小队
    ［国王团第8（爱尔兰）营］
    第5工兵突击团团部——第26和第80突击中队
第8海滩大队（N区）
    P海滩突击队
    皇家空军第104海滩小队
    （皇家伯克郡团第5营）

"金"海滩（第50诺森伯兰步兵师）——104海滩分区
第3、第4、第9和第10登陆艇排障小队
第9海滩大队（K区）
    J、Q和T海滩突击队
    皇家空军第107海滩小队
    （赫特福德郡团第2营）
第10海滩大队（J区）
    Q海滩突击队
    皇家空军第108海滩小队
    （边境团第6营）
    第6工兵突击团团部——第81和第82突击中队
"金"海滩预备队：第36海滩模块化部队
    无皇家空军部队
    （达勒姆轻步兵团第18营）

部就可以和三个海滩分区指挥部协同工作，两个海滩小队则可以分别加入两个陆军海滩大队之中。皇家空军海滩气球中队以类似的方法组织。

美国海滩大队

突击阶段，海军作战爆破队和陆军作战爆破队组成通路突击队登岸，摧毁滩头障碍。海军海滩营和陆军战斗工兵营跟随这些突击队，建立用于堆放弹药和燃油的初步海滩基础设施，为支援的步兵部队清理海滩出口并修建道路。

美国海军海滩营

美国海军海滩营（NBB）是美国陆军特种工兵旅的组成部分。这些两栖单位在D日登上"奥马哈"和"犹他"海滩后，发挥了与英国海滩大队类似的作用。他们的任务是提供战场医疗、建立岸舰之间的通信、标记航道、紧急维修船艇、协助清除水下障碍、指挥登陆和由海路向英国运送伤员。

每个海滩营有42名军官、362名士兵，分为3个连——A、B、C连——以及一个营部。每个连附属于登陆的3个战斗工兵营之一。各连连长（通常是上尉）也是团属登陆海滩指挥官，有7名官兵协助他管理所在团的登陆海滩。

例如，下面是第6海军海滩营D日在"奥马哈"海滩东部各区的分配情况：

- A 连——配属于第 336 战斗工兵营
- B 连——配属于第 348 战斗工兵营
- C 连——配属于第 37 战斗工兵营
- 营部——与 C 连第 8 排和第 37 战斗工兵营一起登陆

　　每个连分为 3 个排（由 3 名军官和 43 名士兵组成），每个排再分为 4 个专业小队：水道测量小队、船艇维修小队、通信小队和医疗小队。

上图：D 日下午，皇家空军士兵拖着一辆气球绞车通过"金"海滩"K 区"。皇家空军海滩中队官兵身着蓝色战斗服，右臂上有红色的臂章。

海滩排

水道测量小队

　　包含所有"右臂臂章"人员[1]（美国海军水兵分类，包括帆缆军士、枪炮军士、航海军士等）。这个小队在岸上被分为更小的分组，驻扎在最方便船舶抢滩的位置。水道测量人员用浮标标示航线、航道和合适的登陆地点，当船艇在滩头时，他们处理船艏大缆，避免倾覆。这些

[1] 第二次世界大战时期美国海军水兵的臂章中，下士及以上的臂章中均有一只鹰，但鹰头的方向不同，佩戴时，鹰的头要指向前方，因此有臂章左右之分。其中与传统的航海有关的海员部门（Seaman Branch）的水兵，其臂章在右臂上，其他专业勤务的水兵，其臂章在左臂。——审校注

在"奥马哈"海滩登陆的官兵
中，大约有25%是工兵。图
中，第5特种工兵旅的官兵们
于6月6日傍晚登上海滩。（美
国国家档案馆）

人还进行所有打捞工作。水下探测工作是为了确定障碍所在，以便清除或者标记它们，使登陆艇可以避开它们。他们清理海滩上的所有障碍物，特别是在低潮时，使船只可以在高潮时安全登陆，车辆可以安全地使用海滩。紧急情况下，这个小队还可以承担担架员的工作。

船艇维修小队

这个小队的任务是维护和维修抢滩时受损的小型船艇。登陆初期，建立一个主停放区以维修所有受损船艇，由所有船艇维修小队维护。与水道测量小队人员一样，船艇维修小队也可以完成担架员的工作，或者协助水道测量工作。

通信小队

通过无线电、莫尔斯码和旗语进行岸 - 舰通信。在团的级别上，这些人员处理海滩之间的横向通信。

海军医疗小队

医疗兵随突击部队登陆，建立一个后送和急救站。这些小队分配一名医生，负责将伤员运离海滩并给予急救，安排将岸上的伤员送到海滩外等待的运输船上。一旦伤员后送体系就绪，海军医疗站便成为伤员回到船上的最后一环。

下图：6 月 7 日，"犹他"海滩上的美国指挥哨。指示牌上写着"R 区指挥部"。（美国国家档案馆）

上图：6月6日，海滩排医疗兵正在救治伤员。（美国国家档案馆）

上图：人员登陆艇用于将伤员送到在海滩外下锚的运输船上。（美国国家档案馆）

美国海军海滩营

"奥马哈"海滩（美国第 1 步兵师）[1]

美国海军第 6 海滩营

隶属于第 5 特种工兵旅，协调"奥马哈"海滩东段的登陆——E 区绿段、E 区红段、F 区绿段、F 区红段

突击单位：海军作战爆破队——44~46，22，23，141，138，142

辅助单位：海军作战爆破队——129，131，两支陆军作战爆破队

后备艇：编号为 32~36 的机械化登陆艇

美国海军第 7 海滩营

隶属于第 6 特种工兵旅，协调"奥马哈"海滩西段的登陆——D 区绿段、D 区白段、D 区红段

突击单位：海军作战爆破队——11，24，27，41~43，140，137

---

[1] 根据第 122 特混舰队（即西部特混舰队）司令柯克海军少将于 1944 年 7 月 19 日发给美国驻欧海军司令斯塔克海军上将关于海军战斗爆破队的报告，将 D 日"奥马哈"海滩海军战斗爆破队的作战序列重新整理 https://www.history.navy.mil/research/library/online-reading-room/title-list-alphabetically/d/d-day-the-normandy-invasion-combat-demolition-units.html

"奥马哈"海滩（Operation Order – Force 'O'）
分成两个小队（section）

第一个小队的作战序列如下：

间隔序列号与坐标（仅东距线）	海滩	小队编号	机械化登陆艇编号	海军作战爆破队编号
Ⅰ——突击部队				
1. (6522 – 6526)	D 区绿段	1	1	11
2. (6545 – 6549)	D 区绿段	2	2	24
3. (6568 – 6572)	D 区白段	3	3	27
4. (6588 – 6592)	D 区白段	4	4	41
5. (6615 – 6619)	D 区白段	5	5	42
6. (6635 – 6639)	D 区红段	6	6	43
7. (6655 – 6659)	E 区绿段	7	7	140
8. (6675 – 6679)	E 区绿段	8	8	137
Ⅱ——支援部队				
	D 区绿段	A	17	133
	D 区白段	B	18	130
	D 区红段	C	19	陆军
	E 区绿段	D	20	128
Ⅲ——后备艇				
	D 区绿段	—	28	—
	D 区白段	—	29	—
	D 区红段	—	30	—
	E 区绿段	—	31	—

该小队负责的 D 区绿、白、红段以及 E 区绿段，属于"奥马哈"海滩的西段。

值得注意的是表格的最后一列是作战爆破队的编号，倒数第二列是所搭乘的机械化登陆艇（LCM）的编号，原文将此两列混淆。

辅助单位：海军作战爆破队——133，130，128，一支陆军作战爆破队

后备艇：编号为28~31的机械化登陆艇

美国海军的21个作战爆破队、海滩排障队（BODP）和美国陆军第
146及299战斗工兵营执行"奥马哈"海滩的清障任务。

"犹他"海滩

美国海军第2海滩营

隶属于第1特种工兵旅，协调"犹他"海滩的登陆——T区绿段和U
区红段

突击单位：海军作战爆破队——28~30，132，25，26，127，136；
预备队135，134，139，237。

辅助单位：第237战斗工兵营加上第299战斗工兵营一部。

第二个小队作战序列如下：

间隔序列号与坐标（仅东距线）	海滩	小队编号	机械化登陆艇编号	海军作战爆破队编号
I——突击部队				
9. (6740 – 6743)	E区红段	9	9	44
10. (6760 – 6764)	E区红段	10	10	45
11. (6790 – 6794)	E区红段	11	11	46
12. (6811 – 6815)	E区红段	12	12	22
13. (6830 – 6835)	E区红段	13	13	23
14. (6851 – 6856)	E区红段	14	14	141
15. (6872 – 6876)	F区绿段	15	15	138
16. (6893 – 6898)	F区绿段	16	16	142
II——支援部队				
	E区红段	E	21	陆军
	E区红段	F	22	131
	E区红段	G	23	陆军
	F区绿段	H	24	129
III——后备艇				
	E区红段	—	32	—
	E区红段	—	33	—
	E区红段	—	34	—
	F区绿段	—	35	—
	F区绿段	—	36	—

该小队负责的E区红段以及F区绿段，属于"奥马哈"海滩的东段。

值得注意的是表格的最后一列是作战爆破队的编号，倒数第二列是所搭乘的机械化登陆艇（LCM）的编号，原文将此两列混淆。——审校
绘制并注

"奥马哈"海滩上的忙碌情景，抢滩的坦克登陆舰于6月9日卸下车辆。卡车车队等待着驶离滩头，通过工兵准备好的通道开往内陆。坦克登陆舰将在下一次高潮时重新入水。（美国国家档案馆）

英国海军 1377 号突击登陆艇（LCA）在 D 日之前于韦茅斯湾举行演习。6 月 6 日上午 7 时 30 分，LCA1377 号和船上的皇家海军船员将美军第 5 游骑兵营运送到"奥马哈"海滩的"D 区绿段"区域登陆，成为了第一艘在"奥马哈"海滩登陆的登陆艇。LCA 侧面的"PB1"记号表示配属皇家海军"博杜安亲王"号登陆舰（HMS Prince Baudouin）的第一艘登陆艇。（图片来源：美国国家档案馆）

3 抢滩——登陆舰艇

盟军在诺曼底海岸进行昼间登陆需要各种登陆艇。许多新武器是第一次投入使用，这使攻击的计划和实施变得很复杂。"海王"行动出动了3286艘各种吨位的登陆艇，包括25种不同类型的舰艇。

D日在诺曼底海滩的登陆战役是人类史上最大规模的两栖突击。在将近 30 年前的第一次世界大战期间,英国军队和澳新军团乘坐无遮蔽的划艇在加里波利登陆,在猛烈的岸防火力之下,他们在试图向内陆推进时遭受了巨大的损失。幸好,D日的计划者们从那次惨重失败中吸取了教训,到第二次世界大战爆发时,军事思想和两栖登陆船只的设计已经有了很大的发展。1944 年 6 月 6 日"霸王行动"开始时,盟军从专门制造的登陆艇向诺曼底海滩登陆,这些登陆艇完全胜任所承担的任务。

当法国于 1940 年 6 月沦陷时,英国首相温斯顿·丘吉尔一直打算让英国军队重返欧洲大陆。这一任务所需要的工具就是支持突击行动的登陆舰艇,但是英国的造船业的生产能力已经达到极限,所以丘吉尔希望美国提供他所急需的舰艇。英国提出的设计如坦克登陆舰(LST)、船坞登陆舰(LSD)、大型步兵登陆艇[LCI(L)]和坦克登陆艇(LCT)成为了美国战时最重要的登陆舰艇类型。

英国军队也是两栖指挥舰、两栖指挥艇和近距火力支援艇的主要推动者。美军的实践受到了英军作战经验和作战理论的影响,特别是在大西洋战场上。

在第二次世界大战的大部分时间,缺少登陆艇是盟军战略计划中一再出现的主题。1942 年美国陆军受命准备对法国的进攻时,这一情况变得非常严重。因为英国和法国之间海峡的宽度因素,美国陆军希望有足够的登陆艇,在一次航程中运载其整个远征力量,而不需要返回英国运载第二批人员。但是最大的问题是,美国和英国的造船厂是否能够交付所需的大量两栖突击舰艇。

登陆舰艇的供给所面临的问题是没有长期的建造战略,舰艇总是在特定作战行动需要的时候才进行建造。对于小型登陆艇,缺乏这样的体系不是很大的问题,但是建造较大的登陆艇需要花费更长的时间,更大的坦克登陆舰最初甚至需要 6 个月的建造时间。

由于小型登陆艇承担将突击部队运送到滩头的任务,它们的制造得到了更大的重视。跨越英吉利海峡向法国发动两栖攻击的需求不断增长。

战后,联合作战司令部司令(1941—1943 年)海军中将路易斯·蒙巴顿(Louis Mountbatten)勋爵在谈到登陆舰艇的采购时说道:

对页图:坦克登陆舰(LST)是第一批新型两栖舰艇之一。英国皇家海军于 1942 年在美国开始建造坦克登陆舰,当时他们下达了 200 艘的订单。这里看到的是 D 日前,357 号坦克登陆舰于多塞特(Dorset)的波特兰港装载美国陆军用车辆,准备前往"奥马哈"海滩。前景是一辆道奇 WC-51 4×4 武器装载车,右侧是一辆 GMC AFKWX 353(DUKW,两吨半水陆两栖卡车)。坦克登陆舰艏门内的鹳鸟标志上有"We Delivered"(我们运到了)的文字。到 D 日时,357 号已经有丰富的运营经验,它的船员们昵称其为"巴勒莫·皮特"(Palermo Pete),它参加过 1943 年 7 月的西西里登陆战役,后又参加了萨莱诺(Salerno)登陆战。该舰在战争中幸存下来,于 1948 年被拆解。(图片来源:美国国家档案馆)

1915 年 5 月 5 日的加里波利两栖登陆："兰开夏燧发枪手团"士兵登上一艘皇家海军老式战列舰，参与达达尼尔海峡行动的第三阶段，他们后来在赫勒斯岬（Cape Helles）的"W"和"V"海滩登陆。（图片来源：作者的收藏）

上图：1944 年 6 月 6 日的诺曼底两栖登陆。这张照片是从一艘坦克登陆艇（LCT）上拍摄的，当时该艇于 6 月 6 日上午 8 时逼近"剑"海滩的 Q 区红段。在英军登陆海滩中最为血腥的这个区域，攻击引起的烟火清晰可见。（图片来源：帝国战争博物馆 B5111）

在登陆作战中，关键是让士兵们跨越海洋，为此，你需要登陆舰艇，这正是我们所没有的。必须有人去设计它们；它们必须在所有造船厂都在为大西洋之战而全力以赴时大量建造。但是，我们设法取得许可，让较小的船厂开始建造登陆艇，然后开始将商船改装为登陆舰。

首先，在美国参战时，我立刻说服了马歇尔将军，将我在美国所下的订单翻一番。这就是我们在没有人愿意制造登陆舰艇的时候，得到它们的方式。

英国在 6 年的战争中只制造了 24 艘登陆舰，其中 21 艘建造于 1945 年，那时候已经太晚了。但是它建造了 1264 艘大型登陆艇和 2867 艘小型登陆艇；美国共制造了 1573 艘登陆舰、2486 艘大型登陆艇和 45524 艘小型登陆艇。

1942 年 7 月，登陆法国行动的计划被推迟了，盟军的注意力转向北非和"火炬行动"（英美联合进攻法属北非）的准备。由于缺乏两栖运输工具和登陆艇，"火炬"行动被推迟了几个月（直到 11 月），当登陆最终实施时，这方面的短缺现象造成行动无法实现所有的目标。与此同时，美国军队在太平洋战场上的损失亟待新战舰和登陆艇的补充。

1943 年和 1944 年，盟军在全世界的军事行动继续受到两栖舰艇缺乏的影响。美国接受的登陆艇订单耗尽了全国造艇工业的产能，而在这一链条上最弱的是登陆艇发动机的供应。在很多情况下，军方都要作出艰难的抉择：是将柴油发动机分配给装甲战车，还是登陆艇。

在 1944 年 6 月的"霸王行动"时，盟军中服役的大部分登陆艇在美国建造，唯一的例外是英国设计和建造的突击登陆艇（LCA），这是英国和英联邦国家在第二次世界大战中投入数量最大的登陆艇。在登陆前几个月，英国造船厂持续地投入生产，服务于大西洋之战中皇家海军和商船队的需求——维修战损的舰艇、建造护航舰和商船；从 1943 年底之后，为"桑椹"人工港制造零件等。所以，用于建造不同种类登陆艇的剩余产能已经不多了。

令人眼花缭乱的选择

在 D 日行动中使用的登陆舰艇品种繁多，多到无法在本书中一一介绍，这一主题本身就值得用一本单独的书籍来介绍。其中最大的是坦克登陆舰，在突击中投入了 236 艘，用于运载坦克和特种装甲车，以及无装甲运输工具和装甲车。它们得到了 837 艘较小的坦克登陆艇的支援。步兵乘坐多种不同的船只，包括武装运输舰、人员登

下图：步兵登陆艇（LCI）包括几种远洋两栖作战舰艇，是美国应英国提出的"能够比皇家海军 LCA 携带更多士兵"的要求而开发的。大型步兵登陆艇长度为 158 英尺 6 英寸（约 48.3 米），宽度为 23 英尺 3 英寸（约 7.09 米），满载排水量约 395 吨。它可以用位于舰艏两侧的活动坡道运载 210 名士兵。图中的 84 号大型步兵登陆艇也是久经沙场的两栖舰艇。在参加诺曼底登陆之前，它曾经参加 1943 年在突尼斯、西西里和萨莱诺的行动。美国海军和英国皇家海军在诺曼底登陆中使用了大约 250 艘步兵登陆艇。（图片来源：美国国家档案馆）

上图：英国设计的坦克登陆艇（LCT）从 1940 年开始建造，有 6 种改型，后改称中型登陆舰（此后又制造了两种型号）。图中的是 1044 号坦克登陆艇（Mk 4 型），它的宽度为 38 英尺 9 英寸（约 13.5 米），比以前的坦克登陆艇型号宽得多，是专为跨越英吉利海峡的行动而建造的，能够运载 9 辆 M4"谢尔曼"或者 6 辆"丘吉尔"坦克。Mk 4 型坦克登陆艇共制造了 865 艘，是英国船厂制造数量最大的坦克登陆艇。（图片来源：美国国家档案馆）

陆艇（LCP）、突击登陆艇（LCA）、小型、中型和大型步兵登陆舰［LSI（S）、LSI（M）和 LSI（L）］以及小型步兵登陆艇［LCI（S）］。在作战序列中还有特制的支援登陆艇，如装甲坦克登陆艇［LCT（A）］、火箭坦克登陆艇［LCT（R）］、火炮登陆艇（LCG）和防空登陆艇（LCF）。在船只的名单中，我们不能忽视士兵们的口腹之欲，所以还有为岸上部队供应伙食的炊事登陆驳船（LBK）和面包房登陆驳船（LBB）。

特种支援登陆艇

下面介绍参加诺曼底登陆的一些特种支援登陆艇。在 D 日和之后的战斗中，还有许多满足特殊支援任务的船只，但是因为篇幅有限，无法一一介绍。

两栖卡车——6 轮驱动的 DUKW

6 轮驱动的 DUKW 两栖卡车是美国通用汽车公司（GMC）和著名的纽约游艇设计公司斯帕克曼 - 斯蒂芬公司的发明。后者为 DUKW 提供了令人印象深刻的渡海能力。不管在水中还是陆地上，坚固而耐用的 DUKW 在诺曼底战役中都被广泛使用，它们将货物和人员从靠近岸边的登陆艇上运送到海滩。DUKW 共建造了 21147 辆。

和有些报道中所陈述的相反，DUKW 并不是一个缩略语。实际上它是制造商 GMC 用于军用轮式两栖登陆艇的代号：D 代表 1942 年，U 代表两栖轻型货车 [Utility(Amphibious)]，K 代表全轮驱动，W 代表两条驱动后轴。

在 D 日之前，DUKW 是一项试验的中心装备，这项试验旨在为美国游骑兵寻求爬上奥克角的"奥马哈"海滩绝壁的更好方法。美国陆军从消防队的转台云梯得到启发，在 DUKW 上配备了一个标准的 100 英尺（约 30.5 米）可伸缩消防云梯，伸长和抬升梯子所需的动力由车辆的发动机提供。车辆的两边配备了可收放的千斤顶，以便在梯子伸长时提供更好的稳定性。在梯子顶部可以安装两支自动武器供枪手射击，枪手可以沿着梯子爬上峭壁，并能得到装甲钢板的防护。

3 辆 DUKW 两栖卡车接受改装，以运载云梯和美军"游骑兵"部队，这些"游骑兵"在多塞特的韦斯特湾峭壁上进行了训练，但是发现让 DUKW 两栖卡车接近到足以伸长梯子的距离是不可能的，因此这一计划被放弃。

登陆指挥艇

有 21 艘大型步兵登陆艇进行了改装，作为突击区域中高级军官的指挥船。除了船员之外，这种船只为 6 名军官、8 名士官和 48 名士兵提供了额外的空间。登陆指挥艇还配备了办公室、医务室和通信设备。

下图：两栖 DUKW 卡车驶向"剑"海滩。（图片来源：美国国家档案馆）

登陆舰和登陆艇

下面是美国海军、英国皇家海军和英联邦国家海军在 D 日和之后常用的舰艇缩略语列表：

DUKW	"鸭"式两栖卡车	LCP(L)	大型人员登陆艇
FDT	战斗机指挥供应舰	LCP(R)	人员登陆艇（有艏吊门）
LB	登陆驳船	LCS(L)	大型支援登陆艇
LBK	炊事登陆驳船	LCS(M)	中型支援登陆艇
LBV(M)	机动车辆登陆驳船	LCT	坦克登陆艇
LCA	突击登陆艇	LCT(A)	装甲坦克登陆艇
LCA(HR)	突击登陆艇（"树篱"型）	LCT(R)	火箭坦克登陆艇
LCB	登陆艇运输拖驳船	LCVP	车辆人员登陆艇
LCG	火炮登陆艇	LSD	船坞登陆舰
LCH	登陆指挥艇	LSE(LC)	紧急维修登陆舰（用于登陆艇维修）
LCI	步兵登陆艇	LSH	登陆指挥舰
LCI(L)	大型步兵登陆艇	LSI	步兵登陆舰
LCI(M)	中型步兵登陆艇	LSI(L)	大型步兵登陆舰
LCM	机械化登陆艇	LSI(M)	中型步兵登陆舰
LCP	人员登陆艇	LST	坦克登陆舰

上图：6 月 4 日在英格兰，3 辆由英国士兵驾驶的 GMC DUKW 两吨半两栖卡车正在被装载到登陆支援部队的船只上。DUKW 两吨半两栖卡车在英军和美军中广为使用，能够运载 3 吨重的装备和货物。背景可以看到两艘坦克登陆舰。（图片来源：帝国战争博物馆 B5154）

上图：停泊在南安普敦，准备前往诺曼底的坦克登陆艇（LCT）和登陆指挥艇（LCH）。D 日投入了超过 800 艘坦克登陆艇，使之成为登陆中使用数量最大的盟军船只。（图片来源：帝国战争博物馆 23731）

上图：93 号大型步兵登陆艇由美国海岸警卫队预备队的巴德·B. 伯恩霍夫特（Budd B. Bornhoft）中尉指挥，参与了 D 日在"奥马哈"海滩的登陆。该艇遭到敌军炮火和水雷的严重损伤，船身有多处弹孔，搁浅在海滩和岸边一个沙洲之间。在敌军火力的持续打击下，它最终被丢弃。（图片来源：美国国家档案馆）

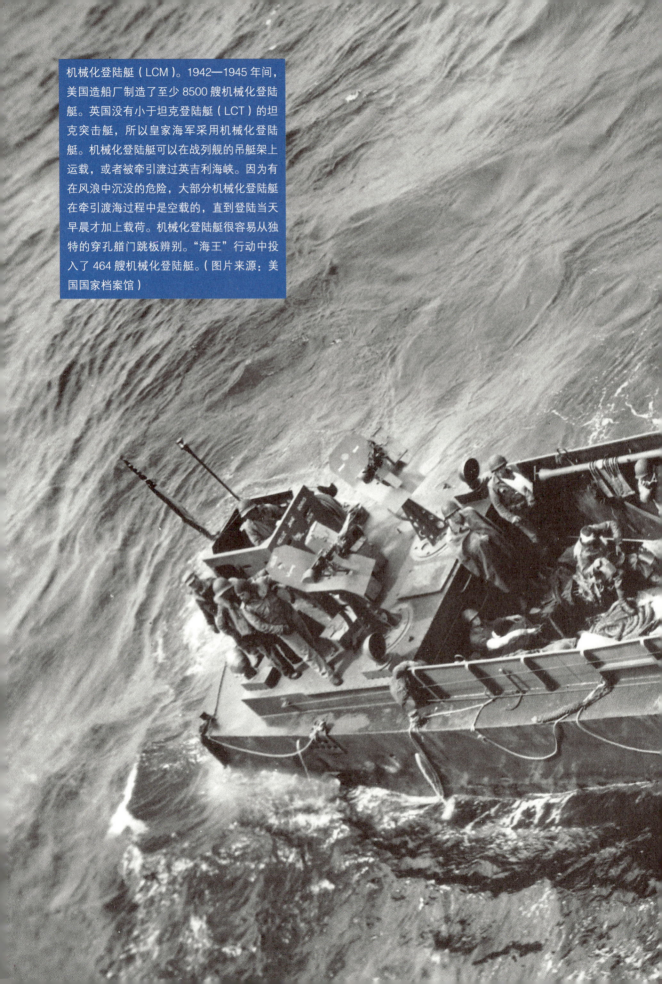

机械化登陆艇（LCM）。1942—1945 年间，美国造船厂制造了至少 8500 艘机械化登陆艇。英国没有小于坦克登陆艇（LCT）的坦克突击艇，所以皇家海军采用机械化登陆艇。机械化登陆艇可以在战列舰的吊艇架上运载，或者被牵引渡过英吉利海峡。因为有在风浪中沉没的危险，大部分机械化登陆艇在牵引渡海过程中是空载的，直到登陆当天早晨才加上载荷。机械化登陆艇很容易从独特的穿孔艏门跳板辨别。"海王"行动中投入了 464 艘机械化登陆艇。（图片来源：美国国家档案馆）

上图：英国皇家海军的"格伦恩"号大型步兵登陆舰（HMS Glenearn）。大型步兵登陆舰的任务是将部队运送到距离登陆海滩几英里之内的距离，部队在那里转乘突击登陆艇，从吊艇架入海，然后登上登陆海滩。9748吨的"格伦恩"号由一艘被征用的商船改装而来，是诺曼底战役中使用的许多大型步兵登陆舰中的一艘。（图片来源：帝国战争博物馆 A25032）

上图：英军士兵从抢滩的坦克登陆艇上登陆。图中还可以看到一艘机械化登陆艇，右侧游向岸边的是一辆通用载具（Universal Carrier），最左边可以看到"谢尔曼DD"两栖坦克的帆布浮幛。（图片来源：美国国家档案馆）

突击登陆艇（"树篱"型）

突击登陆艇（"树篱"型），即 LCA（HR）配备了杆式迫击炮——反潜舰艇上使用的"刺猬"式深水炸弹发射装置的较小型号，计划用在第一批部队登陆之前，对付登陆海滩上的反坦克地雷和高于水面之上的铁丝网。由于潮汐条件，射程只有大约 400 码（约 366 米）的迫击炮无法靠近海滩上的雷区，因此被转而用于清除海滩上的障碍物。

大约 45 艘突击登陆艇（"树篱"型）在坦克登陆艇的牵引下驶向英军登陆的海滩；它们在通过英吉利海峡的时候都受到了坏天气的影响，多艘沉没，最终只有 12 艘到达海滩。实践证明，除非天气晴好，否则突击登陆艇的艇身不适合长距离的渡海行动，它也无法承受迫击炮射击产生的冲击——有些登陆艇的底部几乎被击穿。

装甲坦克登陆艇

69 艘 Mk5 型坦克登陆艇被改装成装甲坦克登陆艇，即 LCT（A）。改装工作包括在发动机舱、油箱和轮机舱上配备装甲钢板，在坦克甲板上建造了坦克艏门平台，以运载 2 辆皇家海军陆战队炮兵的"半人

下图：DUKW 在水上由安装在车身下方一个保护性套筒中的推进器推进。（图片来源：作者的收藏）

马座"坦克，每辆坦克上装备一门 95 毫米口径火炮。

这种设计的原意是皇家海军陆战队突击支援团的"半人马座"坦克可以在抢滩期间向海滩进行直瞄射击，或根据前方观察员的要求进行间接瞄准射击，加强所属野战部队指挥之下的炮兵火力。在第一批部队和自行火炮登陆之间的几分钟内，这种火力支援至关重要。在 D 日中，"半人马座"坦克在抢滩时并没有射击，只有半数真正上岸。

装甲坦克登陆艇对火力计划的贡献受到几个因素的严重影响：进行改装的船厂工艺水平低下，使装甲坦克登陆艇的抗风浪性能低下，装甲钢板和甲板之间容易进水（水线以上没有密封）；超载——装甲坦克登陆艇的平均载荷为 80 吨，另外还要加上 35 名人员；海军没有能力让装甲坦克登陆艇在合适的时间和位置上登陆，主要是因为坏天气导致相当一部分船只损坏，迫使大量登陆艇返回英国（发动机舱进水，需要牵引），其他一些登陆艇沉没——这些都严重影响了英国皇家海军陆战队炮兵在 D 日中执行任务。在"金"海滩，配属 G 部队的 16 艘

下图：DUKW 离开坦克登陆舰，登上"桑椹"人工港的码头外端浮码头。（图片来源：美国国家档案馆）

装甲坦克登陆艇中只有 2 艘参与了火力计划。在其他海滩，情况也大同小异。

大型火炮登陆艇

　　海军的驱逐舰很少能够靠到足够近的距离炮击海滩上的德军混凝土防御工事，也难以抵御岸上的德军炮兵火力，所以应付此类目标的任务就落到大型火炮登陆艇的身上，对于这一目的和 D 日中的近距支援，大型火炮登陆艇证明了自己的价值。大型火炮登陆艇由 Mk3 型坦克登陆艇或者 Mk 4 型坦克登陆艇改装而来，使用两联装的驱逐舰用 4.7 英寸（120 毫米）口径速射火炮和 2 ～ 4 门 20 毫米"厄利孔"火炮，这些火炮安装在船舱之上的活动甲板上。但是，在第一轮炮击之后，大型火炮登陆艇在诺曼底战役中就没有再被使用。

下图：装甲坦克登陆艇。1944 年初，一些坦克登陆艇（LCT）在通过反向租借法案提供给美军之前增加了装甲钢板，重新命名为装甲坦克登陆艇，即 LCT（A）。这种改造使它们能够运载两辆并排的坦克进入海滩，坦克可以从艉门之上射击。D 日中有 48 艘这种登陆艇投入行动，其中一艘装甲坦克登陆艇（2402 号）在诺曼底登陆中被击毁。（图片来源：美国国家档案馆）

上图：939 号大型火炮登陆艇是西部侧翼支援中队的一员，配属英军第 4 特勤旅，支援"朱诺"海滩战区的皇家海军陆战队第 41 和第 48 突击队。（图片来源：帝国战争博物馆 A23752）

火箭坦克登陆艇

在 D 日使用的特种炮火支援舰艇中，196 英尺（约 60 米）长的火箭坦克登陆艇［LCT（R）］最为重要。这种船只被用来在两栖登陆的初始阶段提供近距支援，在第一波突击登陆艇抵达之前向海滩目标发射高爆弹药。Mk2 型和 Mk3 型两种型号坦克登陆艇被改装为火箭坦克登陆艇，分别携带 792 枚和 1064 枚 5 英寸口径火箭。火箭滑轨被固定在上甲板，斜度为 45 度，每个滑轨上安装 6 枚火箭。火箭滑轨不能调整，所以唯一的瞄准方法是转动船身。火箭坦克登陆艇可以从 3500 码（约 3200 米）的距离上，以每次齐射 24、26、30 或者 42 枚火箭的速度，快速发射 800 ~ 1000 枚 13 千克高爆弹头，滑轨上的火箭发射之后可以用存储在上甲板之下弹仓中的火箭全部再装填。该艇与海滩的距离由船上的雷达测定，并用勃朗型陀螺罗经定位。

改装的泰晤士河非自航驳船

许多原本在泰晤士河上航行的驳船或者非自航驳船（无动力）被征用，并改装成海军登陆驳船，其中 400 艘（由 3500 人操纵）支援了 1944 年 6 月起的诺曼底作战行动。

因为车辆登陆驳船（LBV）配备了发动机、舵和艏门，它们的主

上图：火箭坦克登陆艇，即 LCT（R）由 Mk2 型和 Mk3 型坦克登陆艇改装而来，设计用于近岸炮击，在第一波部队靠岸之前，能够倾泻多达 1064 枚 RP–3 型 60 磅火箭弹。19 人组成的炮组可以在 2—4 小时内重新装填所有火箭。有 36 艘火箭坦克登陆艇（LCT(R)）参加了"海王"行动。（图片来源：帝国战争博物馆 B5263）

上图：对于守方来说，火箭坦克登陆艇参战时的景象和声音令人恐惧。每个火箭战斗部的爆炸半径 30 码（约为 27.5 米），一次齐射的爆炸力等于战列舰火炮齐射的 2.5 倍。据 D 日目击者的回忆，发射火箭时"声如裂帛"。（图片来源：美国国家档案馆）

要任务是将车辆和补给品从船只运到岸上，特别是相对于 DUKW 来说体积过大、过于笨重的装备，车辆登陆驳船非常擅长这种任务。

改装的非自航驳船的第二个主要用途是组成支援和维修（S&R）船队，为美军和英军登陆海滩上的数百艘登陆艇提供油料、水、热食和维修。

这些特种船只包括油料登陆驳船（LBO）、供水登陆驳船（LBW）、炊事登陆驳船（LBK）和紧急维修登陆驳船（LBE）。最后是用途较为有限的防空登陆驳船（LBF）和火炮登陆驳船（LBG）。D 日和之后的诺曼底海岸行动中，有 10 个支援与维修区舰队，每个区舰队由 6 艘紧急维修登陆驳船、10 艘油料登陆驳船、2 艘供水登陆驳船和一艘炊事登陆驳船组成。

坦克登陆舰的改装

D 日之后机车的运输由 5 艘列车渡船负责，但是车厢的运输则会带来完全不同的问题。商船的载货空间非常宝贵，于是采纳了改装坦克登陆舰以运载铁路车辆的想法，最终，有 52 艘坦克登陆舰为此进行了改装，其中大部分都在 D 日之前完成。最重要的改装要求是在坦克登陆舰的坦克甲板上安装铁轨和配件，而且不能妨碍坦克登陆舰运送、装卸坦克、履带式车辆和机动车。铁轨临时焊接在甲板上，并在艉门向船舱的一侧建造一个混凝土斜坡，使车厢可以通过。坦克登陆舰艉门上焊接了一个带有活节联接器的三向托架，形成了从艉门通道到铁轨的连接。只要坦克登陆舰承担铁路车辆的运输，这个托架就保持原样，但是如果需要运输公路车辆，这个托架也很容易拆除。

下图：炊事登陆驳船。1944 年 6 月 16 日，参加法国沿岸登陆作战和支援的小型登陆艇艇员在炊事登陆驳船上排队等待热食，旁边是排队等待的车辆人员登陆艇和机械化登陆艇。这种浮动厨房被亲切地称作“米基的炸鱼薯条吧”，由泰晤士河的驳船改装而来，在 D 日提供了 1000 多份热食。10 艘炊事登陆驳船为数百艘从船上向岸上运送补给的小艇上的艇员提供热食。每艘炊事登陆驳船上有 25 人——13 名炊事员、9 名海员和 3 名锅炉工。不管是什么天气，它每天都能为 500 ～ 700 名士兵提供热食。（图片来源：帝国战争博物馆 A24015）

上图：诺曼底登陆使用的船只中，最不寻常的可能就是用于向欧洲大陆运送机车的改装型英国列车渡船了。"汉普顿渡轮"是3艘被征召用于执行D日之后任务的原英国南方铁路公司"特威克纳姆"级列车渡船中的一艘。战前，它们主要运营多佛尔到法国海峡港口的航线。两艘伦敦与东北铁路公司（LNER）的"黄水仙"型渡轮（原用于哈里奇和泽布吕赫之间航线）也被征召。"汉普顿渡轮"长度为346英尺8英寸（约105.7米），宽度为60英尺7英寸（约18.5米），注册总吨位为2839吨[1]。（图片来源：美国国家档案馆）

---

[1] 容积总吨（英语：gross register tonnage，缩写为GRT、G.R.T.、g.r.t. 或 grt）又称注册总吨，是以船舶的船舱及甲板以下的封闭空间，以100立方英尺（2.83立方米）空间换算为1吨。净容积总吨（英语：net register tonnage，缩写为NRT、nrt 或 n.r.t.）则扣除无法载货的空间，如机舱、油箱、船员起居室等部分。——审校注

赢得 D 日胜利的突击登陆艇

如果要列举出 3 种足以定义诺曼底登陆和改变军事思想的突击舰艇，那么就是坦克登陆舰（LST）、突击登陆艇（LCA）和车辆人员登陆艇（LCVP）。

坦克登陆舰（LST）

328 英尺（约 100 米）长的 4080 吨级坦克登陆舰是常规货船和登陆艇之间的一个巧妙的平衡。它的前端是平底，可以搁浅或者靠近海滩，而高大的船艉配备了一对蛤壳式艉门，打开时放下一个连接到坦克甲板的跳板，以便卸货。卸货完毕之后，坦克登陆舰可以等待下一次涨潮的来临，使其浮起离开岸边，或者用绞车拔起预先在船尾抛下的锚离岸。D 日的计划是在近海放下坦克登陆舰的跳板，将货物转移到坦克登陆艇和浮筒式渡船上，由它们运送上岸。尽管在海中行进缓慢且难以操纵，但是坦克登陆舰（被昵称为 Large Slow Target，"又大又慢的靶船"，原因不言自明）在开始的突击和后续的补给行动中都是重要的"纽带"。

突击登陆艇（LCA）

由肯·巴纳比（Ken Barnaby）设计、约翰·I. 索尼克罗夫特有限公司在英国制造的突击登陆艇在第二次世界大战中被英国及英联邦国家军队广泛使用。和美国制造的同类产品（车辆人员登陆艇）一样，它的主要用途是从近海的运兵船上将部队运送到敌军盘踞的岸上。这种 41.5 英尺（约 12.6 米）长、吃水很浅的小艇用硬木板制成，并覆盖了轻型装甲板（舱壁和两侧为 0.75 英寸（约 19 毫米），甲板为 0.25 英寸（约 6.4 毫米）），由两台 65 马力（约 48 千瓦）功率的福特 V8 汽

装甲坦克登陆艇与抵近射击

盟军在 D 日早晨压制敌军滩头防御的计划中，要素之一就是，用坦克登陆艇和装甲坦克登陆艇运载的英军第 3 师、第 50 师（诺森伯兰师）和加拿大第 3 师的师属炮兵，在冲向滩头时对英军和加拿大军队预定登陆的海滩进行抵近射击。

这是皇家海军（海上炮击）和皇家空军（空中轰炸）联合计划的一个不可或缺的部分，战列舰、巡洋舰、驱逐舰和中型轰炸机都在这个联合计划之中。英军的两个师各分配了 3 个自行火炮团，而加拿大第 3 师则由 4 个自行火炮团提供支援。

特别改装的装甲坦克登陆艇携带自行火炮和"半人马座"坦克（配备 95 毫米火炮，当作自行火炮使用）在靠近滩头时向岸上目标开火。这些目标包括防御工事、据点、机枪掩体和观察哨。为英军第 3 师和加拿大第 3 师提供支援的每个炮兵团各配备 24 门 105 毫米"牧师"自行火炮。而支援第 50 师的炮兵团使用 25 磅的"教堂司事"自行火炮［使用"拉姆"（"白羊"）底盘］——这些炮兵团共有 240 门自行火炮。

火炮的距离修正从距离海岸线大约 10000 码（约 9160 米）开始，射击从大约 9000 码（约 8250 米）开始，持续 30 分钟。在此期间，自行火炮在突击登陆艇上逼近岸边的步兵上方组成稳定的火力网。自行火炮的射击由坦克登陆艇前方乘坐小型突击艇的前进观察员（FOO）引导，双方通过无线设备直接联系。坦克登陆艇通过配备 QH 装备和 970 型雷达的摩托汽艇的引导，保持正确的进港路线。在冲向滩头期间，10 个团的自行火炮在 30 分钟内发射了 1800 发炮弹。

各艇在距离海岸线 1500 码（约 1375 米）处转向，此时运送突击部队的突击登陆艇已经抢滩。之后，运送自行火炮的坦克登陆艇在总攻发起之后 1 小时至 2 小时（早上 8 时 25 分—9 时 25 分）之间抢滩。然后，各个自行火炮团在海滩上的狭窄地带展开行动，他们的射击由前进观察员引导。

联合火力计划中的各个要素都不特别突出，但是尽管海况恶劣、海滩的能见度很差，自行火炮对消除敌军滩头防御仍然作出了贡献，并且为抢滩的突击登陆艇中的步兵提供了精神上的支持。

自行火炮和皇家海军陆战队炮兵及其"半人马座"坦克的经历比起来，装甲坦克登陆艇的弱点就暴露出来了。它们在 D 日都超载运行，变得头重脚轻，船厂中匆忙的改装造成工艺水平低下，使它们不适合于出海航行。许多运载"半人马座"坦克的登陆艇在海峡中间就沉没或者发生故障、因为机械问题返回英国，或者在最后抢滩的时候，"半人马座"坦克从艉吊门翻落，沉入深水，结果只有半数最终上岸。

在"奥马哈"和"犹他"海滩冲向滩头的美军部队也得到了坦克登陆艇和装甲坦克登陆艇的火力支援，第 58、第 62 和第 65 装甲野战炮营的 M7"牧师"105 毫米自行火炮，以及第 70、第 741、第 743 坦克营的 M4"谢尔曼"火炮坦克提供了这种支援。"奥马哈"海滩上使用了 18 艘装甲坦克登陆艇、"犹他"海滩使用了 8 艘在冲向滩头时进行射击，但是在糟糕的海况下难以精确射击，所以最后它们在火力计划中的作用不大。

21 号坦克登陆舰在法国港口卸下
火车车厢。（图片来源：美国国家
档案馆）

油发动机推动，配有艉门跳板，艇员 4 人，可以运载 36 名全副武装的步兵，或者 800 磅（约 363 千克）的货物，速度为 7 节（约 12.964 千米/时）。艇上配备两挺"布伦"轻机枪或者"刘易斯"机枪。第一批订单于 1939 年下达，到 1944 年底，索尼克罗夫特公司及其分包的小船厂以及家具厂共制造了 1694 艘突击登陆艇。在 D 日中，皇家海军的突击登陆艇将英军和加拿大军队送到"朱诺""金"和"剑"海滩上，将美军送到"奥马哈"海滩，并运送突击奥克角的美军"游骑兵"。突击登陆艇还用于最西边的"犹他"海滩登陆和黎明前在圣马尔库夫群岛（Iles Saint-Marcouf）的登陆。

车辆人员登陆艇（LCVP）

车辆人员登陆艇——"VP"或者"希金斯登陆艇"——可能是第二次世界大战中最重要的美国登陆艇。从 1942 年秋天第一次参战开始，它将大部分美国士兵和许多盟军士兵运送到登陆海滩。D 日拍摄到的许多照片中，士兵们登岸时乘坐的都是车辆人员登陆艇，我们现在来仔细地了解一下这种著名的突击艇。

"希金斯"登陆艇

1964 年，时任美国总统艾森豪威尔说："安德鲁·希

左图：543 号坦克登陆舰停靠在"桑椹 A"人工码头。坦克登陆舰的每个艉门有 24 英尺高（约 7.3 米），14 英尺 11 英寸（约 4.3 米）宽。它们由两个功率为 3 马力（约 2.2 千瓦）的艉门驱动单元操纵，每个单元包括一个齿轮电机，通过开式齿轮传动装置驱动螺旋桨。（图片来源：美国国家档案馆）

浮筒式渡船：这是一种平顶平底船，由一对功率为 142 马力（约 105 千瓦）的船外电机推动，美国海军土木工程部队设计它是为了弥补船只和岸上的缝隙，运送给养和装备。图中这艘装满货物的浮筒式渡船是 D 日使用的 72 艘该型船只中的一艘，照片是圣洛朗（Saint-Laurent）和维耶维尔之间的一艘坦克登陆艇的装货跳板上拍摄的。（图片来源：帝国战争博物馆 A23999）

上图：本图展现了坦克登陆舰的抢滩能力。6月7日，皇家海军406号坦克登陆舰在诺曼底海岸打开艏门放下跳板，前方是第7装甲师第22装甲旅旅部的"十字军"Mk Ⅲ防空坦克正在驶向岸边。艏门有23英尺高（约7米）、16英尺3英寸（约5米）宽，通向坦克甲板的实际空间为13英尺（约3.96米）高、15英尺（约4.6米）宽。（图片来源：帝国战争博物馆 B5129）

上图：坦克登陆舰既大又深的坦克甲板经常用于将伤员运送回英国。它们经过改装，可以运送多达300名重伤员。在这张照片中可以看到，甲板两侧的固定床铺上是英国和加拿大军队的伤员，甲板上躺着的是德军的伤员。（图片来源：帝国战争博物馆 A25102）

金斯（Andrew Higgins）是为美国赢得胜利的人。"在美国分包商团队的帮助下，路易斯安那州新奥尔良的希金斯工业股份有限公司建造了20000多艘登陆艇，在第二次世界大战期间北非、欧洲和太平洋上的登陆作战中，将数以万计的美军和盟军士兵送上海岸。

正是这些平底的登陆艇——特别是车辆人员登陆艇（LCVP）和机械化登陆艇（LCM）——才使 D 日在诺曼底的登陆成为可能，更不用说瓜达尔卡纳尔岛、塔拉瓦环礁、硫磺岛、冲绳岛、莱特湾和关岛，以及数百次不为人知的两栖突击了。实际上，"希金斯"登陆艇在第二次世界大战中运送的盟军士兵超过了其他型号登陆艇的总和。艾森豪威尔继续解释道："如果希金斯没有设计和建造那些车辆人员登陆艇，我们就绝不可能在开放的海滩上登陆。战争的整体策略也就完全不同了"。

安德鲁·杰克逊·希金斯（1886—1952 年）是位于美国南方的游艇制造公司的创始人和总裁，他是一位急躁、坦率的爱尔兰人，天生具备将想法转变为现实的能力和愿望。第二次世界大战期间，他因为美国海军设计和大量建造了小型作战艇而赢得国际声望。正是因为希

下图："狐步舞" 8 号（Foxtrot 8）是 20 世纪 50 年代末坎培尔 – 尼科尔森公司在戈斯波特建造的一艘突击登陆艇，与 D 日登陆作战中使用的型号很相似。1982 年，"狐步舞" 8 号加入"无恐"号（HMS Fearless）编队，活跃于马尔维纳斯群岛（英称福克兰群岛）战争中，但是现在已经处于维修状态，未来可能成为朴茨茅斯历史船只基金会的修复目标。在南海城的皇家海军陆战队博物馆可以看到"狐步舞" 8 号的一艘姊妹艇。据信，它们是该型号仅存的两艘。（图片来源：作者的收藏）

D 日之前停泊在韦茅斯的突击登陆艇编队，艇上有皇家海军的艇员和美国士兵。背景是大型步兵登陆舰突击编队。左侧的 87 号大型步兵登陆艇是美国海岸警备队（USCG）第 10 分舰队司令官迈尔斯·伊姆雷中校（Miles Imlay）的旗舰，他同时兼任突击行动的副司令，87 号大型步兵登陆艇参加了 6 月 6 日"奥马哈"海滩的登陆行动，冒着敌军的猛烈炮火在近海停留了一整天，伊姆雷负责将进港的舰艇引导到所属的登陆区域。（图片来源：美国国家档案馆）

对页图：安德鲁·希金斯，LCVP"希金斯登陆艇"的设计和制造者。

金斯，盟军在突击部队登陆之前，不再需要清除港口的水雷、占领敌军把守的码头。"希金斯"登陆艇给予他们快速地将数千名士兵和数百吨装备运送到防御较为薄弱的海滩上的能力，从而绕开了现成的港口。这种新的两栖作战能力永远改变了现代战争的策略。

"VP"来源于 20 世纪 30 年代路易斯安那州的湿地，当时希金斯工业股份有限公司开发了一种昵称为"尤里卡"（Eureka）的工作艇，它是为沼泽地和湿地中的工作而设计的。由于这种小艇的吃水很浅，不仅能够在只有 18 英寸（约 46 厘米）深的水中航行，在植物间、原木和碎片上穿行不会缠住螺旋桨，而且能够直接开上岸，并且能在毫发无伤的情况下自行离岸。

该艇最强壮的部分是"前缘木"（Headlog）——艇艏的一块坚硬的松木，它使小艇可以全速撞开漂浮的障碍物或冲上沙滩而不会损坏艇身。

在深 V 形的前艇身之后，是反曲面的中部，以及两个削平的艇艉，在艇身下形成一个保护螺旋桨和推进轴的半开放式通道。小艇移动时，前端龙骨之下充满空气的水流形成的摩擦力较小，实现了较高的速度和更好的操纵性。反曲面意味着水中的物体将在艇艏和舯部之间的一点上被推开，包括充气的水流（只有不含气的水到达螺旋桨）。这就实现了持续的高航速，降低了对推进器的损坏，因为浮动的物体很少能够靠近它。在桨轴通道两侧的平刨艇舷具有增加速度的"双体船"效

下图：车辆和人员登陆艇（LCVP）是第二次世界大战中最杰出的两栖突击艇。照片中的 PA13-22 号来自美国突击运输舰"约瑟夫·T.迪克曼"号（USS Joseph T. Dickman）。D日中有 189 艘车辆和人员登陆艇参与登陆。（图片来源：美国国家档案馆）

应。这些特征结合起来，使得"尤里卡"艇被成功地改装成登陆艇，根据美国海军陆战队的请求，为它配备艇艏跳板，这样，赢得战争的车辆人员登陆艇设计就完成了。

欧洲大战爆发时，希金斯正在新奥尔良陈列室后的小仓库里制造工作艇和登陆艇的原型。当美国政府在 1941 年开始订购他的小艇供海军和海军陆战队使用时，希金斯登陆艇的建造快速扩张。在顶峰时，希金斯工业有限公司每天开工 24 个小时，每个月制造的登陆艇超过 700 艘。

希金斯设计和制造的军用艇实际上有两级——高速鱼雷艇和不同型号的"希金斯"登陆艇（LCP、LCPL、LCVP、LCM）。后者用木材和钢制成，用于运输全副武装的战斗部队、轻型坦克、野战炮兵、装备和补给品，这对于两栖行动是必不可少的。

"VP"艇可以将 36 名全副武装的步兵（一个排）或者一辆吉普车及 12 名士兵送上海滩——然后不需要依靠潮汐就能快速离岸，返回登陆舰，运送更多士兵和补给。

"VP"由坚固耐用的船用红木胶合板制成，长度为 36 英尺 3 英寸（约 11.05 米），宽度为 10 英尺 10 英寸（约 3.3 米），艇艏有一块坚硬的松木，作为撞击水中物体时的缓冲，以避免艇身的损坏。该艇的防御性武器是两挺 7.62 毫米口径机枪，并配备了一个钢制的艇艏跳板，以保护乘员［或者 8000 磅（约 3.629 吨）补给品和装备］免遭炮火袭击，同时便于他们在滩头快速上岸。功率为 165.5 千瓦的"格雷"船用柴油机使"VP"的最高航速达到 12 节（约 22.224 千米/小时），由艇长用简单的油门/齿轮变速装置操纵。艇上的两个舵中，一个用于常规的控制，在推进器前的另一个用于后退，使登陆艇能够快速启动并撤离海滩。

希金斯工业股份有限公司——第一家"机会均等"的雇主

希金斯在聘用政策上走到了时代的前面。他的公司是新奥尔良第一家"机会均等"的雇主，员工中包含各个人种，广泛雇佣不同的人，包括女人、没能应征入伍的人、中老年人、黑人和残疾人。不管他们的种族、性别、年龄或者身体上的缺陷，所有人都根据工作量给予同等的薪水。除了员工住宅和儿童保育设施，希金斯还考虑 30000 名员工的福利，这些人不辞辛苦地为公司工作，制造出赢得战争的世界级产品。

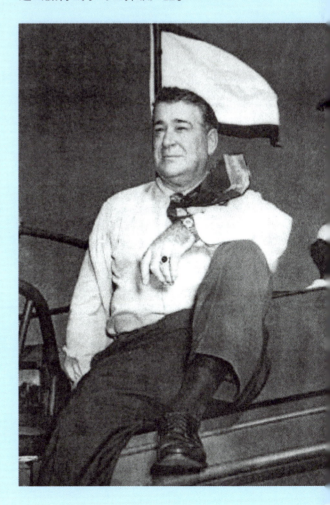

D 日中参加行动的车辆人员登陆艇——冲向滩头

上图：美国"游骑兵"从"塞缪尔·L. 蔡斯"号（APA-26, USS Samuel L.Chase）突击运输舰登上车辆人员登陆艇。一眼就能认出的"游骑兵装备"是突击背心（图中可见）。这种背心配发给军官和军士，提供了比其他美国突击部队配备的背带更强的装备携行能力。这张照片是著名的战地摄影师罗伯特·卡帕（Robert Capa）从"塞缪尔·L. 蔡斯"号上拍摄的，他在 6 月 6 日凌晨 4 时 30 分登上一艘前往"奥马哈"海滩的登陆艇，拍摄了一些标志性的照片。（图片来源：美国海岸警卫队收藏馆 / 美国国家档案馆）

上图：这是 6 月 6 日上午 7 时。图中，来自"塞缪尔·L. 蔡斯"号的车辆人员登陆艇 PA26-15 运送 1/16 团战斗队（RCT）1 营的士兵，靠近"奥马哈"海滩的 E 区红段～F 区绿段，冒起的白烟是因为登陆艇中弹导致艇上手雷引爆所致。卸下士兵们之后，该艇艇长德尔巴·L. 尼文斯（Delba L. Niven）在两名艇员的协助下扑灭了大火并返回"塞缪尔·L. 蔡斯"号。在海滩上可以看到德国人安置的许多障碍物——钢质"刺猬"、坡道、地桩，以及在岸上寻求隐蔽的美军士兵。（图片来源：美国海岸警卫队收藏馆 / 美国国家档案馆）

右图：两艘来自"塞缪尔·L. 蔡斯"号的车辆人员登陆艇乘风破浪，将士兵运送到奥马哈海岸的"E 区红段"。（图片来源：美国海岸警卫队收藏馆 / 美国国家档案馆）

对页下图：士兵们在抵近"奥马哈"海滩时蹲在车辆人员登陆艇中。（图片来源：美国海岸警卫队收藏馆 / 美国国家档案馆）

D 日行动中的车辆人员登陆艇——抢滩登陆

上图：马上就要登上"奥马哈"海滩，这些士兵的脸上神色各异，有的沉思，有的忧虑。（图片来源：美国海岸警卫队收藏馆 / 美国国家档案馆）

上图：6月6日早晨，来自"塞缪尔·L. 蔡斯"号、由美国海岸警卫队驾驶的车辆人员登陆艇将美国第 1 步兵师第 16 步兵营 E 连的士兵运送到"奥马哈"海滩上。（图片来源：美国海岸警卫队收藏馆 / 美国国家档案馆）

上图：美国海军车辆人员登陆艇官方手册中的一幅漫画。幽默是传达重要信息的有效手段。（图片来源：美国海军）

突击运输舰"约瑟夫·T.迪克曼"号（APA-13）上搭载的车辆人员登陆艇将美军第4步兵师的士兵送上"犹他"海滩。（图片来源：美国海岸警卫队藏馆/美国国家档案馆）

现在的阿罗芒什（Arromanches）海滩一派平静的景象，在落潮的时候，旅游者们可以沿着被冲上岸的"桑椹"人工港遗迹漫步。（图片来源：iStock/迈克尔·达姆基尔）

4 "玉米芯"与"鲸鱼"
——"桑椹"人工港

1946 年 1 月 18 日,瓦尔特·蒙克顿爵士(Walter Monckton)在提交给英国参谋长委员会的报告中这样写道:"如果我就像和这个计划('桑椹'人工港)毫无关系的人一样,不用一句简单的话来表达自己的感觉,对计划和实施它的人们的想象力、智谋、坚定信念和勇气表达我的敬意,那我就没有完成自己的任务。"

"桑椹"（Mulberry）是 1944 年 6 月诺曼底岸边组建的人工港的代号。"桑椹 A"（美国制造）建在滨海圣洛朗的"奥马哈"海滩，供美军登陆部队使用。"桑椹 B"（英国制造）建在阿罗芒什的"金"海滩，供英国和加拿大登陆部队使用。两座人工港的规模都与多佛尔港类似，包含了任何常规码头中应有的所有要素。

"桑椹"还是这种人工港所有部件的统称，它由各种不同的结构组建而成，包括浮动的外部防波堤［"低音大号"（Bombardon）］、固定防波堤［"玉米芯"（Corncob）］和加固的混凝土沉箱［"凤凰"（Phoenix）］、浮动码头和路面［"甲虫"（Beetle）和"鲸鱼"（Whale）］，以及码头外端［锚柱（Spud）］。

如果没有对诺曼底登陆的盟军部队提供补给的有效手段，解放欧洲的计划就无法取得成功。1942 年 8 月 19 日灾难性的迪耶普登陆战证明了大部分盟军计划人员已经知道的事实——如果没有大量有效的海空军支援，突破"大西洋壁垒"，占领法国北部沿海防御坚固的港口

下图：6 月 18 日时"桑椹 B"的建造进度，之后的大风暴导致两座人工港遭受了严重的损坏。

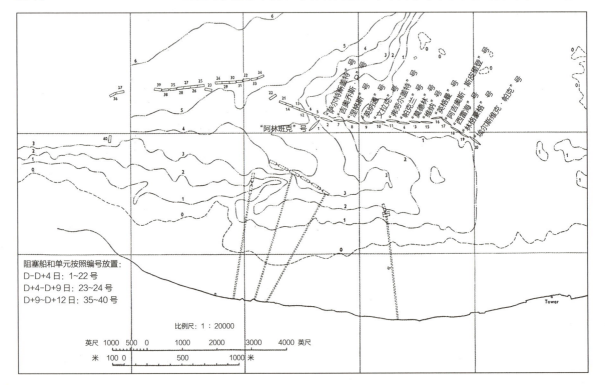

阻塞船和单元按照编号放置：
D−D+4 日：1~22 号
D+4−D+9 日：23~24 号
D+9~D+12 日：35~40 号

比例尺：1：20000

英尺 1000 500 0   1000   2000   3000   4000 英尺

米 100 0   500   1000 米

是不可能的。在计划中的登陆海岸两端的重要港口瑟堡和勒阿弗尔都有重兵把守，在突击开始之后一段时间它们可能还会掌握在德军手中。确实，没有灵活的调动能力，从海上发动大规模进攻以占领瑟堡将会是一场漫长而血腥的战斗，如果没有同时在卡尔瓦多斯海滩发动登陆战，敌军就很容易将盟军部队围困在科唐坦半岛。由于天气难以预测，通过开放海滩提供登陆补给也不能接受，这很容易使行动夭折。因为这些原因，盟军计划人员们确认需要一个或者多个人工港口，来满足登陆部队的后勤需求。

据说，在迪耶普战役后的一次会议上，海军中将约翰·休斯·哈雷特（John Hughes-Hallett，该战役的海军司令官）声称，如果没有占领一个港口，那么就应该通过海峡输送一个港口。他的建议遭到了许多与会者的嘲笑，但是休斯·哈雷特得到了温斯顿·丘吉尔首相的有力支持。后来，当约翰·休斯·哈雷特被任命为"霸王行动"的海军参谋长时，"桑椹"港口的概念开始成型。

1942年秋天，联合行动总司令、海军中将路易斯·蒙巴顿勋爵概述了码头和码头外端的规格，要求码头至少有1英里（约1.6千米）长，可以持续运输，码头外端应该能够处理3艘2000吨的货船。有3个提案可以考虑，在1943年春季和夏季，防波堤、码头和码头外端的设计经过了考虑和试验，以评估其适用性。

第一种设计由陆军部的顾问工程师约里斯·休斯（Iorys Hughes）提出，他曾经设计过温布利的帝国游泳池。他的概念是由巨大的混凝土沉箱［称作"河马"（Hippo）］和管钢桥跨［称作"鳄鱼"（Croc）］组成的固定式码头和码头外端。

第二种设计来自杂类武器开发局（DMWD）的罗纳德·汉密尔顿（Ronald HamiltonHamilton）。这种昵称为"瑞士卷"的设计是由厚木板和钢缆串在一起制成浮动路面。在测试中，它被证明无法运输超过7吨的载荷，从而被淘汰出局（但是它的一个改型成为阿罗芒什"桑椹"港口的组成部分）

第三种设计由陆军部代号为"交通五处"（Tn5）的部门提出，这个部门由D.J.麦克米伦（D.J. McMullen）少将领导，负责港口工程与维修。他们的提案是用浮动桥梁连接到码头外端，后者配备可调整的锚柱，可以根据潮汐升高或者降低。

三种相互竞争的设计都在苏格兰索尔韦湾（Solway Firth）的里格湾（Rigg Bay）建造和测试，"交通五处"的设计达到了标准并被选中。威廉·T.埃弗罗尔（William T. Everall）中校和艾伦·贝克特（Allan Beckett）少校设计的方案被采用，并在J.D.布尔纳（J.D. Burnal）和布鲁斯·怀特（Bruce White，陆军部港口和内河交通总监）准将的管理下制造。

到 1943 年 7 月底,"霸王"行动的计划推进很顺利,人工码头的需求得到了确认。码头在英国预先建造,并拖运横渡英吉利海峡的方案也被接受,因为在登陆之后,诺曼底方面没有设备也没有时间进行大规模的建造工作。

在 1943 年加拿大魁北克会议期间,"霸王行动"的计划经过讨论,为丘吉尔、罗斯福以及盟国参谋长联席会议所接受,并批准了英国和美国各自建造人工码头的提案。将建造两个"桑椹"人工港——位于美军战区的"奥马哈"海滩附近的"桑椹 A",以及位于英军和加拿大军队战区的阿罗芒什海滩附近的"桑椹 B"——为大量小型登陆艇提供避难所,为货船提供有掩护的停泊点,这些货船包括"自由轮"(1941—1945 年间美国大量制造的货船)。它们还提供必要的码头设施,以卸下数以千计的士兵、车辆和装备,以及从弹药到轮胎等大量各类补给品,这对于"霸王行动"的持续进行和确保诺曼底战役的胜利都是至关重要的。

战后,布鲁斯·怀特准将经常被问及,为什么选择"桑椹"作为这种人工港的名称。下面是他的解释:

> 答案很简单,在我从美国(华盛顿,参加完魁北克会议之后)归来时,我在陆军部的办公桌上发现了一封信,这封没有加密的信件标题为"人工港"。我觉得存在泄密的

左图:"桑椹 B"—阿罗芒什的英国"桑椹"人工港在 1944 年 9 月完成时的样子。这时,它的使用寿命也几乎到了尽头。(图片来源:帝国战争博物馆 BU1020)

可能，于是找到陆军部安全部门的领导，请求召开一次会议，会上我解释了这一情况，会议主持人询问我打算怎么做。我说，一个代号可以带给我所希望的安全。他转头问身后的副官，密码本上下一个名称是什么，副官回答："桑椹"。

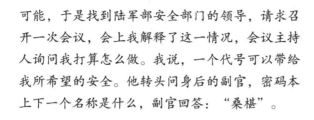

盟国参谋长联席会议在 9 月 2 日报告，"霸王"计划要求在任何天气条件下，除去汽车运输，两个港口的最小吞吐量为每天 12000 吨（美军所用的港口为 5000 吨，英军所用的码头为 7000 吨）。此外，还必须在得到保护的海滩上为汽车运输和来自浮筒式渡船、DUKW、平底船和坦克登陆舰的货物提供设施。货物运送上岸一部分通过浮动码头外端进行，一部分通过码头上停泊的船只进行。9 月 4 日，伦敦接收到"Bigot，绝密"的信号，以及加紧建造两个人工港的命令。

会议之后，英国和美国工程师进行了一段短暂密切的合作，就人工码头的基本设计达成了一致。他们还一致同意，人工码头将在 D 日后两周内投入使用，保持运营 90 天。

但是，海军部和陆军部对由谁负责这一人工港发生了争论，最终导致 1943 年 9 月 15 日副总参谋长的干预。他们决定，海军部负责"低音大号"的设计、海上通道阻塞船的采购、在英格兰南部港口组装所有"桑椹"组件拖运到英吉利海峡对岸、人工港和防波堤的选址和设计，以及标记导航通道和系泊点。

陆军部将负责"凤凰"沉箱和"鲸鱼"码头的设计和建造、敌军空袭的防护以及拖往诺曼底之前的"停泊"。一旦渡过英吉利海峡，陆军还负责沉箱的就位、所有"桑椹"人工港零件的组装、内陆固定场地提供的防御，以及"凤凰"上的武器布置。

美军负责使用英国制造的部件，在圣洛朗组装自己的港口（"桑椹 A"）。为了这项任务，他们派遣海军土木工程部队，第 128 部队（也被称作"桑椹部队"）受命执行组装工作，人员从第 108 海军工程营（著名的"海蜂"营之一）抽调。该营负责拖运沉箱和"鲸鱼"码头渡过海峡，驾驶浮箱渡轮和铺道浮船，以及渡过海峡之后所有港口设备的组装、运营和维护。

每个港口的位置完全根据突击的军事需求确定，其正

面覆盖了西起瑟堡半岛，东到奥恩河口的海岸线。这些港口的选址不能妨碍突击，必须处于具备（或者容易提供）离岸出口的位置。

场地测量

关于诺曼底海岸和海床地形的重要信息已经通过空中照相在 1942 至 1944 年间绘制的 Z（M）图表和特种水道测量人员进行的勇敢测量行动中获得。1943 年 8 月，第 712 测量区舰队在索伦特海峡沃萨什（Warsash）的"折磨者"[1] 岸上机构（HMS Tormentor）组建，目的是收集敌方海岸线附近的水深。利用皇家海军船员驾驶的大型人员登陆艇，他们在 1943 年 11 月至 1944 年 1 月间进行了 6 次诺曼底海岸的测量航行。

为了进行测量工作，大型人员登陆艇配备了降低引擎噪声的水下排气装置、回声探测仪、钢丝测速装置和 QH 装备（Gee）。中央甲板覆盖了防水油布，为测量人员提供一个完全无灯光的工作区域。

第一次测量行动的代号是"KJF 行动"，在 11 月 26—27 日没有月亮的时期（为了隐蔽）进行，3 艘 LCP 取得了阿罗芒什（"桑椹 B"所在位置）的 7 条测深线。同一个团队在 12 月 1—2 日（KJG 行动）于"桑椹 A"预定位置以西 12 英里（约 19.3 千米）尝试了类似的工作。但是，由于对岸上地标的错误识标，水深的测量错误地在预定位置以西 2250 码（约 1925 米）处进行。结果是得到了一组不完整的"桑椹 A"水深资料。

下一个无月期已经靠近 12 月底，4 艘人员登陆艇在 4 艘摩托炮艇的护航下，在圣诞节和节礼日（也就是 12 月 25 日晚至 12 月 26 日凌晨之间）之间的夜晚［"电铃按钮 A"（Bellpush Able）行动］对韦尔角进行了测量，但是钢丝测速测距装置的问题导致他们只得到了一条测深线，这次行动被中止，他们的努力没有什么成果。

3 天以后，在 12 月 28—29 日晚上，区舰队返回同一海域完成他们的任务，这次获得了成功。途中他们遭遇了惊魂一刻，其中一艘人员登陆艇的声音被敌军瞭望哨听见，德军发射了一颗照明弹将其照亮，幸运的是，该艇趁着夜色成功地脱逃。

这支区舰队的下一次行动发生在两天之后，但是没有进行水深测量，因为这时 D 日计划人员们想要的是关于海滩及其地层构成的信息。在 1943 年的新年之夜，两艘人员登陆艇运送皇家工兵部队的一位少校和一位中士，前往韦尔角附近的海滩。

1944 年 1 月 30—31 日的夜晚，在 D 日计划人员确定需要有关

---

[1] "折磨者"号（HMS Tormentor）并非一艘战舰，而是和前文的潜艇部队岸上驻地（HMS Dolphin）一样，是一处皇家海军岸上机构，该基地的作用主要是用作登陆艇和突击队训练以及用作跨海峡突击行动的基地。——审校注

"桑椹 B"港口的预定地点的更多信息之后，进行了 D 日前最后一次测量［代号"电铃按钮 C"（Bellpush Charlie）行动］。3 艘摩托炮艇牵引 3 艘人员登陆艇从考斯前往距离法国海岸 30 英里（约 48.3 千米）的一个位置，然后人员登陆艇用自己的动力靠近岸边，这时它们被浓雾所包围，互相无法看到。尽管如此，其中两艘艇仍然各收集了一条测深线，但是在后来绘图时发现，两条线覆盖的是同一海域。更糟糕的是，人员登陆艇再次被敌军听见，幸好大雾使它们免于被发现。随着 D 日的临近，夜晚也变得越来越短，加上区舰队已经两次被敌军发现，所以后续的行动都被放弃。

港口及其所在位置

盟军"霸王"计划中为"桑椹"港口选择的 2 个场地，其物理特性如下：

桑椹 A：位于潮痕之下的平坦、空旷沙滩的坡度极小（高程与行程之比为 1:100）。最高潮位为 20 英尺（约 6.1 米），岸边潮流速度最高为 2.8 节（约 5.2 千米 / 小时）。

下图：阿罗芒什海床的深度图，根据秘密的联合作战领航队团队收集到的数据绘制。

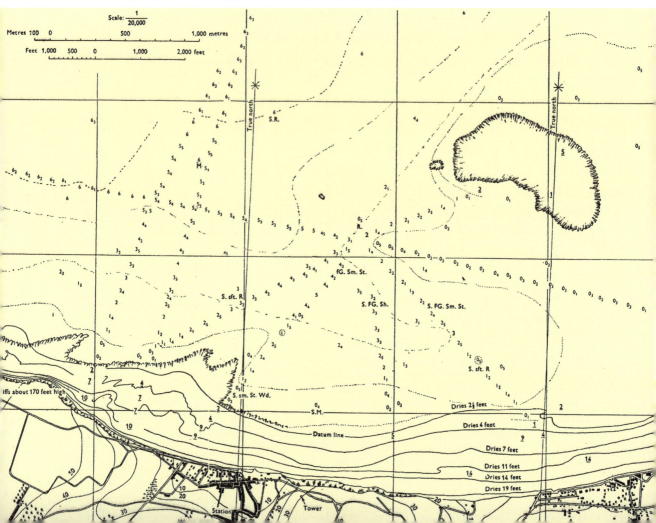

桑椹 B：位于向西被低矮礁石环绕的海滩一端，受到东北 2 英里（约 3.22 千米）的沙洲和礁石的保护。最高潮位为 21 英尺（约 6.4 米），岸边潮流速度为 2.3 节（约 4.3 千米 / 小时）。

2 个港口都暴露在来自西北面和东面的轻风之下，预计 7 级（风速约 56 千米 / 小时）的大风在人工港使用期间的 90 天内很少见。海岸的走向提供了对洋流的防护，预计不会有长度超过 100 英尺（约 30.5 米）的大浪。

浩大的工程

构建"桑椹"港口的各个部件，是优先于英国建筑业所有其他工作的大规模工程。签约的商业建筑公司包括鲍佛·贝蒂（Balfour Beatty）、科斯坦因（Costain）、罗伯特·麦尔卡平爵士（Robert McAlpine）等巨头。1943 年 12 月到 1944 年 6 月第一个单元被拖往法国之间，英国各地雇佣了 55000 人参与"桑椹"港口的建造。

约有 300 家公司参与了码头外端（用于船只停泊卸货）的建造，另有 250 家公司参与了用于运送车辆登上海滩的浮动路面和浮舟的建造。为了确保绝对的保密，承包商们只得到了用于方便当前建造任务的信息，没有一家公司能够描绘出整体的方案。

多个因素使"桑椹"港口的建造和最终部署变得更加复杂：劳工的严重短缺，特别是焊接工、钢筋工和铆工、电工、木匠和脚手架工等技术工种；材料同样严重短缺，比如构建许多港口零件所需的钢铁；现有的船只建造和维修急需大量的干船坞，这意味着建造沉箱和码头外端的适用船坞也短缺。最后，在 D 日前没有足够的拖船来协助建造计划，而在攻击发动之后，也没有足够的拖船来将各个零件拖运到诺曼底滩头。

不同的"桑椹"部件在完工之后被拖运到英国南部海岸各自的组装点。"低音大号"运到波特兰，阻塞沉船运到普尔，"凤凰"和"鲸鱼"运到南安普顿、朴茨茅斯、塞尔西和邓杰内斯角之间的位置。

"桑椹"港口部件

下面详细介绍"桑椹"港口的主要部件。

"玉米芯"和"醋栗"

在坏天气时，"桑椹"没有足够的空间同时容纳 4000 艘小艇和数百艘已经停泊在此的舰船。解决的方案就是提供 5 个停泊水域——代号为"醋栗"（Gooseberry）：其中 2 个包含在"桑椹"的设计中，另

测量水深

第 712 测量区舰队所采用的方法来自 1942 年取得的经验。为了节约油料和更快速地穿越，人员登陆艇将从考斯（Cowes）出发，由摩托炮艇（MGB）牵引。在距离法国海岸 30 英里（约 48 千米）时，人员登陆艇脱离牵引，继续悄悄地靠近岸边，同时摩托炮艇在脱离点附近建立一条巡逻线。人员登陆艇使用 QH 设备，直到能够通过具体的等深线［通常来自相关的 Z(M) 图表］并与地标目视进行交叉参考确认位置。此时，一艘人员登陆艇将抛锚作为标志艇，其他船只将在切线方向按照一系列测深线行驶。如果可能，测深线靠岸的一端也由已知地标的目视确定。如果不可能确定，则用罗盘航向代替。返回时，岸边的一端固定，使用钢丝测距帮助确定标识艇的位置。

在测深艇工作的同时，标识艇将部署一根标准的测流杆，记录当前的水流方向和速度。每艘艇还携带装满动物油脂的测深锤，以获取海底的样本。在预定的时间，不管获得多少数据，人员登陆艇离开法国海岸和摩托炮艇重新会合，由他们拖回基地。

12 月，分舰队又接收了一艘人员登陆艇，他们得以修正测深方法。与原来锚定标识艇之后按照星形图案进行测深不同，新的规程将标志艇锚定在距离岸边大约 1.5 英里（约 2.41 千米）的位置，测深艇首先平行于海岸航行。然后，在预定的距离上，它们转弯 90 度，向海滩伸展出一条测深线。如果航行了一些这样的线路，就可以获得一组平行于海滩的测深线。

右图：皇家海军海岸部队的 502 号和 503 号摩托炮艇（MGB）。（图片来源：美国国家档案馆）

6月15日的"桑椹 A"——美军在"奥马哈"海滩外的桑椹码头，可以看到，以阻塞沉船组成的"玉米芯"防波堤和"醋栗"港区平静的水面，用沉船的背风面为各种各样的小艇提供停泊点。（图片来源：美国国家档案馆）

外 3 个附属的停泊点完全由阻塞船组成，1 个位于攻击区域最西侧的瓦尔勒维尔，其他 2 个在阿罗芒什以西的库尔瑟勒（Courseulles）和乌伊斯特勒昂。这些停泊点通过凿沉一系列阻塞船（代号"玉米芯"）来构建。"玉米芯"就位之后就形成了"醋栗"。

盟军总参谋部批准 70 艘多余的商船和一些老旧战列舰利用自己的动力（有些必须牵引）航行到攻击海岸之外的某个位置，然后排成一行自沉，形成防波堤。按照潮汐条件和低水位时的水深，这些船只只能下沉 12 ~ 15 英尺（3.66 ~ 4.57 米）。

在风暴天气中，吃水较浅的船只可以在"玉米芯"的背风面避风，这也为急救、维修和加油提供了设施。阻塞船的上层建筑为突击艇的船员提供了住所。

在船运对英军作战行动绝对重要的情况下,阻塞船的候选应该有大约 30 年的船龄,人们认为它们的使用寿命已经完结。确实,大约有 1/3 的阻塞船原先已经(或者将要)被封存,而剩余的一些船只速度慢、效率低且常常需要维修。搜集到合适的商船时,它们被送到苏格兰的罗赛斯(Rosyth)、梅西尔(Methil)和奥本(Oban)进行改装。4 艘多余的战列舰被选中,加入这些商船的行列——第一次世界大战期间建造、排水量为 25500 吨的"乔治五世"级"超无畏舰""百人队长"号(HMS Centurion),23100 吨的法国"无畏舰""科贝特"(Courbert)号,英国 D 级轻巡洋舰"德班"号(HMS Durban,4850 吨),以及笨重的荷兰海军"爪哇"级轻巡洋舰"苏门答腊"号(HMNLS Sumatra)。

下图:"奥马哈"海滩的"醋栗"2 号港区。最靠近镜头的是美国海军的"乔治·柴尔德斯"(USS George Childs,577 号)和"阿特姆斯·瓦德"(USS Artemus Ward 578 号)这 2 个"玉米芯"。(图片来源:美国国家档案馆)

"玉米芯"阻塞船船员

"帝国雷鸟"号商船二副莱斯特·埃弗雷特（Lester Everett）

英国商船队船员莱斯特·埃弗雷特是"帝国雷鸟"（SS Empire Moorhen）号上的导航官和炮手，"帝国雷鸟"是一艘第一次世界大战期间美国建造的中拱船体货轮。1944年，它结束了漫长的货运生涯，被选为"玉米芯"阻塞船，这也是它的最后一次历险。在它的舰桥两侧，用很大的数字展示其舷号"307"。

"帝国雷鸟"号之前在格拉斯哥拆下了卸货用的绞车、起重机和其他在未来的任务中不需要的设备，当时我们对它的命运还一无所知。炸药包被放置在5个货舱的两角，电线延伸到桥楼上，每条电线分别连接着一个炸药包。

我们和许多商船队、皇家海军和皇家海军辅助舰队的船只一起出发，开向诺曼底海岸，对于将要发生的事情没有任何头绪。D日早上，我们到达阿罗芒什岸边，与十几艘其他阻塞船排成一排抛锚（在"封缄命令"中说明）。其他许多船只跟在我们后面进入各自的预定位置。

过一会，爆破官及其同伴登上了我们的船，前面提到的桥楼上的电线很快被连接到一个柱塞上，按下起爆开关，307号船慢慢地沉入英吉利海峡阿罗芒什近岸深约2.5英寻（4.5米）的水中。

埃弗雷特和其他30名船员在307号船上继续待了2周，住在高于水面的两层甲板上。在这段时间，他们一直处于准备战斗的状态，并遭到德军飞机的多次空袭。

每艘船都被放上压舱物以达到大约19英尺（约5.8米）的吃水，然后在船舱两侧装上炸药包（每个药包含9磅（约4千克）的"阿玛图"炸药，根据船只的大小，每艘船8～10个药包）。这些炸药包连接到舰桥上的一个电子引爆开关上。一位军官担任"种植园主"，他负责按照批准的布局计划，决定每艘船下沉的位置，按照他的指挥，这些船只逐个进入其下沉位置。在预定的时间和位置，炸药包被引爆，在水线以下3英尺（约0.91米）炸出几个洞。进水的船只将慢慢下沉并固定在浅浅的水海底。

这些沉船必须有很好的固定，这意味着它们应该相互重叠，不能有缝隙，否则潮汐会冲刷船身之下的海床，这会削弱沉船的根基，它们将会变得没有支撑，正如美军使用的"桑椹A"那样，船只的龙骨会断裂。

对页图：荷兰轻巡洋舰"苏门答腊"号开往预定地点准备自沉。（图片来源：美国国家档案馆）

"玉米芯"阻塞船

用于 5 个海滩的船只包括战舰、货船和"自由"轮：

"犹他"海滩（"醋栗"1 号）："本杰明·康迪"号、"大卫·O. 赛勒"号、"乔治·S. 瓦森"号、"马特·W. 兰松"号、"韦斯特·切斯瓦尔德"号、"韦斯特·霍纳克尔号"、"韦斯特·诺诺"号、"威利斯·A. 斯拉特"号、"胜利之剑"号和"维特鲁威"号。

"奥马哈"海滩 –"桑椹 A"（"醋栗"2 号）："阿特姆斯·瓦德"号、"大胆"号、"拜亚罗伊德"号、"百人队长"号、"勇气"号、"飞行指挥"号、"加尔维斯顿"号、"乔治·W. 柴尔德斯"号、"詹姆斯·伊雷德尔"号、"詹姆斯·W. 马歇尔"号、"奥拉姆巴拉"号、"波特"号、"韦斯特·格拉玛"号和"韦尔科克斯"号。

"金"海滩 –"桑椹 B"（"醋栗"3 号）："阿吉奥斯·斯皮里登"号、"阿林班克"号、"埃尔斯维克·帕克"号、"弗劳尔盖特"号、"吉奥乔斯·P"号、"英格曼"号、"英纳通"号、"林格豪格"号、"莫德林"号、"涅格斯"号、"帕克黑文"号、"帕克兰"号、"萨尔特斯盖特"号、"西雷海"号、"文拉克"号和"维纳"号。

"朱诺"海滩（"醋栗"4 号）："贝尔吉克"号、"本多兰"号、"帝国彩旗"号、"帝国红鹳"号、"帝国雷鸟"号、"帝国水鸡"号、"弗米格尼"号、"曼彻斯特纺纱工"号、"马里普萨"号、"帕诺斯"号和"维拉·拉德克里夫"号。

"剑"海滩（"醋栗"5 号）："贝切维勒"号、"科贝特"号、"多佛尔山"号、"德班"号、"帝国反抗"号、"帝国塔马尔"号、"帝国塔纳"号、"弗宾"号和"苏门答腊"号。

"低音大号"

"低音大号"是十字形的浮动钢铁防波堤，连成一条 1 英里（约 1.609 千米）长的直线，锚定在由"玉米芯"（阻塞船）和"凤凰"（混凝土沉箱）组成的主防波堤之外。这种外部的深水泊位意在为自由轮卸货时提供保护。

初始测试包含了 200 英尺长（约 61 米）、12 英尺宽（约 3.66 米）、吃水 16.5 英尺（约 5.03 米）的活边防波堤。主体由 4 个外敷橡胶的帆布套相互嵌套，内容 3 个充气舱室，每个舱室的长度与堤体相同。帆布套固定在一个 700 吨的混凝土龙骨上，并为其提供支撑。3 个充气舱室中的气压经过调整，与各自帆布套外部的水压保持一致，在气温引起两个压力的不平衡时，堤体的两侧会相应移进或者移出。活边防波堤没有得到采用，是因为它两侧的织物容易损坏，但是对于证明浮动防波堤总体理论的有效性起到了重要的作用。

1943 年 6 月，"低音大号"的第一个型号进行了测试，经过两个月，收集到足够的数据，证明了与固定边型号相关的理论的正确性。300 多次固定边型号测试证明，制造能够抵抗"霸王"行动期间最大风浪（6 级风，浪高大约 8 英尺（约 2.44 米），长度为 100 英尺（约 30.48 米））的浮动防波堤是可能的，防波堤的正面使用每英尺 1.25 ～ 2.5 吨的钢材，成本只有其他可能方法的十分之一。

1943 年 9 月 4 日，在华盛顿作出了推进全尺寸浮动防波堤制造的决定。如前所述，海军部负责设计，并在几个位置建造（包括南安普敦的"乔治五世国王"船坞）。很快，英国人就设计出了超过 1 英里（约 1.6 千米）长的浮动防波堤，并对其进行组装，1944 年 4 月在韦茅斯湾测试成功。

根据英国皇家海军志愿后备队的 R.A. 洛克纳（R.A. Lochner）少校的构想，每个"低音大号"单元包含大约 250 吨钢材，长度为 61 米，宽度为 7.65 米，主体深度为 7.66 米，吃水为 5.95 米。防波堤的截面大致为马耳他十字架的形状。十字架垂直臂的上半部分实际上是一系列由 1/4 英寸（约 6.3 毫米）软钢板焊接而成的防水浮箱，下半部分和两个横臂用软角钢和软钢板支撑，并用螺栓固定。底部和横臂在单元启用的时候注水，重量达到 1500 吨，为"低音大号"提供了必要的质量。

为了建造浮动防波堤，必须将多个单元连成一条线，这很像一个船队。在系留船头和船艉时，通常在相邻的船之间会留出和船只本身长度相同的缝隙。但是对于浮动防波堤，这样的方法会导致有一半的海浪能量通过单元之间的缝隙，在港内形成原始高度四分之三的海浪。因此，单元之间必须采用较小的缝隙，经过多次试验之后，确定最优化的缝隙为 15.2 米。通过将"低音大号"成对地停泊在系泊浮筒之间，用两根 18 英寸（约 0.46 米）宽的铰接马尼拉绳捆绑两个单元，成功地保持了上述缝隙。

为了进一步降低海浪能量对港内的影响，设计人员决定使用两行相距约 244 米的"低音大号"，这实际上将海浪的高度降低到大约 30%，海浪的能量被降低到原来的 1/10。

为了将大量的"低音大号"紧密地系泊在一起，采用了一种布设系统，确保系泊浮筒的准确距离：

- 首先，在相等的距离上投放带有 454 千克铅锤的 12.7 厘米活动接地线，并连接到线管和浮球。
- 接下来，用系泊浮筒取代浮球，并连接向海和向岸的锚索。
- 然后，向海的底座固定到两个 3 吨及一个 5 吨的蘑菇形锚和一个 8 吨的混凝土块上，向岸的底座固定到一个 3 吨的蘑菇形锚上。

系泊点就位之后，"低音大号"立刻用马尼拉绳连接器成对地固定到浮筒上。由于设计很简单，26 个停泊点的布设和约 3 千米浮动防波堤的组装，在 D 日之后的 6 天内就于法国沿岸的阿罗芒什和圣洛朗完成。

浮动防波堤的第一部分在 D 日随攻击舰队一起航行，使用和固定到系泊浮筒相同的马尼拉绳成对拖运。这些防波堤被固定在 11～13 英寻（约 20.12～23.77 米）深的水中，为"自由"艇的系泊提供了足够的深度。

"凤凰"

名为"凤凰"的庞大矩形蜂窝状钢筋混凝土沉箱，用于和"玉米芯"及"低音大号"相连，形成外部防波堤的一部分，它的一部分沉入 5.5 英寻（约 10.06 米）的水中。"凤凰"共有 6 种尺寸，根据所在水深，从 1672 吨（D1 型）到 6044 吨（A1 型）不等。"凤凰"的单元在英格兰制造，两端有向上的弯曲，可以拖运，每个单元需要两艘大型拖船（功率为 558 千瓦）才能以 3 节（约 5.56 千米/小时）的平均速度渡过英吉利海峡。在登陆阶段，损失了 4 个"凤凰"沉箱及其大部分船员。其中两个是因为敌军的攻击（E-艇的鱼雷和一枚水雷），另外两个是因为恶劣天气。

设计

"凤凰"的设计务求简单，由陆军部绘图室人员在 W.J. 霍奇（W.J.Hodge）上尉监督下进行，并得到了外部设计顾问的协助。"凤

在南安普敦建造中的"低音大号"。（图片来源：帝国战争博物馆 A25813）

凰"A1型和原始设计一样,有10个水密舱,在纵向中心线两侧各有5个。每个舱室有两个注水阀门(它们能使"凤凰"快速下沉,在此期间控制其稳定性)——一个为12英寸(约30.48厘米),另一个为5英寸(约12.7厘米),分别放在底部上方2英尺(0.61米)和12英尺(3.66米)的位置。舱内的空间由3堵矮墙分隔,帮助沉箱以平稳的姿态下沉。整个沉箱几乎都用钢筋加固,内部隔墙上留有较大的开口,部分地降低了重量并保持较低的重心。为了方便拖运,在设计时加入了弯曲的两端。

沉箱两端设有船员住舱,这里的舱室加盖了屋顶,并在屋顶下面合适的深度铺设了木质地板。但是,船员住舱只在沉箱上浮时可以使用,因为下沉的时候,地板会被水覆盖。

只有 A 和 B 型沉箱的顶部提供了 40 毫米"博福斯"高射炮的炮台，以及炮手的掩体。

蜂窝状的结构是露天的，各个蜂窝之间狭窄的通道使船员可以来往于沉箱的两端。沿着较大沉箱上的侧墙有 6 个脚坑（舷梯），最初是用于建造阶段的，但是在竣工之后也为安装两端的系船柱和导缆孔提供了方便，并为沉重的柱形混凝土锚定块提供了储存空间。它们还形成了方便的登船平台。

后来，两侧的每个脚坑（舷梯）还提供了 4 个水泵孔（配备了木盖）。它们容纳脚坑上的 6 英寸（约 15.24 厘米）水泵所用的管道，这些水泵用来在临时下沉之后抽出沉箱中的水。

下图：作为"桑椹"港口外部防波堤的一段"低音大号"。（图片来源：美国国家档案馆）

建造

D日需要的147个"凤凰"沉箱中，除了24个B2单元之外，都在前文所述的场地建造，当它们全部或者部分完成时，可能会浮起。对于在部分完成时浮起的情况，建造用的停泊点将被使用两次。在干船坞上建造它们是很有意义的，但是海军部有其他的想法，干船坞要供船只维修和建造他们自己的"低音大号"，所以陆军部不得不寻找备用的场地。

英格兰各地有不少的干船坞，而许多沉箱在朴茨茅斯附近的海滩上建造并通过滑道下水，或者在泰晤士河口沿岸临时开挖的船坞中建造，在这些地方，部分完工时沉箱会出坞吃水，然后在水上完成建造工作。

"凤凰"的建造在如下场地进行：

下图："凤凰"沉箱被拖入"奥马哈"海滩外的位置。（图片来源：美国国家档案馆）

- 米德尔斯伯勒（Middlesbrough）——干船坞；
- 古尔（Goole）——干船坞；
- 南安普敦——干船坞；
- 朴茨茅斯——入口船闸和浮船坞；
- 蒂尔伯里（Tilbury，伦敦港务局—PLA）——干船坞；
- 东印度（进口）（PLA）——干涸的湿船坞；
- 南船坞（萨里商用船坞）（PLA）——干涸的湿船坞；
- 在泰晤士河沿岸专门开凿和准备了 12 个船坞，在那里一次可以建造 40 个沉箱（那里一共建造了 98 个沉箱）；
- 24 个 B2 单元在南部沿岸的船台上建造，以便从舷侧下水，这些船台位于戈斯波特的斯托克斯湾、索伦特海峡的莱佩海滩和斯通角（Stone Point）以及海灵岛（Hayling Island）附近的兰斯通港。

为了防空，在一些"凤凰"沉箱的顶部安装一门40毫米"博福斯"高射炮。（图片来源：美国国家档案馆）

对页上图："凤凰"B2 示意图。

对页下图：汉普郡莱佩（Lepe）附近斯坦斯伍德湾（Stanswood Bay）一角，照片中可以看到 1943—1944 年间建造的一些用于"桑椹"港口的 B2 型混凝土沉箱。照片中的第二个沉箱在下水期间散架了。（图片来源：帝国战争博物馆 H35554）

下图：沉箱内部被分隔为 10 ～ 20 个可注水的舱室，早期型号中这种舱室是露天的。（图片来源：美国国家档案馆）

整个"凤凰"建造计划由 24 家大型承包商承担，其中一些公司（如温佩公司和科斯坦公司）的名称在战后英国建筑产业迅速发展中家喻户晓。承包商选择自己的建造方法，这很大程度上取决于场地所拥有的设施，以及机械设备、模板结构和其他材料，当然还取决于劳工的供应与质量。

从 1943 年 12 月起，20000 名强壮劳力夜以继日地工作（这一数字还不包括零件制造和场外制造材料所雇佣的人数）。沉箱的质量和建造进度很不稳定，这部分是因为未经训练的劳工以及要求最高速度的混凝土制造过程。建造者面对的另一个问题是基本设计的试验仍在进行，这意味着试验中进行的任何修改都必须在建造期间加入——钢材的使用比预计数量多出 50%，原始的计划中也没有包含添加炮塔和更多甲板装卸设备所需的额外工作量。尽管如此，原始计划在 150 天内完成，第一个沉箱在 D+1 日抵达阿罗芒什。

原来的意图是，所有"凤凰"单元在需要使用之前都保持上浮，但是没有足够的系泊点，所以不得不寻找合适的场地将其暂时沉入水中，到需要的时候再抽水上浮。在英国南部海岸塞尔西角（Selsey Bill）和博格诺里吉斯（Bognor Regis）之间以及靠近邓杰内斯角的利

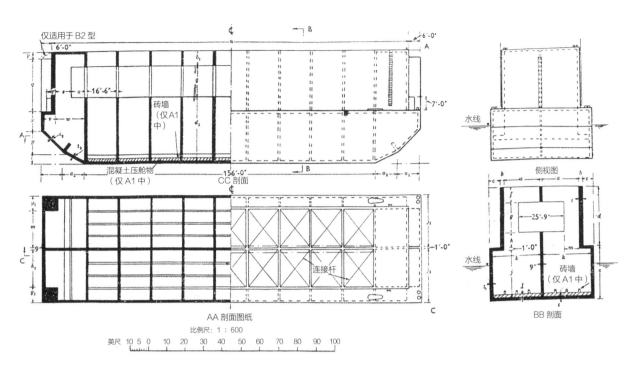

仅适用于 B2 型

砖墙
（仅 A1 中）

混凝土压舱物
（仅 A1 中）

CC 剖面

连接杆

AA 剖面图纸

比例尺：1：600

英尺 10 5 0　10　20　30　40　50　60　70　80　90　100

水线

侧视图

25'-9"

水线

砖墙
（仅 A1 中）

BB 剖面

在汉普郡海灵岛渡轮旅馆周围的区域用于建造"凤凰"沉箱。其中一个沉箱发生了严重的开裂，最终被丢弃在兰斯通（Langstone）港的沙滩上。因为沉箱对船运造成障碍，它被捞起并拖到希纳沙滩的安全位置，在那里再次下沉。（图片来源：作者的收藏）

用于建造"凤凰"沉箱的材料

原始计划

混凝土 410000 立方码（约 313470 立方米），由如下材料制成：

沙 179000 立方码（约 13685 立方米）

骨料 358000 立方码（约 273711 立方米）

水泥 129000 吨

软钢筋 29570 吨

补充的沉箱：

混凝土 132000 立方码（约 100921 立方米），由如下材料制成：

沙 57500 立方码（约 43962 立方米）

骨料 115000 立方码（约 87924 立方米）

水泥 41400 吨

软钢筋 19600 吨

特尔斯通（Littlestone）选择了一些场地。塞尔西和博格诺之间的水域很好，停放在那里的 80 个沉箱都安全地打捞起来而没有发生意外（但是有一个 A1 单元在第二次下沉的时候发生了无法复原的损坏）。邓杰内斯角的场地被证明潮汐条件不佳，在那里损失了 6 个小的沉箱。

沉箱的停放有一个意外的收获——在 D 日前为船员提供了宝贵的操控和下沉经验。

"凤凰"沉箱主尺度

单元	高度	长度	水线宽度	排水量	吃水
A1	60 英尺（18.3 米）	204 英尺（约 62.18 米）	56 英尺 3 英寸（约 17.15 米）	6044 吨	20 英尺 3 英寸（约 6.17 米）
A2	50 英尺（15.2 米）	204 英尺（约 62.18 米）	56 英尺 3 英寸（约 17.15 米）	4773 吨	16 英尺 4 英寸（约 4.98 米）
B1	40 英尺（12.2 米）	203 英尺 6 英寸（约 62.03 米）	44 英尺（约 14.9 米）	3275 吨	14 英尺（约 4.27 米）
B2	35 英尺（10.67 米）	203 英尺 6 英寸（约 62.03 米）	44 英尺（约 14.9 米）	2861 吨	12 英尺 5 英寸（约 3.78 米）
C1	30 英尺（9.14 米）	203 英尺 6 英寸（约 62.03 米）	32 英尺（约 9.75 米）	2429 吨	14 英尺 3 英寸（约 4.35 米）
D1	25 英尺（7.62 米）	174 英尺 3 英寸（约 53.11 米）	27 英尺 9 英寸（约 24.62 米）	1672 吨	13 英尺（约 3.96 米）

参与建造 "凤凰"

弗雷迪·唐宁（Freddie Downing），博维斯有限公司

1943—1944 年，30 岁的弗雷迪·唐宁参加了博维斯建筑公司在英格兰南部海岸建造 "凤凰" 沉箱的工作。他描述了在这种非常不稳定的浮动平台上工作所遇到的危险。战后，唐宁担任博维斯建筑公司的主管助理。

当我开始朴茨茅斯的工作时，我们的产品正在干船坞中建造。它们在干船坞中被搭建到 25 英尺（约 7.62 米）高，然后注水并转移到湿船坞。我们在那里接管它们，大家都称它们为 "小艇"。

接着，在不稳定的浮动状态下，我将沉箱再加高 30 英尺（约 9.16 米）。博维斯在干船坞中注入混凝土。在水上，我们使用数百辆手推车，因为沉箱是浮动的，我们必须在需要保持稳定的地方加入混凝土，手推车很适合于这个用途。但是，这种系统并不是万无一失的。

下图：在干船坞中建造的混凝土沉箱。（图片来源：帝国战争博物馆 A25791）

上图：注水并拖入湿船坞等待
完成的"凤凰"沉箱。（图片
来源：作者的收藏）

后来，我又转移到在南安普敦建造的单元上，博维斯在那里帮助鲍林公司建造沉箱。我们在建造到 15 英尺（约 4.57 米）的时候接管，到达那里时，这些单元被绑在南安普敦溺湾的防波堤旁，暴露在海水之中，南安普敦每天有两次落差 17 英尺（约 5.18 米）的潮汐，所以我们总是在上上下下。

博维斯最好的工头是一位叫作佩吉（Page）的年轻人，他决定让我看看，在他的那一面铺设混凝土有多快。他干得太快了，突然间听到了许多尖叫声，沉箱开始向一侧倾斜，角度足以让海水通过脚手架孔灌入。管工杜德利·威勒（Dudley Wheeler）进入单元内，打开了另一侧的水阀，试图矫正（因为勇敢，他获得了大英帝国奖章）。这才使单元恢复直立，但是已经为时太晚，海水仍然不断注入。我们只能站在船坞边上，看着它沉入海底。

船坞的底部急剧倾斜，唐宁目送 40 英尺高（约 12.2 米）的混凝土沉箱进入南安普敦溺湾的水中，在它最后停下来时，水位已经到达模板顶部，在海上只能看到几根竖立的脚手架管。

锚柱式码头

　　有了可以避风的水域，下一个重要的构造是快速卸下货物和车辆的手段。码头外端［被称为锚柱式码头（Spud pier），这是因为它有四条长"腿"——锚柱］用于卸下商船、坦克登陆舰和坦克登陆艇上的货物。它们由 200 英尺长（约 61 米）、60 英尺（约 18.3 米）宽的方形钢制浮动平台组成，每个角落有一根大约 11 英尺（约 3.35 米）深的腿（锚柱），高度为 90 英尺（约 27.4 米），在码头外端就位时，这些柱子可以下降到海底。

　　甲板的表面焊接了防滑踏板。在 8 个甲板位置上为浮桥跨（"鲸鱼"）提供了支架——左右两侧各三个，前后两端各一个。两个纵向和 7 个横向的板梁式隔舱将浮码头分隔为 24 个水密舱。甲板上的设备与正常的船只相同，包括绞车、绞盘、吊车、锚和系船柱。

　　靠近浮码头两端的锚柱框架包括锚柱定位器，这是一个沉重的焊接结构。4 根锚柱都用钢板制成，截面为 4 英尺（约 1.22 米）见方，长为 89 英尺（约 27.1 米），锚柱底座为 8 英尺（约 2.44 米）见方。

　　船员住所可以容纳 1 名军官、6 名军士和 15 名士兵，带有炊事、取暖和卫生设施。

　　浮码头的电力由两台 57 千瓦柴油发动机和发电机供给。这些动力主要用于锚柱的操纵，但是也可以用于甲板设备。在出现故障时，电力可以从相邻的浮码头上取得。

　　锚柱底座可以远程操作，由操作员在浮码头一端的桥楼上的控制室内独立控制。他周期性地升高或者降低船身，以适应潮汐的涨落。每根锚柱的底座都是独立的，这意味着不管海底有多么不平，底座都可以找到自己的合适深度，将大约 1000 吨（加上连接的中间浮码头共有 1760 吨）的浮桥保持在水平状态。

　　每根锚柱都由两条双股钢丝绳移动，钢丝绳一端连接到由带有减速齿轮的 20 马力（约 14.7 千瓦）绞车驱动的绕绳筒，另一端连接到固定锚柱的锚上，可以以每分钟 2.5 英尺（约 0.76 米）的速度升高或者降低（这种速度已经大大超出了适应潮汐的要求）。一个被称为"锚柱下拉索"的装置将锚柱底部压入海床，将浮码头提升到自由漂浮水位之上（但是锚柱不能将浮码头完全举离水面，或者保持该状态）。在好天气里，4 根锚柱可以让浮码头自由地随着潮汐上下浮动，但是浮码头的常规操作是提升到自由漂浮水位之上 6 英寸（约 15.2 厘米）。

坦克登陆舰码头外端

　　为了帮助坦克登陆舰和坦克登陆艇卸货，两个锚柱式码头互成直角，形成字母"T"的形状，并在"T"形的每一边放置了一艘缓冲浮

乘坐"凤凰"

米克·克罗斯利，皇家炮兵第 127 轻型防空团第 416 连

上图：皇家炮兵米克·克罗斯利。（米克·克罗斯利）

米克·克罗斯利（Mick Crossley）是执掌安装在"凤凰"沉箱顶部"博福斯"高射炮的几十名皇家炮兵炮手之一。他很快发现，在浮动混凝土箱子顶部的海上生活并不舒服。

我们乘坐征用的渔船从福克斯通港出发，每艘船运载一个分队，进入 6000 吨的"凤凰"混凝土沉箱。在横渡海峡的路上，我们注意到散布在海岸线、离岸大约四分之一英里（约 400 米）的这些沉箱，每个都有 200 英尺（61 米）以上的长度，露出水线的部分有 30 英尺（约 9.14 米）高，在中央炮塔上安装了"博福斯"高射炮。我们从渔船上爬到沉箱下方的平台，然后爬上垂直高度为 25 ~ 30 英尺（7.62 ~ 9.14 米）的铁梯，到达顶部和甲板。我记得有一两位队员特别害怕以致无法攀登，这很容易理解，只能借助绳子将他们拉上去。

爬到箱顶之后，我们发现沉箱是空的，分成大约 16 个舱室，每个舱室中的水位和当时的潮位一样。我们发现两端各有一个小甲板，可以通过狭窄的步道走到沉箱中央的炮塔。我们将在这些怪物上生活一个星期，以习惯它们。设计者在一端用混凝土建造了一间带窗小屋，供炮手们隐蔽。我们发现，在那里根本不能睡，每个人都犯了幽闭恐惧症，更愿意睡在炮塔之下。

我们的大日子终于到了。首先，两位皇家工兵部队的士兵和两位皇家海军水兵登上沉箱，和我们一起渡过英吉利海峡——工兵负责操纵发电机"抽水"，海军水兵帮助我们将沉箱定位在阿罗芒什。来自我们所在连部的 3 名士兵也加入了我们的行列，他们只是为了渡海。我们出发了，踏上了漫漫的旅途。

码头，提供人工海滩，这样登陆的车辆就可以利用它开到码头的甲板上。为了让坦克登陆舰能够从顶层甲板和舰门卸下车辆，在锚柱式码头甲板的平台上固定了一个高架铰接斜板。这个斜板以行程与高程差之比为3.5:1的斜度放置，并可以用悬挂在底座上的起重机升高、降低或者纵向移动。通过缓冲浮码头和高架斜板，一艘坦克登陆舰可以在17—18分钟内卸货完毕。两艘坦克登陆舰可以在"T"形的坦克登陆舰码头外端同时停靠卸货。

码头外端的建造在利斯（Leith）、凯安雷恩（Cairnryan）军用码头和北威尔士的康韦（Conway）进行，由柴郡诺斯维奇的约瑟夫·帕克斯父子公司承建。完成后码头外端的下水工作由霍尔维兄弟（伦敦）有限公司承担。装备完成之后，浮码头被拖运到南安普敦，完成机械和电气安装。完工之后，对它们进行测试，并拖运到塞尔西的组装区域。

在诺曼底的海岸边，锚柱式码头相隔160英尺（约48.8米）连成一线，形成很长的码头外端，以便从货船上卸货。为了增加停泊点的长度，在每对锚柱式码头之间有一个混凝土过渡型码头外端浮码头（PHP）和一个可伸缩的"鲸鱼"桥跨。

混凝土过渡型码头外端浮码头（PHP）

PHP是矩形隔舱式浮码头，两侧向外展开，而两端则保持垂直，但是两端的底部展开以利于拖运。每个单元长80英尺（约24.4米）、

下图：为了方便同时卸下两艘坦克登陆艇上的货物，两个锚柱式码头以直角位置摆放，形成一个字母"T"。（图片来源：美国国家档案馆）

在海上由3艘远洋拖轮牵引的B90 "凤凰" 沉箱。字母 "B" 代表它的型号为B型，数字 '90' 是其单元编号。B90 沉箱将被放置于桑椹A港口的西端。拖轮烟囱左侧的字母 "M" 说明，它是 "桑椹" 拖运船队的一部分。（图片来源：美国国家档案馆）

一艘坦克登陆舰以大约 3 节
（约 5.56 千米/小时）的速度，
小心地靠近码头外端。（图片
来源：美国国家档案馆）

下图：在锚柱式码头甲板平台上，连接了一个高架铰接斜板，坦克登陆舰甲板上的货物可以在主坦克甲板清空的同时卸下。（图片来源：美国国家档案馆）

宽 56.5 英尺（约 17.2 米），空载吃水为 6 英尺 9 英寸（约 2.06 米）。轻载排水量为 710 吨，满载排水量为 1660 吨，在满载的时候，它的干舷只有 1 英尺（约 0.305 米）高，但是这不是常见的工作状况。过渡码头外端浮码头固定到一个锚柱式码头，活动端用一个伸缩式桥跨连接到下一个锚柱式浮码头。浮码头中有 18 个水密舱，其中 3 个保留给货物，如果有必要，还保留一个用于居住。

　　详细设计需求规定，过渡型码头外端浮码头应该能够在甲板上的任何位置装载一辆 40 吨的军用坦克，同时还可以承受其他车辆在甲板上的任何方向移动形成的 20 吨轴荷。即使浮码头甲板一端有 2 辆 40 吨的坦克，同时甲板的其余部分没有负载，它仍然应该保持稳定和上浮，还应该能够承受 8 英尺（约 2.44 米）高、120 英尺（约 36.6 米）长的海潮。

因为钢铁短缺，过渡型码头外端浮码头的表面和横梁用钢筋混凝土制造。混凝土底面和横梁，每根长 13 英尺 3 英寸（约 4.04 米），宽 3 英尺（约 0.914 米），厚度 2.5 英寸（约 6.4 厘米），从舱壁纵向延伸到另一边的舱壁，设计为可以承受水压［用 3/8 英寸（约 9.53 毫米）的棒钢加固］，但是不能在海滩或者浅海床上搁浅。侧墙墙面的形式和构造与底面类似，横向和纵向的舱壁采用类似于侧墙的单元建造，唯一的不同之处是布置。

过渡型码头外端浮码头甲板的建造不同于其余结构，因为它必须承受与表面接触的滚动负载。横梁纵向延伸 3 英尺 6 英寸（约 1.07 米，和底面一样），由交叉的舱壁和端墙支撑。更沉重的新型表面采用预制单元，每个单元中组合了平板和横梁。它采用倒置水槽的形式，宽度为 3 英尺 6 英寸（约 1.07 米），深度为 17 英寸（约 43 厘米）。甲板的平板部分有 4 英寸（约 10.2 厘米）厚，并用钢棒加固。每块甲板面重量为 2 吨。在必要时，相邻甲板面之间的连接处用砂浆密封，但是通常紧挨在一起组成坚固的甲板区域。

为了保护混凝土结构免遭停靠时的冲击，在浮码头的侧面和两端每隔 3 英尺 6 英寸（约 1.07 米）固定一块 8 英寸（约 20.3 厘米）×5 英寸（约 12.7 厘米）的哥伦比亚松木垂直挡板，在甲板的标高位置有 9 英寸（约 22.9 厘米）×9 英寸（约 22.9 厘米）的水平挡板。在过渡型码头外端浮码头的两侧各有两部坚固的木爬梯，增加了防护。

甲板上的设施包括 8 英寸（约 20.3 厘米）铸钢系船柱（甲板每个角落一个），上有铸钢的导缆孔；通用甲板环

左图：图中的过渡型码头外端浮码头（PHP）连接到 589 号锚柱式码头外端。前景是"鲸鱼"桥跨的伸缩部分，它正准备在充气罐（左下）的协助下连接到过渡型码头外端浮码头。（图片来源：帝国战争博物馆 B5733）

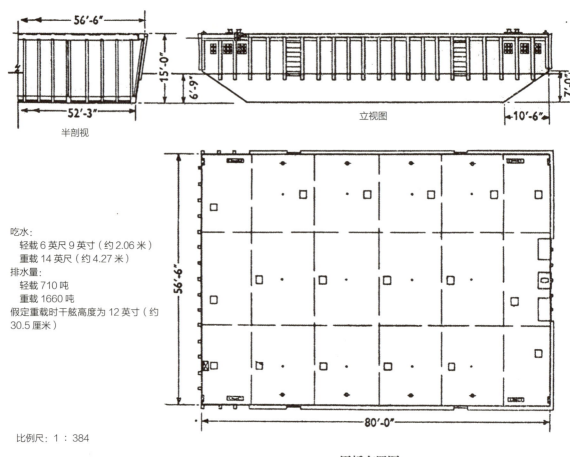

56'-6"

15'-0"

52'-3"

半剖视

立视图

6'-9"

7'-0"

10'-6"

吃水：
　轻载6英尺9英寸（约2.06米）
　重载14英尺（约4.27米）
排水量：
　轻载710吨
　重载1660吨
假定重载时干舷高度为12英寸（约
30.5厘米）

56'-6"

80'-0"

比例尺：1：384

甲板布置图

上图：过渡型码头外端浮码头总体布置图。（图片来源：作者收藏）

（每边4个）；铸铁防水18英寸（约45.72厘米）检修孔盖（每个舱室一个）；用于桥梁两端的钢制承重块；将桥锚定到浮码头的枢轴盘；固定到锚柱式码头的钢绳扣座；甲板两端将钢制斜板放到锚柱式浮码头和桥跨伸缩部分的钢制防擦条。

　　每艘过渡型码头外端浮码头用钢索和弹簧连接到相邻的锚柱式码头外端，另一端用钢丝绳从伸缩式桥跨下斜穿，连接到下一个锚柱式码头。

　　如上所述，因为钢材短缺，过渡型码头外端浮码头开始由金属加固的混凝土板制造，但是因为容易遭到停靠撞击和意外搁浅的损坏，后来被钢制浮码头所代替。在利斯制造了16艘钢制过渡浮码头。

缓冲浮码头

　　缓冲浮码头由陆军部交通五处的威廉·威尔逊（William Wilson）和弗雷德里克·萨利（Frederick Sully）设计，是一种内部为蜂窝状的

过渡型码头外端浮码头建造场地和承包商

场地	制造数量	承包商
马赫伍德（Marchwood）	6	维特斯有限公司
比尤利（Beaulieu）	6	维特斯有限公司
巴金（Barking）	4	A. 蒙克股份有限公司
雷纳姆（Rainham）	2	钢桁架混凝土有限公司

焊接钢板结构浮动斜板，设计用于吸收坦克登陆舰停靠时艏门的冲击力。它还使车辆能够用自己的动力驶离坦克登陆舰，开上锚柱式码头。

缓冲浮码头由霍洛威兄弟（伦敦）公司在康韦和东南海岸的两个露天场地建造。这些外形怪诞的结构包围在一个 76 英尺 4 英寸（约23.2 米）×65 英尺（约 19.8 米）的矩形中，下水重量为 469 吨，从建造场地横向下水。

由于坦克登陆舰艏舱是一个锐角的形状，艏门底部很容易在船只停下来之后顶上缓冲浮码头的跳板。只有船只从跳板上后退，艏门才能打开。解决方案之一是降低浮码头的前端，为打开舱门留出空间。这通过两个电动低压压缩机为压舱水箱注水（并在以后抽水）实现，它们能将浮码头的吃水调整到 3 英尺 6 英寸（约 1.07 米）。舰只的舰艏也会下压浮码头，从而可以打开艏门。缓冲浮码头只用于英军登陆的"桑椹 B"，美军决定去掉坦克登陆舰艏门的四角，以便在跳板上打开它们。

"鲸鱼"

"鲸鱼"是连接锚柱式码头外端的浮动路面。它们帮助货船、坦克登陆舰和坦克登陆艇将货物直接卸到岸上。为了抵御恶劣天气，这些路面由 80 英尺（约 24.4 米）长的钢制活动桥接单元组成，桥接单元安装在由钢铁或者混凝土制成的浮船（称作"甲虫"）上。阿罗芒什的"桑椹 B"上的许多"鲸鱼"桥跨后来被用于维修比利时、荷兰、法国毁于战火的桥梁。

对于桥梁设计师威廉·T. 埃弗罗尔来说，难题在于设计一个能够驾驭恶劣海况而又不会给各个部件造成过大压力的浮桥。必须找到一个解决方案，适应风浪造成的翻滚、俯仰和扭转（沿着轴心）运动，因为如果这些运动没有受到控制，桥梁将被撕裂。经过计算和测试，确定每个独立的桥跨之间必须容许有 24 度的相对运动，沿着每个桥跨的长度，可以有 40 度的扭转。

这艘 850 吨的过渡型码头外端浮码头在英吉利海峡中经历了 70 年的时光，证明了原始设计的强度。（图片来源：iStock/布雷特·查尔顿）

锚柱式码头外端上的缓冲浮码
头和侧装斜板。(图片来源:
美国国家档案馆)

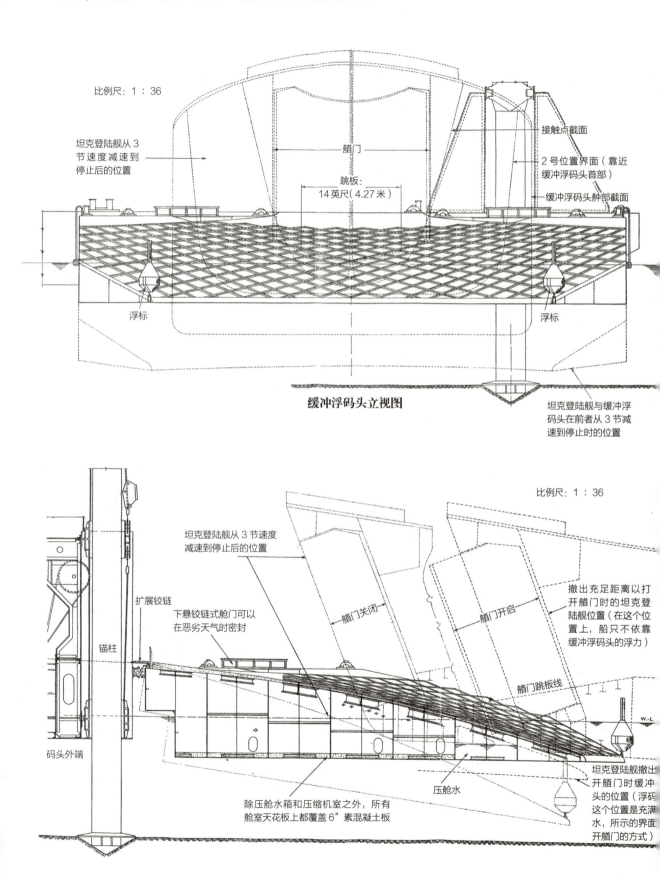

比例尺:1:36

坦克登陆舰从3节速度减速到停止后的位置

接触点截面

舱门

2号位置界面(靠近缓冲浮码头首部)

跳板:
14英尺(4.27米)

缓冲浮码头舯部截面

浮标

浮标

缓冲浮码头立视图

坦克登陆舰与缓冲浮码头在前者从3节减速到停止时的位置

比例尺:1:36

坦克登陆舰从3节速度减速到停止后的位置

撤出充足距离以打开舱门时的坦克登陆舰位置(在这个位置上,船只不依靠缓冲浮码头的浮力)

扩展铰链

下悬铰链式舱门可以在恶劣天气时密封

舱门关闭

舱门开启

锚柱

舱门跳板线

码头外端

W.L

压舱水

坦克登陆舰撤出开舱门时缓冲码头的位置(浮码这个位置是充满水,所示的界面开舱门的方式)

除压舱水箱和压缩机室之外,所有舱室天花板上都覆盖6"素混凝土板他的解决方案很巧妙：

- 主梁为菱形，使弦杆的材料能够承受弯曲应力和纵向的力量；
- 梁的中央部分是组合了焊接和螺栓的网格结构；
- 两端是焊接的方形构造，加入了一个球形支座；
- 纵向的力量由结构的倾向来化解，在海浪的影响下，沿垂直轴的旋转和整体的移动通过推动支座上的横杆，从一个桥跨传递到另一个桥跨；
- 拉力在经过插入桥梁一端的一个非常大的滑轮之后，由固定在轴承箱的钢制环索承受。

　　埃弗罗尔的主要副手艾伦·哈利·贝克特（Allan Harry Becktt）也参加了桥跨的早期开发工作，他曾经设计了"风筝"海锚（见后文）。

　　为"桑椹"设计的标准活动桥跨承重级别为 25 级（可通行总重量 25 短吨（约 22.7 吨）的车辆），但是方案中还包括了承重级别为 40 级（可通行总重约 36.3 吨的车辆）的更强大版本。80 英尺（约 24.38 米）长的桥跨采用焊接和粗螺栓构造，10 英尺（约 3.05 米）宽的钢制甲板上有防滑脚踏和护轮板，由横梁支撑。

对页上图：缓冲浮码头正视图，后面是一艘坦克登陆舰的略图。

对页下图：缓冲浮码头中心线剖面图。

下图：盟军车辆通过"鲸鱼"人造码头的栈桥驶上"奥马哈"海滩。栈桥右侧的警示标识上写有"限重25吨"的字样。（图片来源：美国国家档案馆）

比例尺：1：64

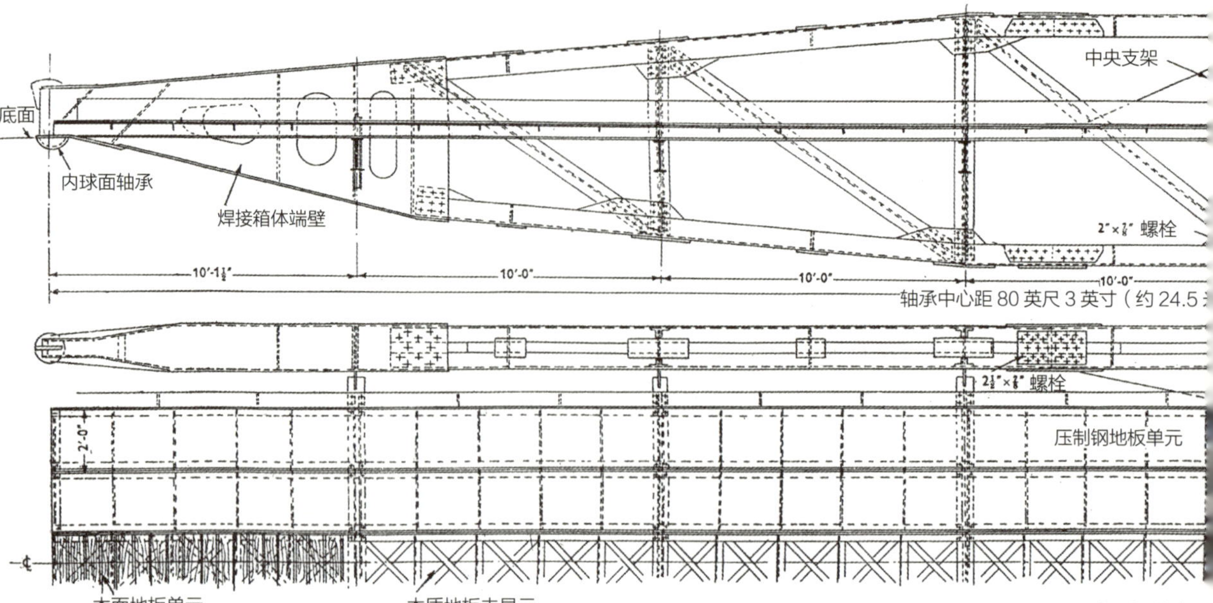

中央支架

甲板底面

内球面轴承

焊接箱体端壁

2"×⅝"螺栓

10'-1⅜"   10'-0"   10'-0"   10'-0"

轴承中心距 80 英尺 3 英寸（约 24.5 米

2½"×⅝"螺栓

压制钢地板单元

2'-0"

木面地板单元   木质地板未显示   **半平面图**

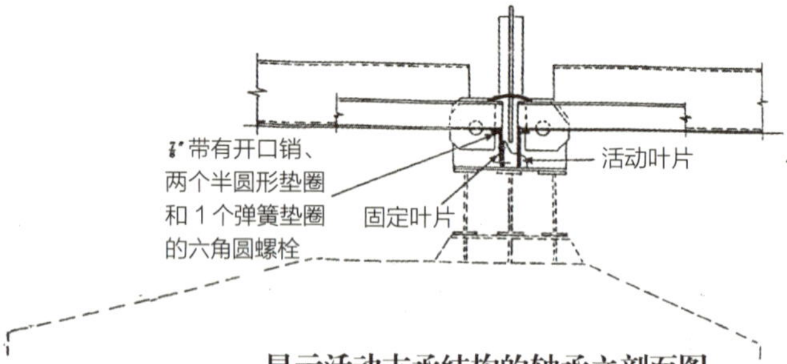

⅞"带有开口销、
两个半圆形垫圈
和 1 个弹簧垫圈
的六角圆螺栓

活动叶片

固定叶片

轴承闩

缆丝

从轴承内插入
的机加工销

连接件

钢质浮筒剖面

10'-1"   4'-11"

显示活动支承结构的轴承立剖面图
比例尺 1：48

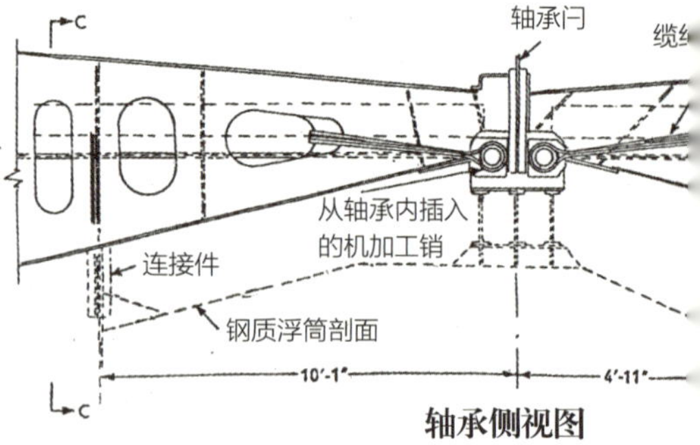

轴承侧视图
比例尺 1：48

上图：深水浮桥 Mk1 "鲸鱼"
的标准桥跨。

　　伸缩式桥跨的设计和标准桥跨一样是活动式设计，但是长度可以
在 71～80 英尺（21.64～24.38 米）之间调整。它用于路面上的间隔，
以克服固定结构引发的 4 个问题。它使桥跨能够：

- 根据浪高调整长度补偿；
- 伸长或者缩短，以弥补高潮和低潮引起的路面角度变化；
- 为恶劣海况引起的侧向运动造成的桥梁伸长和缩短提供补偿，从而
最大限度地减小桥跨活动连接部分承受的拉力；
- 将不同的码头外端连接在一起，而不需要精确地布置每个码头。伸
缩式桥跨可以进行调整，达到相邻码头之间的精确距离。

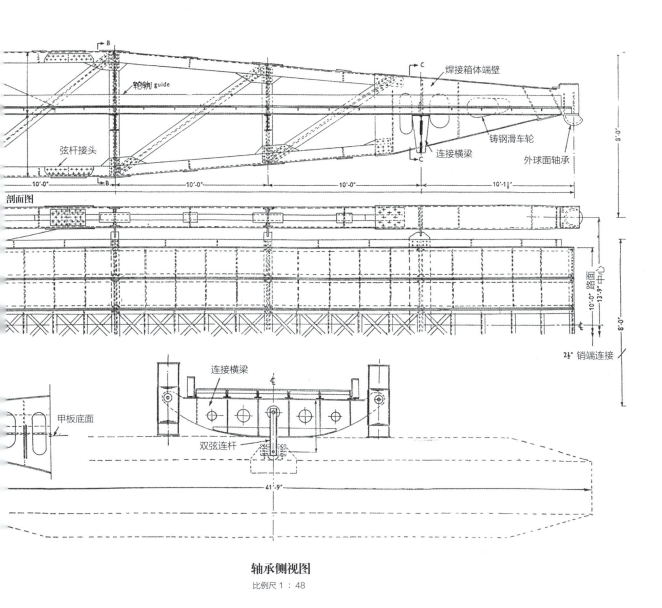

轴承侧视图

比例尺 1 : 48

"甲虫"（码头浮船）

　　"甲虫"是运送桥梁的码头浮船，用于支撑"鲸鱼"码头或者路面。它们用混凝土或者钢铁制造，设计为在浅海或者完全搁浅情况下工作（钢铁的型号可以在礁石上使用）。每艘浮船可以运载一个桥跨，或者成对并排运载两个桥跨（叠在一起横跨两船），在牵引之下渡过 100 英里（约 161 千米）宽的英吉利海峡。

混凝土浮船

　　钢铁被认为是最适合的材料，但是因为钢板和钢铁工人的极度短

上图：连接到坦克登陆舰锚柱式码头外端的伸缩式桥跨，旁边停靠着一艘坦克登陆舰。路面上的护轮板和防滑踏板清晰可见。（图片来源：美国国家档案馆）

缺，必须有一种替代的材料。由于从 1942 年开始，一项钢筋混凝土驳船的建造项目已经成功推进，采用预浇铸原理的可能性引起了重视。考虑的因素包括降低混凝土的重量，使浮船容易拖运；建造防水的外表；保护浮船避免开裂的措施。为了获得满足海上拖运和原地运载桥跨需求的最佳设计，进行了一系列的试验。

5、6 和 7 型码头浮船采用预制的震实混凝土建造，组装的方法类似于蚀刻塑料模型套件。"甲虫"在形状上是对称的，但是截面是非对称的，后者的原因是为了减小浮船边缘和所支撑的桥梁之间在海浪起伏时撞击的可能性。

浮船内部分为 6 个水密舱室，由 5 个用 2 英寸（约 5.1 厘米）厚预浇铸混凝土板组成的舱壁隔离。65 个 1.25 英寸（约 3.2 厘米）厚预浇铸板组成了每艘浮船的 26 个面和 5 个舱壁，预浇铸单元的数量中包含了 36 种不同的混凝土板。（7 型码头浮船由 37 种型号的 66 块混凝土板制成）

混凝土板在预制板工厂里的振动台上预制。预制板的所有边缘都进行了几个小时的注水处理，确保表面连接良好。然后，混凝土预制板在前 3 天用水进行养护，到第 4 天通常就可以运输了。竖立混凝土板使用了 1 吨的自行吊车，并用脚手架将其固定到位，直到场内的混凝土制造工作完成。"甲虫"下水之前进行的组装需要 4 ~ 5 天才能完成。下水之后，开裂检查和舾装在下水之后进行，执行这些工作的队伍都经过了寻找和维修结构中裂缝的培训。

钢制浮船

　　钢制浮船被尽可能地保留用于码头靠岸的一端。这种浮船长度为42英尺（约12.8米），宽度为15英尺（约4.57米），深度为8英尺（约2.44米），由6个独立的全焊接3/16英寸（约4.7毫米）钢板单元组成，这些单元通过法兰盘固定在一起。桥支座（用于运载"鲸鱼"路面）下方的舱壁进行了加固，并在浮船底部下向外扩展了9英寸（约23厘米），套上硬木形成保险杠。

　　甲板设施包括扶手、9英寸（约23厘米）嵌入式系船柱以及两端的组合式导缆器和锚链制动器。在桥支座和甲板上的舱壁凸起之间有由3个15英寸×16英寸（约0.38米×0.41米）的辗钢工字架组成的横档，它承担地板材料的连接，并组成一个弹性媒介，抑制浮船和桥跨之间的小规模运动。

下图：6型码头浮船钢筋混凝土码头浮船总体布置图。

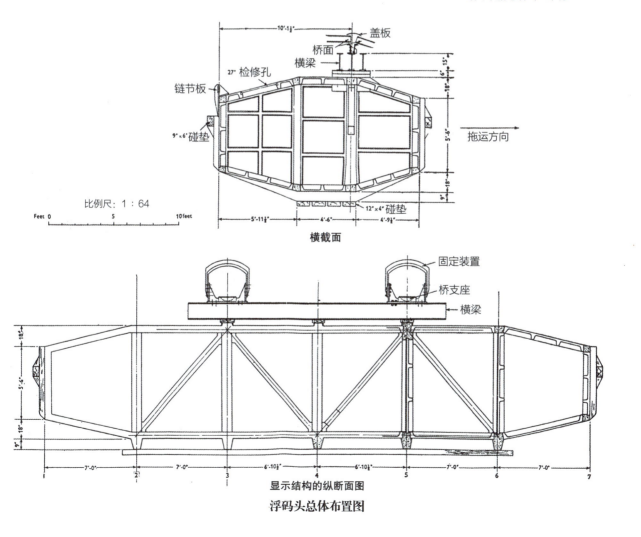

横截面

比例尺：1∶64

显示结构的纵断面图

浮码头总体布置图

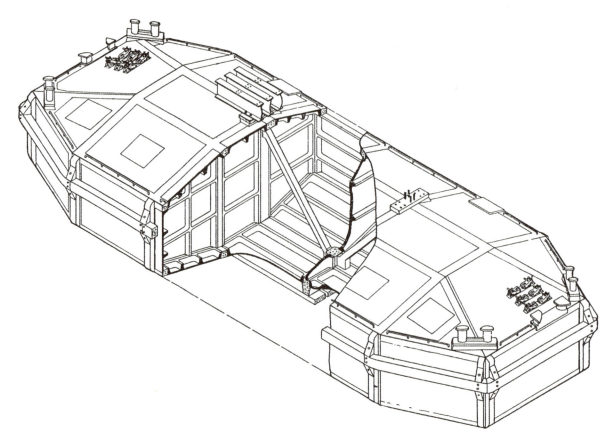

为了让浮桥的各个部分搁浅在岩石组成的海床上，采用了有4根锚柱的钢制浮船。这些锚柱可用手动轮锁设备修正，固定在任何位置，同时，一个可调整的"骆驼脚"能在海床上进行精确的修正。拖运的时候，锚柱被升到最高的位置。

"桑椹B"所用的"甲虫"和"鲸鱼"从6月9日开始拖运到位。在拖运横渡英吉利海峡时，"甲虫"的耐波性能低下，很容易进水。许多"甲虫"只能在最平静的海况下渡过海峡。因为浮船是从舷侧方向牵引，混凝土甲板系船柱处于过度的拉伸之下，拖船常常将其完全拖出甲板。当拖运的速度超出常规的3~4节（5.6~7.4千米/小时）时，竖立的水箱可能会脱离，导致前端下沉。损失率很高，在海上拖运中损失了40%的浮船和桥跨。到D+5日，拖运的"鲸鱼"已经损失了4艘（包含600码的路面）。

6月13日，负责建造、运输、组装"桑椹"人工港和"普鲁托"输油管的威廉·特南特（William Tennant）海军少将决定，将拖运的桥跨数量从6个减少到3个，并且只在白天航行。对于负责运送这些桥跨的皇家工兵来说，这一命令没有什么价值，旅途又冷又湿，能提供防护的只不过是一块帆布。

"甲虫"用固定到"风筝"海锚的钢索系泊，这种海锚由皇家工兵的艾伦·哈里·贝克特设计，它的抓持力很大，在战争结束之后能回收的很少。海军对贝克特声称的抓持力不屑一顾，所以"风筝"海锚没有被用于系泊"低音大号"。

部署

在D日晚上，渡过英吉利海峡"桑椹"的部件编组接近完成。大部分"凤凰"单元和锚柱式码头和一小部分"鲸鱼"单元在塞尔西；大部分"鲸鱼"路面拖运船在索伦特海峡的皮尔沙洲（Peel Bank）；

PP 5 型浮船

设计运载物：桥梁和装备（35.5吨）加上25吨军用坦克，以及23吨的储备浮力

尺寸：41英尺9英寸（约12.73米）×15英尺3英寸（约4.65米）×8英尺（约2.44米）

重量：43.5吨

制造数量：31艘

PP 6 型浮船

设计运载物：桥梁和装备（35.5吨）加上25吨军用坦克，以及23吨的储备浮力

尺寸：41英尺9英寸（约12.73米）×15英尺3英寸（约4.65米）×9英尺7英寸（约2.92米）

重量：46吨

制造数量：327艘

PP 7 型浮船

设计运载物：桥梁和装备加上40吨军用坦克

尺寸：41英尺9英寸（约12.73米）×18英尺9英寸（约5.72米）×9英尺10英寸（约3米）

重量：60吨

制造数量：126艘

对页上图：钢筋混凝土浮船"甲虫"剖面图。

对页下图：一艘混凝土"甲虫"在索伦特海峡的马赫伍德下水。注意站在船顶的两名士兵。（图片来源：帝国战争博物馆 A25810）

全部固定在一起——"风筝"海锚

"人们可能会问，'风筝'和其他的小锚有什么不同。它们之间的差别，就像只能在地面滑行的飞机，和真正能飞的飞机之间的差别。"——艾伦·哈里·贝克特少校

上图：皇家工兵少校艾伦·哈里·贝克特，"风筝"海锚的发明者。（图片来源：蒂姆·贝克特）

下图：按照实际大小复制的"风筝"海锚。（图片来源：蒂姆·贝克特）

"桑椹"港口成功的关键是高效的"风筝"海锚，它扎入海床，将浮动的港口固定到位。"鲸鱼"浮桥和承载它们的浮船必须牢固地停泊在诺曼底滩头，才能在所有天气条件和潮汐条件下安全地进行车辆运输。为了实现这个目标，浮船必须由一组锚和缆绳固定在 6 英寸（约 15 厘米）的活动范围内，抓持力达到了 30 吨。现有的海锚设计已经证明是不足的，因为它们会在海床的表面上移动（而不是锚定），而且经常损坏。

事实证明，用可变张力的系泊钢缆连接被称为"风筝"海锚的巧妙装置，是这一问题的解决方案。缆绳可以调整，以补偿低潮时 5 吨负载和高潮时 12 吨负载之间的差异。海浪可能将负载增加到大约 25 吨，但是"风筝"海锚能够提供 30 吨的抓持力。

下面是发明者——土木工程师艾伦·哈里·贝克特对"风筝"海锚的描述：

"随着拉力的增加，整个海锚滑向更深处，这是风筝海锚的基本原理。这种力平衡和风筝一样——线上的拉力增加，风筝就会飞得更高。其他类型的海锚在海床表面刮擦，希望找到可以钩住的物体，而'风筝'海锚向下滑行，直到阻力平衡的深度。"

为了快速投放"风筝"海锚，它必须是轻量级的（制造重量约为 300 千克），可以由能在浅海中操作的小艇投放。

投放"风筝"海锚使用的是一种 20 英尺（约 6.1 米）长、名为"系泊穿梭艇"的无动力小艇。它由相距 3 英尺（约 91.4 厘米）的两块胶合板组成，中间运载一个包含 1200 英尺（约 366 米）系泊钢缆的绕线鼓，两端各载有一个锚，由吃水较浅的汽艇牵引到投放地点。

为"桑椹"港口一共制造了 2000 个"风筝"海锚。

上图：在"鲸鱼"浮动路面上运送的"系泊穿梭艇"，艇上装载了"风筝"海锚缆绳，准备系泊"甲虫"浮船。（图片来源：美国国家档案馆）

下图："风筝"海锚的总体布置图。

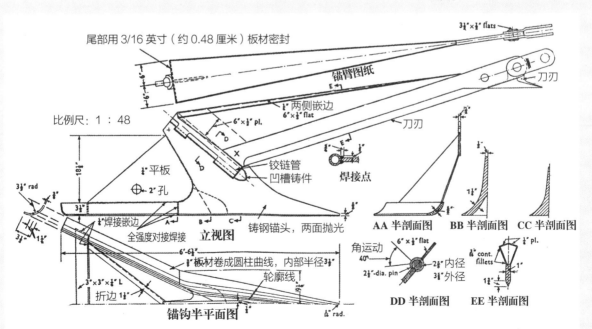

备用的"凤凰"单元和一些"鲸鱼"停泊在邓杰内斯角，剩下的一些备用"凤凰"单元停泊在泰晤士河口。三个"玉米芯"船队已经从苏格兰启航，前两个于 6 月 5 日抵达普尔，第三个在 D 日到达。"低音大号"在波特兰，它们从 5 月 15 日开始就待在那里。

从 D 日下午开始到接下来的 48 个小时，各种"桑椹"部件从英格兰南岸启运，前往诺曼底海岸，在那里，英国皇家工兵和美国工程营开始了组装港口单元的艰巨任务。

桑椹 A

第一个"玉米芯"在 6 月 7 日布放，"低音大号"的建造始于 6 月 6 日，而第一个"凤凰"在 6 月 9 日下沉，到 6 月 11 日整个"醋栗"完工。防波堤中保留了两个缺口，作为登陆艇的附加入口，但是最终证明这明显降低了防波堤的效能。到 6 月 18 日，两个码头和 4 个锚柱式码头外端完工并投入使用。

桑椹 B

所有的"玉米芯"于 6 月 10 日下沉就位，所有"低音大号"于 13 日到位。到 6 月 18 日，已经布放了 25 个"凤凰"沉箱。至于"鲸鱼"码头，东部的码头外端于 6 月 14 日完成，18 日增加了 4 个锚柱式码

下图：停泊在英格兰南部海岸，等待 D 日拖往诺曼底的一段浮动路面。（图片来源：帝国战争博物馆 H39295）

头外端，以及中央码头和坦克登陆舰码头的一部分。

大风暴

就在两个 "桑椹" 港口几乎完全可以投入使用之际，6 月 19 日的风暴给它们带来了毁灭性的打击，据信，这是两代人时间内袭击英吉利海峡和诺曼底海岸的最强风暴。这一天刮起了强劲的北风，海上掀起巨浪，接着风向从西北偏西转向东北偏东，风力在 6 ~ 8 级。在 40 多年的夏季中，从未在英吉利海峡出现过这样的风暴。"桑椹" 港口设施设计为可以承受英吉利海峡夏季的典型气候条件，但是现在遭受了超出设计水平的严峻考验，而且还是在没有完工的条件下。

这次风暴给 "桑椹 A" 带来了严重且不可恢复的破坏，28 个 "凤凰" 沉箱中有 21 个被摧毁并沉没，还有 4 个也被严重损坏，"低音大号" 断裂漂走，"鲸鱼" 和码头也被捣毁。7 个 "玉米芯" 的背面开裂，海浪对海床的猛烈冲击造成某些阻塞船进一步下沉了 6 英尺（约 1.83 米）~ 8 英尺（约 2.44 米）。

"桑椹 B" 遭到的破坏比美军港口小得多，但是 "低音大号" 防波堤完全断裂，大部分被冲到港口以西的岸上。6 个 "凤凰" 单元被摧毁，某些 "玉米芯" 也被稍微移动了位置。3 个码头外端被毁，而停

下图：B90 号 "凤凰" 沉箱由两艘拖轮牵引渡过海峡。包括英国、美国、法国和荷兰等国的 132 艘拖轮将 "桑椹" 港口单元从英国的秘密锚地拖往诺曼底海岸。仅在 6 月和 7 月就有 1000 艘次拖轮用于这一用途。（图片来源：美国国家档案馆）

靠在上面的船只被冲到"鲸鱼"码头上，造成了严重的破坏。

在风暴期间，"桑椹B"的"玉米芯"背风处为500艘小艇和其他船只提供了避风港，如果没有这种保护，这些小艇将会遭到致命的损失。尽管风暴造成了破坏，但是"桑椹B"的卸货工作仍在继续。

1946年，瓦尔特·蒙克顿爵士（1945年丘吉尔看守政府的副检察长）在有关"桑椹"港口在"霸王"行动中所起作用的正式报告中称：

风暴对"桑椹A"和"桑椹B"的影响差别很大，对此有必要做一些解释。有些理由是公认的：

• 风暴正面袭击"桑椹A"，而对"桑椹B"只是一扫而过；在"桑椹A"，波涛正面与防波堤平行，而"桑椹B"除了D+13日刮西北偏北风时之外，波涛都与防波堤成37度角；
• "桑椹A"没有卡尔瓦多斯浅滩那样的自然避风港；
• "桑椹A"的"醋栗"水域的防波堤中的缝隙很大，单独的阻塞船也没有足够的重叠部分；
• "桑椹A"的底部有更深的沙滩，更容易被海浪冲走。

对页图：被风暴破坏的锚柱式码头旁边扭曲的"鲸鱼"路面。（图片来源：美国国家档案馆）

下图：在6月19日–21日袭击英吉利海峡的大风暴中，充当"玉米芯"的皇家海军"百人队长"号战列舰遭到了海浪的猛烈冲击。（图片来源：美国国家档案馆）

"通博拉"为坦克加满油

　　为了向诺曼底的盟军车辆和飞机提供足够 D 日后两周使用的燃油和润滑剂，仅在东部（英国）特遣舰队，D 日就运送了 63000 加仑（约 238481 升）燃油储备。截至 6 月 12 日，英军燃油储备增加至 100 万加仑（约 3785412 升）。在战役初期，仅算汽车运输，汽油的预计消耗量是每天 1000 吨，至于航空燃油，合理的估计是每天 700 吨。

　　为了满足在法国的盟军这一急迫且庞大的汽油需求，在每个特混舰队所在区域建立了 4 条由船到岸的管道，使油轮可以从岸边的停泊处直接将油料卸到贝桑港（英军）和向西 2 英里（约 3.22 千米）的和圣奥诺里讷—德佩尔泰（Sainte-Honorine-des-Pertes）的岸上储油罐。代号为"通博拉"（Tombola，一种赌彩游戏的名称）的输油管道能够每小时输送 600 吨油料。这种系统到 D+18 日完全竣工投入使用。（后来，在"奥马哈"海滩 F 区红段美军的特别请求下，又增加了 3 条管道）

　　"通博拉"相对容易安装。油料从油轮上抽出，通过一条内径为 6 英寸（约 15.2 厘米）的 API（美国石油组织行业标准）无缝钢管。首先，将较短的管道用螺旋套管连接起来，形成 400 英尺长（约 122 米）的分段，然后在拖到海上时用法兰盘固定在一起。海上的一端是个木撬，便于管道穿越海底，在贝桑港穿越礁石时则采用带有球形端的特制分体浮标。（该海滩有很多礁石，不适合于拖曳操作，D+13 日的大风暴也造成了一些延误。）在现场固定好之后，就形成了连接到海上一端的活动管道，管道的活动端被密封并浮起。在活动管道周围建造了系泊点，这样预先抛锚的油轮就能够把船尾固定在管道一端之上。油轮可以将活动管道拖起连接到自己的系统上，将船上运载的油料抽到岸上。

　　8 月 12 日（D 日登陆后 10 周）之前，"普鲁托"（PLUTO，"海底管道"的缩写）海底输油管道还无法从怀特岛的一端将油料输送到海峡对岸。在最后的总结中，"普鲁托"实际上对盟军在诺曼底战役期间的汽油供应没有起任何作用。

左图："通博拉"行动最初从离岸数英里的油轮上将燃油输送到岸上。（图片来源：美国国家档案馆）

上图：盟军攻占贝桑港时，油料从停泊的油轮上直接抽取。两条带有增压泵的 6 英寸（152 毫米）管道，将汽车和飞机的燃料从港口输送到美军在埃特雷昂（Etréham）附近科万山（Le Mont Cauvin）的油库中，供英军和美军使用。（图片来源：美国国家档案馆）

上图：除了贝桑港出发的两条管道之外，还有从圣奥诺里讷－德佩尔泰出发的两条管道。它们在科万山汇聚，由德军战俘负责加注到野战用的油罐中。（图片来源：美国国家档案馆）

"桑椹 B"

1. 车辆和人员卸载量

（括号中的数字包括"桑椹"人工港在内，通过欧洲大陆港口卸载的英军车辆和人员总数）

期间	车辆	人员
6月6日—8月31日	39743（236358）	220231（964703）

2. 货物

到9月4日为止的卸货量：517844 吨（1261047 吨）

单日最大卸货量：11491 吨（7月29日）

（来源：盟国远征军最高司令部手册）

由于这场风暴，两个港口的建造计划作了重大的改变。6月27日，盟国远征军最高司令（SCAEF）决定，"桑椹 A"不应该按照原来的计划重建；这里已经没有码头，但是 2 号"醋栗"将进行加固，为小艇提供避风港。这一任务使用 22 个"凤凰"沉箱和 12 个"玉米芯"完成。

"桑椹 B"则完全不同，盟军远征部队最高司令部命令，这个港口将用到冬天；"桑椹 A"中抢救出来的"鲸鱼"浮桥用于建立第 2 个储运码头和一个坦克登陆舰码头，以及一个较短的驳船码头。为了加固

下图：风暴中，"低音大号"的一段从系泊点被撕开，冲上岸边。在很多年里，人们都认为"低音大号"漂走是许多"凤凰"沉没的原因，但是后续的研究证明这种观点是错误的。（图片来源：美国国家档案馆）

港口，抵御秋天的大风，现有的防波堤都增加了第二排 40 个"凤凰"沉箱。这些额外的预防措施确保"桑椹 B"成功地运营到 1944 年 12 月 1 日关闭。尽管风暴造成了破坏，但是卸货从未完全停顿。

"桑椹"实现的目标

D 日之后，随着占领的港口投入使用，最终影响了通过"桑椹"港口登陆的吨位。确实，盟军在 9 月初占领迪耶普、奥斯坦德，稍后又占领安特卫普，使用"桑椹 B"已经没有必要。下面的统计数字展示了"桑椹"港口在 D 日之后各周人员、设备和货物登陆的效能。

注意："醋栗"1 号和 2 号（美国）用于卸货直到 1944 年 12 月，比英国停用"醋栗"4 号和 5 号晚了 6 周。

- "桑椹 A"在大风暴之后变成"醋栗 2 号"。
- 每天平均有 8000 吨货物经过"醋栗 1 号",15000 吨货物经过"醋栗 2 号"。
- "桑椹 B"(英国)包含了"金"海滩的"醋栗 3 号"。
- "醋栗 4 号"("朱诺"海滩)在 D+6 日和 D+93 日(9 月 7 日)之间平均每天卸货 1028 吨。
- "醋栗 5 号"("剑"海滩)

　　有许多人贬低"桑椹"港口,认为它们是对资源的浪费,将大量的材料、设备和劳力耗费在于战争无关的工作上。确实,建立"桑椹"港口的消耗极大,但是它们对诺曼底登陆的成功做出了很大的贡献,尽管这些不属于本书讨论的范畴。

下图:"奥马哈"海滩的混乱景象。左前方可以看到用于组装"鲸鱼"路面的钢制水箱,正中是被冲上岸的多艘坦克登陆艇和"低音大号"部件。(图片来源:美国国家档案馆)

照片右侧可以看到第 81 突击中队的
一辆"丘吉尔"AVRE"线轴"铺路
坦克,此时(6 月 6 日上午 8 时 30 分
左右)绿色霍华德团第 7 营的士兵正
在穿过"金"海滩的"K 区绿段"。(图
片来源:帝国战争博物馆 MH2021)

5

特种装甲车辆——
"霍巴特的马戏团"
和其他装甲怪兽

在诺曼底登陆的突击阶段，特种装甲车辆和装备的部署使英国和加拿大军队的指挥官能够快速地让部队登上海滩，节约了宝贵的时间，减少了伤亡。但是，在"奥马哈"海滩美军的战区中，情况完全不同。

英军建立特种装甲部队的决定是迪耶普突击经验的结果，但是这并不是英国特种装甲车辆开发的真正源头，它在第一次世界大战中就已经诞生。第一次世界大战结束时，这些特种装甲车辆不再需要，在两次大战之间被人遗忘。1939 年 9 月大战再次爆发时，特种坦克的想法又被重提，开始新的设计。英国人进行研发，以设计可以用于不寻常的战役条件（如诺曼底海滩）的武器。

一些评论家曾经说过，英国人作出的在单一建制（第 79 装甲师）下集中开发、组织和使用特种车辆及装备的决策，比美国人采用的分散方法要明智得多。

多年以来，美军在 D 日的"奥马哈"海滩上遭受的重大伤亡，都被归因为美国陆军拒绝使用特种装甲车。美国历史学家、前美国陆军军官理查德·C. 安德森（Richard C. Anderson）认真地研究了档案记录，他得出的结论是："没有足够的英制特种车辆为美军的行动提供支援，不管这些车辆是美军士兵还是英军士兵驾驶的。美国研发类似装备的计划几乎同时开始，但是被大大延迟，无法及时到位。当然，在 1943 年中开始这些项目时以及 1944 年初提出这些装备需求的时候，都没有预见到这样的延迟。"

他进一步解释道："虽然向美军提供英军第 79 装甲师开发的特种装备的提议并没有被拒绝，而且美军实际上要求得到许多种型号的装备，但是由于各种原因而没有得到供应。'拒绝'一些供应也有完全合理的理由——在距离攻击日期如此接近的时候，配发全新、独特、复杂的装备是有难度的，而且，他们错误地认为装在美国制式车辆上的类似装备将从美国供应。"

"霍巴特的马戏团"

根据打破常规而富有远见的指挥官珀西·霍巴特的姓氏，组成 79 装甲师的各种奇形怪状的特种装甲车辆被昵称为"霍巴特的马戏团"（Hobart's Funnies，又译作"霍巴特的滑稽坦克"）。在 D 日的登陆战役和接下来的诺曼底战役中，"霍巴特的马戏团"使战地指挥官们能够更快地登上海滩，以更高的效率实现其目标，节约了宝贵的时间，减

陆军少将珀西·克莱格霍恩·斯坦利·霍巴特爵士

（Percy Cleghorn Stanley Hobart，1885—1957 年，爵级司令勋章、三等巴斯勋章、优异服务勋章和军功十字勋章获得者）

1940 年德国入侵的威胁临近时，英国最杰出的军事战术专家之一，装甲部队指挥官珀西·霍巴特少将曾是格洛斯特郡的奇平卡姆登（Chipping Campden）小城地方防卫志愿军（国民军的前身）的列兵。他在这一年的年初被陆军部里的保守成员强迫提前退休。这一奇怪的情况引起了丘吉尔的注意，霍巴特很快在首相的坚持下回到现役，受命组建和训练新的第 11 装甲师。

珀西·霍巴特 1885 年出生于印度，就读于布里斯托尔的克利夫顿学院，后于 1904 年毕业于伍利奇（Woolwich）的皇家军事学院，加入皇家工兵。他最初在印度服役，第一次世界大战期间在法国和美索不达米亚服役。1923 年，他自愿转入皇家坦克部队。

1934 年，霍巴特被任命为第一个常设坦克旅的旅长。他很快表现出杰出的领导能力，对装甲力量的发展富有远见。他打破常规，从与步兵的紧密协作转向发展坦克的机动战术。

霍巴特在装甲部队应该如何运用、以及装甲部队能够独立实现什么作战目标上的思路受到了陆军部中较为保守的上级的怀疑和不满。1940 年，阿奇博尔德·韦维尔（Archibald Wavell）爵士解除了霍巴特在"埃及"机动师的指挥权，霍巴特是在 1938 年慕尼黑危机之后被派往那里组建该师的。

霍巴特有关装甲兵作战的"非常规"想法导致他被解职。陆军元帅蒙哥马利（霍巴特的妹夫）后来这样说道："他有着前瞻性的思想，总是成为能力不及他的高官们的眼中钉——特别是那些用过去的战争经验预见下一场战争（这是军人的通病）的人们。最后，这使他黯然下台，以少将军衔退役。"

下图：珀西·霍巴特少将是远见卓识的装甲兵战术专家，也是军事当局的眼中钉。（图片来源：作者收藏）

上图：英军第 79 装甲师徽章。
（图片来源：作者收藏）

霍巴特的继任者奥康纳少将[1]在 1940 年冬季的北非战役中指挥西部沙漠部队，他将霍巴特的师称作"我所见过的最训练有素的装甲师"。（"埃及"机动师后来改名为第 7 装甲师，其绰号"沙漠之鼠"闻名于世）

1942 年的迪耶普行动凸显了特种装甲车作为突击重兵防御的海岸线前锋的必要性，帝国总参谋长（CIGS）艾伦·布鲁克（Allen Brooke）给"老霍伯"（霍巴特的昵称）下达了任务，要求他开发这类特种装甲车辆，并让他指挥和训练新组建的第 79 装甲师，该师是英国陆军中唯一的全装甲化建制师。

在初级阶段，第 79 师获得了 4 种主要特种装甲车：DD——两栖坦克，"螃蟹"——扫雷坦克，AVRE——突击工兵坦克和 CDL——带有强光设备的探照灯坦克。后来，"霍巴特的马戏团"又加入了"鳄鱼"（"丘吉尔"喷火坦克），"水牛"（装甲两栖车辆，令人吃惊的是，它没有在 D 日使用）和"袋鼠"（装甲人员输送车）。

陆军元帅蒙哥马利这样评论第 79 装甲师："我会毫不犹豫地说，霍巴特和他的特种师在第 21 集团军群的行动中起到了重要的作用。"

军事历史学家和两战之间重要的理论家巴兹尔·利德尔·哈特（Basil Liddell Hart）上尉在为《泰晤士报》撰写的霍巴特讣告中评论第 79 装甲师："它在诺曼底登陆的成功中起到了关键的作用，而在战争最后阶段起的作用更大。它的作用远远超过了任何一个师的规模，成为了通向胜利大门的钥匙。"

一位同事这样描述"老霍伯"："他是一个富有远见的人，工作起来永远不知疲倦，痴迷、动力和想象力是他的天性。最重要的是，他对下属公平而慷慨。"

---

[1] 此时奥康纳仅仅是少将而非上将，另外原文中称奥康纳为霍巴特的继任者并不准确，因为霍巴特 1940 年退役的时候，指挥的 Mobile Force (Egypt)（"埃及"机动师）后来重新命名为第 7 装甲师，而第 7 装甲师是奥康纳指挥的西部沙漠部队 Western Desert Force (WDF) 下辖部队之一。——审校注

少了过程中的人员伤亡。

　　6个皇家工兵突击中队使用皇家工兵装甲车（AVRE）、扫雷坦克和装甲推土机，加入了英军主攻海滩登陆的先头部队。这些中队被分为4个分队，共有大约26辆AVRE用于清除障碍和雷区，每个分队在海滩上清理出一条通道。每个分队通常由3～4辆AVRE和2辆扫雷坦克组成。分队中领头的AVRE配备一个"卷布丁"，从坦克登陆舰的舰首跳板到干海滩上铺上一层"地毯"，覆盖岸上已知的柔软地面，避免坦克被困住。在加拿大军队的战区，另一个突击中队也使用AVRE、扫雷坦克和装甲推土机发动攻击。

全能的"丘吉尔"坦克

　　第79装甲师的骨干力量是"丘吉尔"步兵坦克。令其成为第79师理想装备的长处之一是它很容易改装成特种坦克，这在很大程度上

下　图：1944 年 3 月 11 日，在萨福克郡萨克斯曼德姆（Saxmundham）地区进行的演练中，第79装甲师的一辆"丘吉尔"坦克使用"丘吉尔方舟"架桥坦克爬上海堤。（图片来源：帝国战争博物馆 H36593）

归功于它宽敞的乘员舱、厚重的装甲、可靠性和很好的越野性能。

坦克和车辆在海滩登陆时，它们当然会遇到沟渠、坦克陷阱和堑壕，必须对付这些障碍，盟军才能够推进。这个问题通过创造多用途的装甲车辆——"丘吉尔"AVRE架桥坦克得到了解决，这是"丘吉尔"Mk Ⅲ和Mk Ⅳ火炮坦克为突击工程行动改装的特种型号。这种AVRE在D日登陆中扮演了关键的角色。

用于装甲工程车辆的多功能AVRE车身使其适用于4种主要用途：拆除、扫雷、跨越沟渠和筑路。这些功能包括从290毫米的"炸药箱"（Petard）杆式迫击炮发射40磅（约18.16千克）重、有效射程为80码（约73米）的"飞行垃圾箱"（Flying Dustbin）炸弹，以摧毁"棘手"的工事和建筑物；"丘吉尔"架桥坦克和"方舟"（ARK）；"丘吉尔线轴"；以及填埋反坦克壕和其他沟壑型障碍物的束柴运送车。

第二次世界大战期间共有754辆"丘吉尔"Mk Ⅲ和Mk Ⅳ被改装成AVRE，其中许多由第79装甲师使用。

"丘吉尔"杆式迫击炮（超口径臼炮）

290毫米口径的杆式迫击炮代替了"丘吉尔"Mk Ⅲ或者Mk Ⅳ上的主炮，设计用作拆障武器，用于摧毁坚固的结构，如海堤、掩体、碉堡和土方工事。它在诺曼底树篱地形中也起到了很好的效果，在低洼道路的土堤上炸出了缺口。"炸药箱"最有效的距离是大约80码（约73米），发射的炮弹带有尾翼，装填了26磅（约11.8千克）炸药，加上外壳总重40磅（约18.16千克）。这种炸弹昵称为"飞行垃圾桶"，来源于外壳的形状，10发炮弹就能够在6英尺（约1.83米）厚的混凝土墙上炸出缺口。"炸药箱"唯一的缺点是，它只能从炮口装填炮弹。

"丘吉尔方舟"（装甲跳板运送车）

"丘吉尔方舟"的乘员为4人，没有炮塔，两端各携带铰链式跳板，安装在车身上组成一个移动桥梁。"方舟"于1943年在Mk Ⅲ和Mk Ⅳ车身的基础上开发，两个铰链式跳板处于垂直位置，直到触及需要架桥的障碍。然后，它被开进地上的缺口或者靠近海堤，两个铰链式跳板被降下定位，形成一座桥梁，供后续的车辆穿越。如果地上的

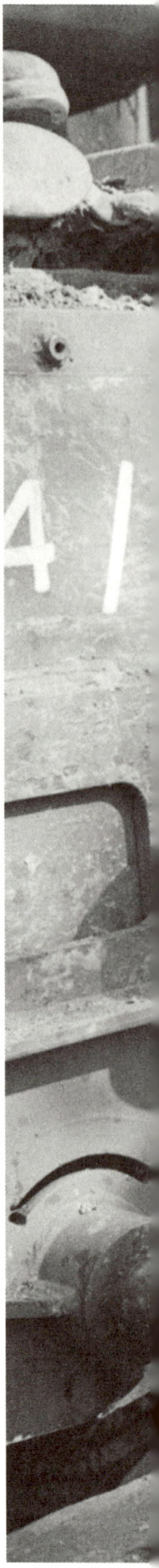

右图：装有杆式迫击炮的"丘吉尔"AVRE。（图片来源：作者收藏）

缺口太深，另一辆"方舟"可以开到第一辆"方舟"的上面。"方舟"有两个型号：Mk Ⅰ 和 Mk Ⅱ。皇家电气和机械工程兵（REME）的车间和名爵（MG）汽车公司制造了 50 辆"丘吉尔方舟"。据悉，在 D 日没有使用"丘吉尔方舟"，但是它们活跃于诺曼底战役和以后的战斗中。

"丘吉尔线轴"

诺曼底海岸的秘密地质调查发现某些拟定登陆海滩有柔软的蓝粘土地面（无法支撑坦克的重量），从"丘吉尔"Mk Ⅳ 改装的"丘吉尔线轴"（Churchill Bobbin）的设计中加入了一个有创意的解决方案。

"线轴"——"丘吉尔"AVRE"铺地毯者"（Carpetlayer）C 型 Mk Ⅱ——前面配备两个伸长的钢架。固定在钢架上的是一个巨大的"线轴"，上面披着 10 英尺宽（约 3.05 米）的加固粗麻布毯。展开铺在柔软的沙滩上后，布毯为后续的车辆（以及自身）提供了一个坚实的地基，使它们能够通过而不会陷入沙地里。这种布毯也可以铺设在用于防御的铁丝网上，帮助士兵们越过铁丝网。

"丘吉尔"SBG（小箱梁）

在丘吉尔 AVRE 前部携带的这种轻巧而坚固的箱梁桥在 D 日起到了重要的作用，车辆借助它从海滩上跨越海堤和需要架桥通过的障碍。它可以在 30 秒内部署，跨越 30 英尺（约 9.14 米）宽的缺口。

"丘吉尔柴束"

为了便于跨越反坦克壕，将一些栗子树和矮灌木用绳索捆扎成直径 8 英尺（约 2.44 米）、12 ~ 14 英尺（3.66 ~ 4.27 米）宽，重约 4 吨的圆筒，然后固定在 AVRE 的前部。抵达反坦克壕时，从坦克内解开束柴，形成一个越过壕沟的道路，让其他车辆通过。

"丘吉尔鳄鱼"

"丘吉尔鳄鱼"大概是诺曼底战场上最恐怖的装甲战车了（尽管只有少数在 D 日登陆，而且当天也没有使用它们的火焰喷射器），它在德国军队中造成了巨大的恐慌，以至于对一座碉堡试射了一发，就足以使碉堡内的守军不战而降。一位英国士兵描述道："刺耳的啸叫和迎面扑来的火焰，对士气的影响不可估量"。

在"瓦伦丁"坦克上曾考虑了几种安装火焰喷射器的设计，但是坦克设计局最终采用"丘吉尔"——"瓦伦丁"步兵坦克的继任者作为基础。1943 年霍巴特在"鳄鱼"的演示中看到了这种巨大的潜力，并鼓动军需部考虑为他的第 79 装甲师制造这种坦克，军需部满足了他的要求。

在"丘吉尔"Mk Ⅶ的基础上，火焰喷射器以配套组件的形式提供，可以在战场上由皇家电气与机械工程兵小队装配。一辆可拆卸的两轮 6.5 吨装甲拖车携带 400 英加仑油料（约 1820 升），由压缩氮推

下图：1944 年 4 月 26 日的第 79 装甲师装备试验中，"丘吉尔"AVRE 从它的"线轴"铺设布毯。（图片来源：帝国战争博物馆 H37860）

进剂提供动力，用可分离三向连接器固定在坦克后部。拖车连接到一个装甲管道，该管道固定在坦克后舱壁之外，沿着底部延伸，与驾驶员观察窗旁边、安装在前车身上的火焰喷射器（安装在"贝莎"机关枪的位置）连接。

火焰喷射器的燃油实际上混合了汽油、润滑油和橡胶，使之成为一种黏稠的物质，可以附着在任何接触的表面上。这种混合燃油可以在水上燃烧，也可以用于在林区和建筑物放火。"鳄鱼"可以向目标喷射"潮湿"的未燃烧油料，这些油料会泼溅到壕沟或者支撑点内的各个角落，然后在第二次喷射时点燃它们。在"鳄鱼"发动进攻时，没有一个地方是安全的。

拖车当中有足以进行 80 次一秒钟喷射（或者一系列更长持续时间的喷射）的油料，在长时间喷射时，乘员必须首先做好准备。达到大约 4.1369 兆帕的最佳操作压力大约需要 15 分钟。使用时，"鳄鱼"以每秒 4 加仑（约 15 升）的速度燃烧油料。诺曼底战役中的经验表明，拖车加压不应该在战斗使用 30 分钟之前进行，因为这样会有燃油泄漏和压力下降到操作压力之下的危险（就像被刺破的轮胎慢慢放气

下图："丘吉尔柴束"。（图片来源：帝国战争博物馆 H37472）

一样）。

　　火焰喷射器套件制造了 800 套，其中 250 套留给对日作战中使用。

"谢尔曼"坦克的改装

两栖坦克

　　"可以游泳的坦克"的概念可以追溯到第一次世界大战之后，当时两栖坦克的测试已经开始，但是没有取得太大的进展。第二次世界大战临近时，两栖坦克在陆军部是一个时髦的话题，但是各种设计的测试都遇到了不同的困难。不过，所谓的"双驱动"（DD）坦克的概念已经生根发芽，流亡的匈牙利工程师尼古拉斯·施特劳斯勒（Nicholas Straussler）用精巧的折叠帆布罩解决了问题，帆布罩为坦克提供了浮力，而又不会增加太多体积。

　　使用"领主"轻型坦克进行的初始试验取得了成功，制造时采用了英国陆军已经入役、可靠的"瓦伦丁"坦克。靠近诺福克大雅茅

下图：配备"鳄鱼"火焰喷射器的"丘吉尔"坦克在行动中。这个火焰喷射器可以产生超过 150 码（约 137 米）长的火焰。（图片来源：帝国战争博物馆 TR 2313）

上图："丘吉尔"坦克正面装甲上的火焰喷射器。（图片来源：作者收藏）

斯（Great Yarmouth）的弗里顿湖（Fritton Lake）被陆军部征用，作为第79装甲师秘密训练的场地，训练使用了专门改装的"瓦伦丁"两栖坦克。

大部分DD坦克乘员（美国、英国和加拿大）的训练包括使用"瓦伦丁"坦克的两周密集训练，在这一过程中，他们学习车辆维护、保养和修理，导航技术和紧急逃生规程。这个最先开设的DD坦克训练学校被称作"弗里顿架桥训练营"，试图隐瞒其真实的目的（实际番号为"A联队，水上突击"）。后来，在靠近汉普郡戈斯波特的斯托克斯湾组建了"B联队"。

到1944年，"瓦伦丁"已经大部分被更新的美制M4"谢尔曼"代替，当时所有盟军陆军部队都使用这种坦克。"谢尔曼"最令人津津乐道的主要优点是能够炮口向前登岸，一旦登陆即可投入战斗。

"谢尔曼"DD——会游泳的坦克

在英国，数百辆"谢尔曼"坦克被改装为DD规格，提供两栖能力，它们可以游向岸边，为在敌方海滩登陆的第一批部队提供关键的装甲火力支援。

折叠帆布罩连接到一个可折叠管状金属框上，金属框被固定在焊接在车身传动装置之上的金属板上。后甲板装载的两个压缩空气缸为

36 个橡胶管或者柱子充气，升起帆布罩及其框架，然后，用人工锁定的金属接缝系索固定。一旦上岸，系索就被"断开"，帆布罩可以像风琴一样折叠起来。

上图：燃油拖车（图中没有连接）和坦克车身的连接。（图片来源：作者收藏）

坦克车身涂上焦油密封剂做防水处理，密封剂还覆盖了帆布罩和金属相接的部分，特别是螺栓穿过帆布的地方。

浸过橡胶液的防水帆布罩由 3 个叠在一起的圆形部件组成：最底下的一个有三层的厚度，中间的一个有两层厚度，最上面的一个是单层厚度。为帆布罩充气需要 8 分钟，充气之后的高度为 7 英尺（约 2.13 米），足以让 30 吨的坦克浮在水上。帆布罩内的车身上有一个手工操作的排水泵。浮在水面上时，干舷高度（即帆布罩在水线之上的高度）大约为 3 英尺（约 91.4 厘米），DD 坦克很容易被误认为是帆布艇，这样可以迷惑敌军的观察哨。

因为"谢尔曼"的传动机构设计，无法直接从变速箱传动获得驱动力，所以辅助推进系统使用了额外的链轮，从后空转轴获得动力。坦克在从登陆艇到海滩的航行中可以达到 4 节（约 7.41 千米 / 小时）的速度。螺旋桨由驾驶员通过液压系统控制。"DD"（"双驱动"）这一名称就来源于辅助的推进系统。通过使用一个小舵和旋转水平推进器实现方向控制。驾驶员需用一台潜望镜观察前进路线，但可以由车长通过无线电联络提供辅助，以及用大的舵柄操纵坦克。一旦上岸，帆布罩是一次性的，坦克乘员应该立刻丢弃它。但是，有些装甲部队仍然留着它们的上浮设备，用于以后的两栖行动，比如 1945 年 3 月的横渡莱茵河。

在 D 日中，"谢尔曼"DD 成为美国、英国和加拿大军队 8 个坦克营装备的一部分。它们在坦克登陆艇（LCT）中渡过英吉利海峡。"谢尔曼"DD 水陆两栖坦克通常在离岸约 3.2 千米的地方下水，从那里驶向岸边。DD 在盟军的所有登陆海滩上几乎都取得了成功，但是在"奥马哈"海滩，29 辆 DD 中有 27 辆坦克下水后沉没，不过大部分乘员得以逃生。剩下的坦克（主要是常规的"谢尔曼"和少数 DD）最终直接登陆到海滩上。

涉深水"谢尔曼"和"丘吉尔"

坦克入水进行两栖突击的另一个解决方案是连接所谓的"涉深水装备"，这种装备使坦克可以在部分入水的状态下沿海床前进（而不是像 DD 那样"游泳"）。这种改装已经在 1943 年 7 月的西西里战役，以及后来意大利的两栖行动中成功使用。车身是防水的，甲板上配备了矩形的金属箱，一个在发动机的进气口上，另一个在排气管上，从发动机罩向上延伸到炮塔顶部，以避免进水。一旦上岸，这些设备被卸下抛弃。

下图：一辆降下帆布罩的"谢尔曼"坦克，帆布罩锁定柱在发动机盖上面，两个 DD 推进器处于升起（断开）位置。（图片来源：坦克博物馆）

排水塞　油位塞　机油加注塞　传动法兰　推进器转向杆　传动齿轮箱　转向杆连接杆

深度计
垂直转向柱
垂直转向柱密封软管

配备涉深水装备的"丘吉尔"坦克参加了迪耶普突袭，在 D 日中再次使用。涉深水装备还用于盟军的 M-10 坦克歼击车、轻型坦克、卡车、通用载具和吉普车。

上图：处于升起位置的双推进器示意图。（图片来源：坦克博物馆）

扫雷"谢尔曼"——"螃蟹"扫雷坦克

在第二次世界大战中，双方投入了数百万枚反坦克和反人员地雷，对攻击车辆和部队形成了严重的威胁。为了对付地雷，考虑和测试了许多想法，但是大部分没有通过原型阶段就被放弃。但是，扫雷坦克是通过原型阶段的解决方案之一，是战时开发的所有扫雷设备中最成功的。

扫雷坦克的早期开发工作由诺曼·贝里（Norman Berry）上尉和 L.A. 格林（L.A. Girling）少校于 1942 年在埃及进行，结果是制造了一辆配备带有 24 个链击式扫雷具的转鼓的"马蒂尔达"坦克。这种扫雷具安装在坦克正面的两个伸出的支架上。这种坦克被称作"马蒂尔达蝎子"，在 1942 年 8 月第二次阿拉曼战役中，25 辆"蝎子"在清除德军雷区中取得了一定的成绩，但是由于链击系统是匆忙开发的，故障频出，大部分扫雷工作不得不用传统的方式——手工——完成。"蝎子"的后续版本是以 M3"格兰特"坦克为基础开发的，它们被少量用在北非战役中，后来又被用在盟军的西西里登陆战役中。

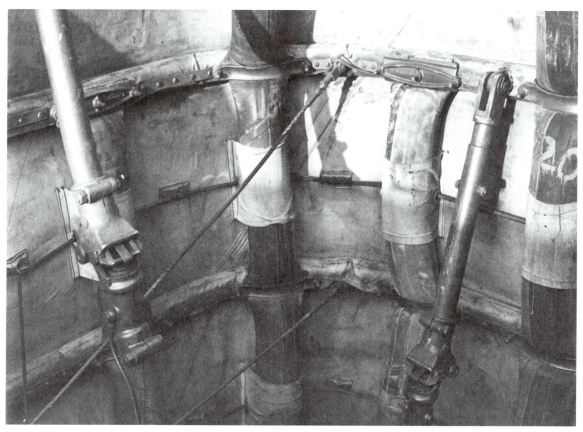

上图：充气橡胶管和金属接缝系索详图。充满橡胶管所需的空气由两个包含压缩空气的气缸提供，气缸充满时气压为 1800 磅 / 平方英寸（约 1265525 千克 / 平方米）。（图片来源：坦克博物馆）

左图："谢尔曼"DD 后视图。（图片来源：坦克博物馆）

对页上图："谢尔曼"DD 完全升起帆布罩、推进器工作时的四分之三后视图。（图片来源：坦克博物馆）

对页下图：1945 年 3 月，一辆"谢尔曼"坦克升起帆布罩和推进器，进入莱茵河水中。（图片来源：作者收藏）

同时，南非人亚伯拉罕·杜图瓦（Abraham Du Toit）上尉被派往英国，与 AEC 有限公司一起工作，开发一种高效的扫雷设备。他和在埃及的同行提出了相同的解决方案——将类似打谷连枷的链条固定在坦克上安装的辊轮上。初始试验采用了一辆被称为"男爵 Mk Ⅰ"号的"马蒂尔达"Mk Ⅱ型坦克，后来采用"男爵 Mk Ⅱ"号，两次测试都在 1942—1943 年进行。"蝎子"和"男爵"都是用外部安装的辅助电机驱动辊轮，这使得它们的外形太宽，无法越过组合桁架桥或者在轨道平板车上运输。"男爵"最终建造了 60 辆，但是它们主要用于在英国的训练和演示。

扫雷坦克的概念继续发展，使用了基于 M4A4"谢尔曼"的新设计——"谢尔曼蝎子"MK Ⅳ 和 Mk Ⅴ，这些型号使用了坦克正面链轮上的链条来驱动扫雷鼓。到 1943 年中期，这种设计取得了显著的进展，该装备的改进型号仍然使用"谢尔曼"坦克，演化为"谢尔曼螃蟹"。"螃蟹"的第一次试验于 1943 年 8 月开始，试验中发现，它在切断铁丝网时和其主要用途——扫雷——同样高效。

著名的第 79 装甲师第 30 装甲旅的"谢尔曼螃蟹"在 D 日中经受了火的洗礼。第 30 装甲旅有 3 个扫雷坦克团：第 2 伦敦郡义勇骑兵团

下图：1944 年 6 月 25 日，一辆去掉帆布罩的"谢尔曼"DD坦克通过靠近飞马桥的杜埃特（Douet），充当清除瓦砾的工程车辆。（图片来源：美国国家档案馆）

（威斯敏斯特龙骑兵团）、第 22 "龙骑兵" 团和第 1 洛锡安和边境义勇骑兵团。

"谢尔曼"坦克推土机

多用途的 "谢尔曼" 坦克在 1942 年经历了进一步的特种改装，增加了来自卡特彼勒 D8 推土机的拉普兰特 - 乔特（LaPlante-Choate）推土板。到一定阶段，在所有使用垂直螺旋弹簧（VVSS）悬挂系统的 "谢尔曼" 坦克上配备 M1 推土板；M1A1 推土板配备在 M4A3 "谢尔曼" 之后的型号上，该型号使用了较不常见的水平螺旋弹簧悬挂系统（HVSS）。"谢尔曼" 坦克推土机保留了火炮和战斗能力，在紧急时刻，驾驶员可以在 10 秒钟内抛弃推土板。

装甲防护能够保证推土机乘员的安全，推土机本身也简单可靠，所需的维护很少。不过，它在使用中有一个缺点：犁板使坦克正面悬挂系统过载，增加了转向机构的故障和悬挂系统维护需求。

在 D 日，坦克推土机用于摧毁德军海滩障碍，包括清除低潮位的障碍物和地雷。美军计划在 "奥马哈" 和 "犹他" 海滩的突击阶段将坦克推土机和专业工程通路突击队一起使用。在 "奥马哈" 海滩，原计划有 16 辆 M4 坦克推土机登陆，但是只有 6 辆最后上岸。工兵使用剩下的推土机，在处理了附着的爆炸物之后推开障碍物。最终，德军击毁了几乎所有坦克推土机，幸存的只有一辆。靠近 D 日中午时，装甲推土机抵达，扩展了海滩上的通路，并在沙丘上筑路。

"犹他"海滩的突击遇到的麻烦比"奥马哈"少,登陆的两辆坦克推土机很快地清除了海滩上的防御设施,打开通道。

灌木篱墙破坏者——"犀牛"或者"丘林刀"

美国第 102 骑兵侦察中队的柯蒂斯·G. 丘林(Curtis G. Culin)中士发明了一种简单而巧妙的设备,能够突破陡峭且顶部有浓密灌木的诺曼底树篱丛的土垄。丘林利用从德军滩头防御设施中回收的钢板,废弃的履带和铁管制作了一组钢齿,将其焊接在"谢尔曼"坦克正面下方,向前的长度大约有 2 英尺(约 61 厘米)。这些"谢尔曼"坦克被称为"犀牛"和"丘林刀"(以发明者的姓氏命名)。"犀牛"冲入土垄,用它的钢齿铲起泥土和树根,冲向下一片土地。从 1944 年 7 月开始使用,"犀牛"改装型简单、可靠且高效。

装甲推土机

英国在第二次世界大战中开发了装甲推土机。标准的卡特彼勒 D8 推土机配装装甲钢板,以保护驾驶员和发动机,在 D 日的准备阶段大量制造。一旦上岸,装甲推土机的任务是清除登陆海滩的障碍物,修筑穿过沙丘的道路,并清除沙砾,填埋弹坑,在海滩上修建车辆通路。

对页上图:第 746 坦克营的"谢尔曼"坦克"飓风"号配备了涉水箱和炮塔防水装备,在 D 日登陆到"犹他"海滩。(图片来源:美国国家档案馆)

对页下图:"谢尔曼"V"螃蟹"Mk II 扫雷坦克在战斗中,它被用于清除已经标识的雷区。(图片来源:帝国战争博物馆 H38079)

下图:"谢尔曼"V"螃蟹"Mk II 装备贮存侧视图。(图片来源:坦克博物馆)

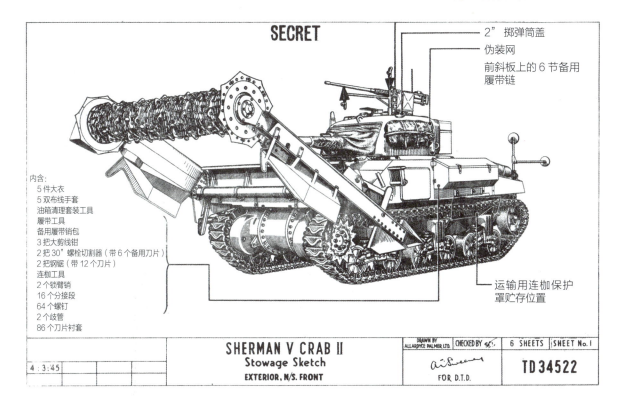

SECRET

2" 掷弹筒盖
伪装网
前斜板上的 6 节备用履带链

内含:
5 件大衣
5 双布线手套
油箱清理套装工具
履带工具
备用履带销包
3 把大钢锯
2 把 30" 螺栓切割器(带 6 个备用刀片)
2 把钢锯(带 12 个刀片)
连枷工具
2 个锁臂销
16 个分接段
64 个螺钉
2 个歧管
86 个刀片衬套

运输用连枷保护罩贮存位置

SHERMAN V CRAB II
Stowage Sketch
EXTERIOR, N/S. FRONT

DRAWN BY ALLARDYCE PALMER LTD. | CHECKED BY | 6 SHEETS | SHEET No. 1

4:3:45

a. Sweeney
FOR D.T.D.

TD 34522

6月7日"剑"海滩上"威斯敏斯特龙骑兵"团的一辆瘫痪的"谢尔曼螃蟹",展现了转鼓和扫雷具的优越性。(图片来源:帝国战争博物馆 B5141)

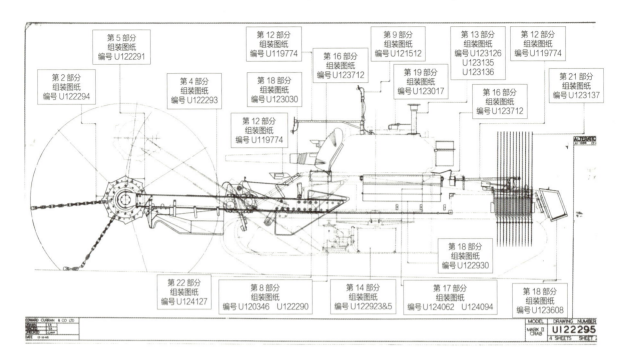

上图："螃蟹" Mk II 总体布置的侧视图（驾驶员侧）。（图片来源：坦克博物馆）

上图：配备在"谢尔曼"坦克推土机上的推土板安装在坦克转向装置中部的枢轴上。传动轴外油泵驱动的液压千斤顶安装在坦克正面的外侧，用于提升和下降推土板。这幅照片在 1944 年 7 月 4 日摄于诺曼底。（图片来源：帝国战争博物馆 B6371）

上图："谢尔曼犀牛"或者"丘林刀"（Culin Cutter）是突破浓密的诺曼底树篱土垄的简单高效方法。（图片来源：美国国家档案馆）

上图："谢尔曼"海滩装甲回收车（BARV）由第79装甲师操作，但是有时候也被视为"霍巴特马戏团"的一员。在诺曼底海滩上使用了60辆BARV来清除损坏的车辆，在大浪中沉没的车辆和阻塞海滩通路的车辆，并帮助海滩上搁浅的小型登陆艇重新浮起。BARV由皇家电气和机械工程兵开发，基于"谢尔曼"M4A2底盘。它的炮塔被去除，代之以高大的装甲上层建筑，它的车身防水，并配备涉深水装备，使这种坦克能够在9英尺（约2.74米）的水深中工作。和其他"谢尔曼"坦克型号不同，这种坦克由柴油发动机驱动。（图片来源：帝国战争博物馆 B5578）

繁忙的"朱诺"海滩"N区绿段"一景。图中右侧可以看到一辆卡特彼勒D8装甲推土机，配备了拉普兰特－乔特推土板。中央是一辆"谢尔曼"Ⅲ火炮坦克。（图片来源：加拿大国家档案馆）

ASSAULT FRO
AIRBORN

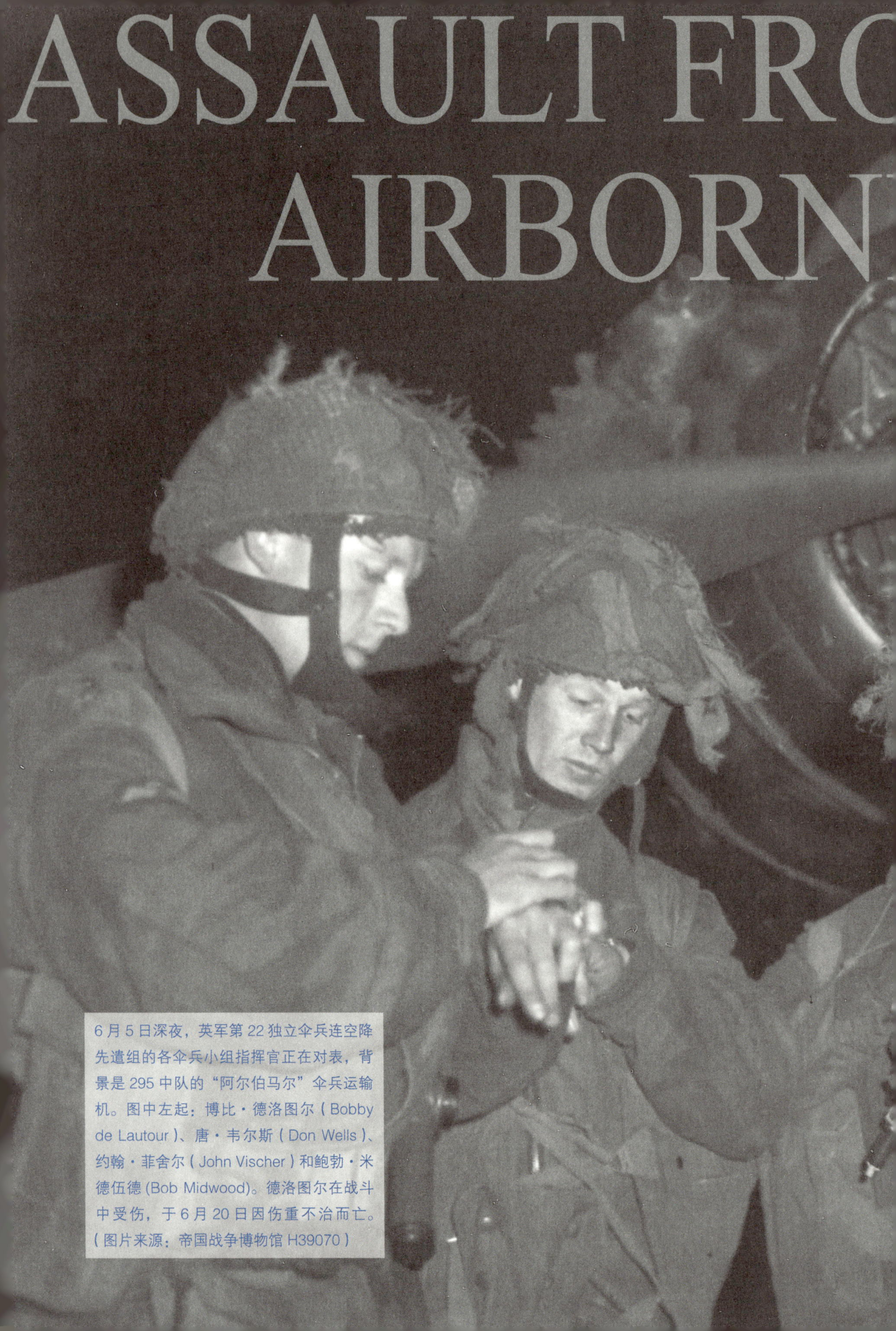

6月5日深夜，英军第22独立伞兵连空降先遣组的各伞兵小组指挥官正在对表，背景是295中队的"阿尔伯马尔"伞兵运输机。图中左起：博比·德洛图尔（Bobby de Lautour）、唐·韦尔斯（Don Wells）、约翰·菲舍尔（John Vischer）和鲍勃·米德伍德(Bob Midwood)。德洛图尔在战斗中受伤，于6月20日因伤重不治而亡。（图片来源：帝国战争博物馆 H39070）

6 空中突击——
空降行动

6月6日凌晨，英国、美国的伞兵和滑翔机机降步兵冒险空降，占领了登陆区域侧翼的关键阵地。这些对飞马桥和圣梅尔埃格利斯（Sainte-Mère-Église）的空降突击是通过使用特种突击滑翔机和由无线电导航设备引导的伞兵飞机实现的。

几千年来，军队都是从陆地或者海上发起进攻，但是飞机的出现带来了从空中将士兵伞降到战斗区域的可能。伞降部队可以避开固定的防御工事，迫使守方分散防御，以掩护正常情况下受地理条件保护的其他地区。

伞兵可以用作突击部队，也可以占领空降场，以空降其他部队。在 1944 年的诺曼底战役中，伞兵特种空降先遣组被用于占领和标出伞降区（DZ）和机降区（LZ），帮助后续的伞兵和突击滑翔机空降步兵（另一种从空中投放部队的方法）。然而，这一时期运输机（如道格拉斯 DC-3/C-47 或者德国的容克 Ju52）的容量有限，伞兵很少从一架飞机上以超过 20 人的分组空投。

德国在第二次世界大战中广泛使用伞兵。1940 年 4 月 9 日，德军发动了第二次世界大战中的第一次空降突击，它的伞兵部队作为"威瑟河演习"行动的一部分，担任入侵丹麦的先锋。部分受到德国伞兵部队成功的启发，英国组建了自己的空降部队，包括伞兵团、机降团和滑翔机飞行员团。第一次空降突击发生在 1941 年 2 月 10 日，特种

下图：2004 年 D 日 60 年纪念日时，现役伞兵从 C-130 "大力神"运输机上跳伞降落到诺曼底。（图片来源：美国国防部）

上图：骑飞马的柏勒罗丰。飞马是第二次世界大战中英国空降兵的象征。（图片来源：作者收藏）

上图：伞兵团成立于 1942 年 8 月 1 日，是英国陆军中最年轻的团级单位之一。（图片来源：作者收藏）

上图：英国滑翔机飞行员团的飞行胸章。参加滑翔机飞行员训练的志愿者从军官和士兵中选拔。他们参加空军 / 陆军联合选拔考试，如果通过，在索尔兹伯里原野蒂尔斯黑德（Tilshead）的滑翔机飞行员团新兵训练基地进行 6 周的基础训练，然后进行 30 周的飞行训练，才能得到他们的胸章。除了驾驶滑翔机之外，所有飞行员还应该达到作为一名战士的特殊标准。（图片来源：作者收藏）

上图：美国第 82 空降师由第 82 步兵师组建而成，在第一次世界大战期间，该师曾赢得"全美师"的昵称，当时该师包括来自当时美国所有 48 个州的士兵。1942 年它被改编为空降师。图中是该师的肩章，"AA"是"全美"（All American）的缩写。（图片来源：作者收藏）

上图：20 世纪 20 年代，"呼啸之鹰"与美国第 101 师联系在一起，该师是驻扎于威斯康辛州密尔沃基的美国陆军预备队建制，继承了美国南北战争时期第 8 威斯康辛志愿步兵团的传统。101 师于 1942 年改编为空降师。（图片来源：作者收藏）

空勤部队（SAS）伞降于意大利南部，参加代号为"巨人行动"的冒险突袭，炸毁了卡利特里（Calitri）的水渠。

在美国，空降部队的概念在军事指挥官中并不受欢迎，但是在富兰克林·D.罗斯福总统的支持下，第一个伞兵排于1940年组建，并促成了美国陆军空降司令部的设立。美国陆军第一次空降战役是1942年12月8日由第509伞降步兵团的一支部队在阿尔及利亚的奥兰（Oran）附近完成的。

1942年初，美国陆军部决定组建两个空降师。第一个被选中的是第82步兵师，该师改编为第82空降师，由奥马尔·N.布莱德利少将担任师长，马修·B.李奇微（Matthew B. Ridgway）准将任副师长。（两位将军后来都得到了升迁，并在"霸王"行动中起到关键的作用）8月15日，第82空降师被拆分，组建了两个空降师——第82和第101空降师。开始，每个师的组织结构是两个滑翔机步兵团和一个伞兵团（但是在D日时完全不同），加上常规的师属支援部队（炮兵、通信、医疗、工兵和运输）。威廉·C.李（William C. Lee）少将被任命为第101师的师长。

突击滑翔机

在第二次世界大战中，突击滑翔机被用于向战场投放部队和装备，这一任务在21世纪改由直升机承担。为了最大限度地缩短从母机上脱离到降落之间的时间，开发了一种快速投放技术，尽可能缩短了暴露在敌军地面火力的时间。

德国是第一个使用滑翔机的国家，在1940年入侵比利时的战斗中取得了很好的效果。当年5月10日，第7航空师（后来成为第1伞兵师）降落在比利时—荷兰边界阿尔贝特运河附近，号称无法攻破的埃本—埃马尔（Eben-Emael）要塞的屋顶。利用高爆炸药，他们实现了完美的奇袭，占领该要塞，在几分钟内消灭了大部分守军。

下图：威尔特郡的皇家空军基维尔基地，滑翔机飞行员团（GPR）D中队的一位滑翔机飞行员站在他的"霍萨"滑翔机旁边。（图片来源：作者收藏）

温斯顿·丘吉尔首相在法国陷落的几周内启动了英国空降部队的组建和训练。到 9 月份，已经组建了一个滑翔机训练中队，但是对于滑翔机飞行员属于皇家空军还是陆军，引起了激烈的争论。最终的决定是，滑翔机飞行员属于陆军，但是飞行训练由皇家空军承担。同月，组成英国空降部队骨干力量的空速公司（Airspeed）"霍萨"滑翔机完成了首飞。

1941 年 10 月 10 日，第 1 机降旅组建，由 F.A.M. 布朗宁（F.A.M. Browning，绰号"男孩"）少将指挥，该旅由第 1 皇家阿尔斯特步枪团、第 2 牛津郡和白金汉郡轻步兵团和第 2 南斯塔夫特团以及第 1 边地团组成。第 1 机降旅成为第 1 空降师的一部分，在 D 日及以后由滑翔机运载参战。

由于英国空降部队超过半数由滑翔机运载，滑翔机飞行员团（GPR）于 1941 年 12 月 21 日组建，它的飞行员从陆军志愿人员中选拔。滑翔机飞行员团由两个营（6 个连）的飞行士官组成，他们还参加了步兵训练，以便在降落后参加地面作战。（但是，这更多是必要的训练，而不是希望他们参加这种作战，因为主要的思路是在降落之后立即将这些训练有素的专业人员撤回英国。）

1941 年 2 月 25 日，美国陆军航空部队司令亨利·"哈普"·阿诺德

上图：CG-4A 飞行员在滑翔机座舱里。注意飞机的管状框架结构。（图片来源：美国国家档案馆）

右图：美国陆军航空队滑翔机飞行员的银质胸章。大部分美国陆军航空队滑翔机飞行员来自士兵中的志愿人员。完成飞行训练之后，这些士兵将晋升为上士（如果现有军衔更高则保留），而军官们按照级别进行训练。1942 年 11 月 21 日之后，训练毕业的所有应征者将被任命为飞行军官，在完成高级滑行机训练之后与一级准尉（WO1）同级。[1]（图片来源：作者收藏）

[1] 完成训练毕业的所有士兵将被任命为初级准尉（Flight Officer），在完成高级滑翔机训练之后获得的这一军衔与当时美国陆军初级准尉（WOJG）即今日美国陆军的四级准尉（WO1）同级。——审校注

将军（Henry 'Hap' Arnold）起草了一份有关美国军队使用滑翔机的报告。在一周内，阿诺德请求俄亥俄州代顿（Dayton）莱特机场的美国陆军航空兵团（USACC）设计工程师设计能够运载 12 ~ 15 名全副武装的士兵或者军用补给品的滑翔机。随着 1941 年 12 月美国参战，滑翔机的制造和滑翔机飞行员的训练计划加速进行。两个空降师指挥下的滑翔机步兵团（GIR）得以组建。该空降师的飞行员是滑翔机步兵团的并且获得初级准尉的军衔，有机会成为更高级的军官。与英军滑翔机飞行团不同，这些飞行员没有组成单独的滑翔机飞行员团，也没有参加降落后地面作战的训练，他们的主要任务是驾驶滑翔机飞到降落场，降落并完成卸载。

空速公司的"霍萨"滑翔机

空速公司的"霍萨"滑翔机从制图板上到 1941 年 9 月 12 日的首飞只花了 10 个月。根据飞机制造部 X26/40 规范中对于木制结构、能够运送 25 名士兵和两名飞行员的突击滑翔机的要求，飞机制造商空速有限公司（Airspeed，德·哈维兰飞机公司的一个子公司）在 A. 海赛尔·蒂尔特曼（A. Hessell Tiltman，空速公司联合创始人）和设计师 A.E. 埃里森（A.E.Ellison）的领导下，于德·哈维兰公司在索尔兹伯里府的设计室中进行 AS51 "霍萨" Mk Ⅰ 的设计工作。

完成设计之后，设计团队的大部分人员转移到朴茨茅斯，进行 AS58 "霍萨" Mk Ⅱ 的设计，这种型号配备了铰链式机鼻，可以运载车辆或者火炮。

1941 年 9 月 12 日，"霍萨"原型机 DG597 在一架阿姆斯特朗"惠特利"型轰炸机的牵引下，从豪恩斯洛（Hounslow）的费尔雷航空公司大西方机场（现在被希思罗机场吞并）起飞，

由空速公司的首席试飞员乔治·埃灵顿驾驶（George Errington，他的职业生涯于 1966 年 6 月悲剧性地结束，当时他已经 64 岁，在注册号为 G-ARPY 的霍克·西德利"三叉戟"飞机的试飞中担任副驾驶时失事身亡）。

"霍萨"的特征是上单翼和修长的圆柱形机身，其中相当一部分在主翼面的前方。机上配备了三点式起落架（它是第一种采用该装置的英国滑翔机），可旋转的前轮安装在一个短小的垂直减震脚上。两个主轮安装在单独的轴上，各自固定在接近翼根的减震支架上。

在真正的降落中，主起落架可以在起飞后抛弃，降落时使用前轮和中央的弹簧式滑橇进行。滑翔机向后倾斜，直到翼尖的滑橇之一触地。不过，主起落架总是被保留，因为它能够缩短着陆时的滑跑距离，飞行员可以在拥挤的降落场上更好地控制滑翔机的方向。

机头驾驶舱正后方有一个向下铰接的门，为士兵提供进出飞机的倾斜舱梯。在战场上，沉重的装备利用引爆一个小炸弹掀掉后机身卸下，或者在时间和条件允许时，用一个扳手将尾部与主机身脱开。

"霍萨"主要由来自陆军滑行机飞行员团的士官飞行员和皇家空军滑翔机飞行员驾驶，用于运输英国第 1 和第 6 空降师所属的机降旅士兵和装备。

对页下图：战时的《Flight》杂志上的广告——"霍萨，英国标准牵引滑翔运输机。"（图片来源：作者收藏）

下图：从本图可以欣赏到"霍萨"的"厚板"上单翼和桶状机身。（图片来源：美国国家档案馆）

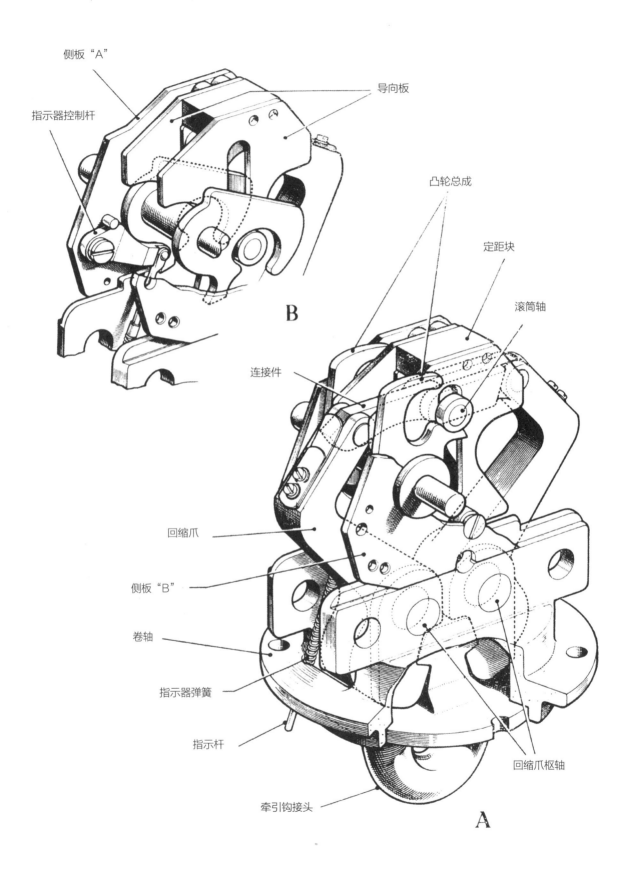

侧板“A”

指示器控制杆

导向板

B

凸轮总成

定距块

滚筒轴

连接件

回缩爪

侧板“B”

卷轴

指示器弹簧

指示杆

回缩爪枢轴

牵引钩接头

A

处女航之后不到两年，"霍萨"在 1943 年 7 月的西西里战役中第一次投入重大行动进行测试，后来成功地用于 D 日（1944 年 6 月 6 日）、法国南部登陆战中（8 月的"龙骑兵"行动）、阿纳姆（9 月的"市场花园"行动）以及 1945 年 3 月的横渡莱茵河（"大学"行动）。还有 400 架"霍萨"在反向"租借法案"中提供给美国空降兵部队（但是美军声称不喜欢它们）。

"霍萨"的制造被分包给几家公司，特别是那些家具业、橱柜和钢琴制造公司。

在最终制造的 3799 架"霍萨"中，只有少量是真正由空速公司制造的。考利的奥斯汀汽车公司制造了数百架，但是大部分是由家具制造商哈里斯 – 勒布斯公司制造的，制造工作在北伦敦托特纳姆的渡轮大道（Ferry Lane）工厂进行，许多其他分包商提供了协助。

例如，在送到零件仓库前，哈里斯 – 勒布斯公司将所有木制零件加工成完工时的尺寸，从那里，它们被发往分包商将其组装成更大的

对页图："霍萨"使用的 5A 牵引钩接插件。（图片来源：作者收藏）

下图：1944 年 4 月 22 日的演练中，在 5 个人的帮助下，一辆吉普车开上轮轨，进入英国"霍萨"滑翔机的装载舱门。（图片来源：帝国战争博物馆 H37692）

上图："霍萨"的后段机身可以拆下以便卸货。在紧急的时候，也可以引爆后机身连接处的小型炸弹，将机尾掀掉。一名英军士兵回忆道："前机身往往纹丝不动，而后机身也没有被炸弹炸飞，我们最后不得不用斧子开路，才能离开飞机。"（图片来源：美国国家档案馆）

右图：从"霍萨"的驾驶舱可以看到画面上方的"斯特林"牵引飞机。（图片来源：作者收藏）

对页图：在牛津郡考利的奥斯汀工厂中制造的"霍萨"机身分段。（图片来源：作者收藏）

规格——空速公司 AS51 "霍萨" Mk Ⅰ

乘员：2 人

容量：25 名士兵；或者 6 磅反坦克炮及炮手，以及牵引吉普车及弹药

长度：67 英尺（约 20.42 米）

翼展：88 英尺（约 26.82 米）

高度：19 英尺 6 英寸（约 5.94 米）

机翼面积：1104 平方英尺（约 102.56 平方米）

空重：8370 磅（约 3796.57 千克）

起飞重量：15500 磅（约 7030.68 千克）

最大速度：牵引时 150 英里 / 小时（约 241 千米 / 小时）

滑翔时 100 英里 / 小时（约 161 千米 / 小时）

翼载：14 磅 / 平方英尺（68.35 千克 / 平方米）

制造数量：空速公司原型机 7

霍萨 Mk Ⅰ 2231（空速公司 470、奥斯汀汽车公司 300、哈里斯—勒布斯家具公司 1461）

霍萨 Mk Ⅱ 1561（空速公司 225、奥斯汀汽车公司 65、哈里斯—勒布斯家具公司 1271）

总计：3799 架

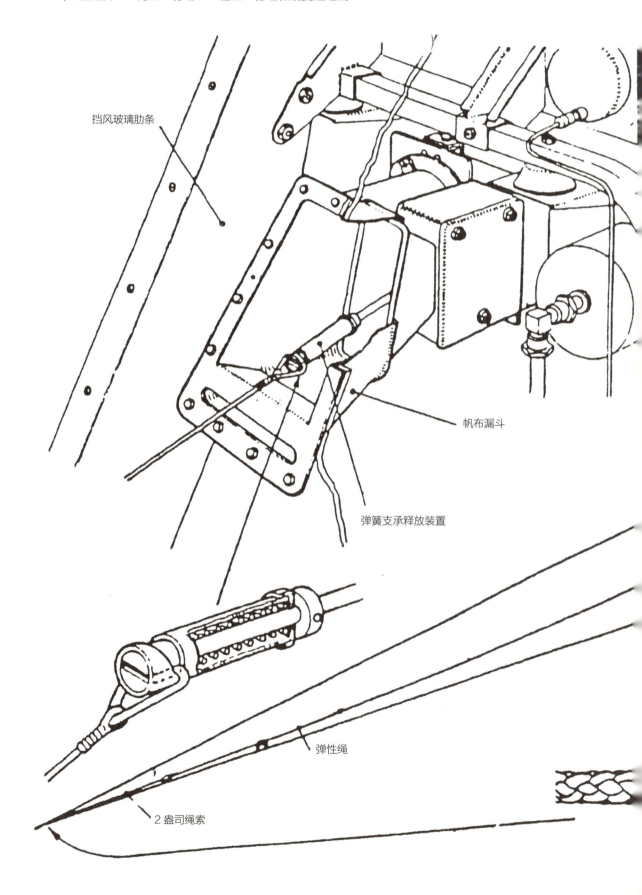

挡风玻璃肋条

帆布漏斗

弹簧支承释放装置

弹性绳

2 盎司绳索

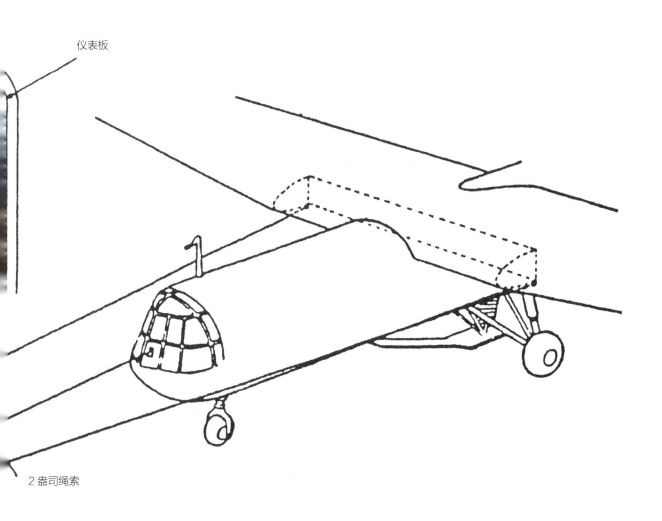

仪表板

2 盎司绳索

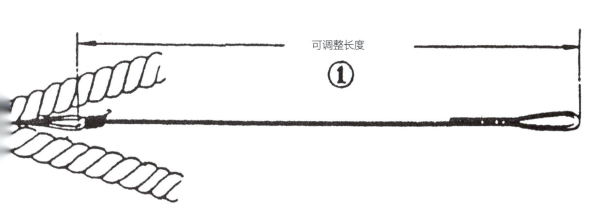

可调整长度

①

低空牵引——一架在"斯特林"牵引飞机后面的"霍萨"滑翔机。(图片来源：作者收藏)

单元。这些单元也被发送到仓库，在必要时提供给组装部门。

一些"霍萨"配备了减速伞，但是它们在许多情况下没什么效果，因为滑翔机飞得太慢了。

通用飞机公司 GAL 49 "哈米尔卡"

"哈米尔卡"是第二次世界大战中盟军最大最重的滑翔机，也是历史上最重的木质飞机，由通用飞机公司首席设计师 F.F. 克罗科姆（F.F. Crocombe）根据空军部 X27/40 规范设计。它是第一种能够携带 7 吨坦克的盟军滑翔机，可能的负载包括一辆"领主"Mk Ⅳ坦克、或者一辆美国"蝗虫"坦克、两辆"布伦"通用载具 / 侦察车，或者一辆机动式"博福斯"高射炮以及推土机和桁架桥及其他部件。

通用飞机公司先制造了一架半尺寸的试验模型，然后制造了一架全尺寸原型机，于 1942 年 3 月 27 日试飞。"哈米尔卡"Mk Ⅰ共生产了 390 架，除了第 1 架样机以外，都由 22 家家具制造商组成的联营企业生产。后续的 Mk Ⅹ型配备了两台 965 马力（约 720 千瓦）的布里斯托尔"水星"星形发动机。

前 22 架"哈米尔卡"由通用飞机公司制造，剩下的则由一个很大的分包商团队——"哈米尔卡制造集团"在斯梅西克（Smethwick）的伯明翰铁路客货运公司的管理下进行制造，该集团包括了合作批发协会（Wholesale Society）和 AC 跑车公司。

和"霍萨"一样，"哈米尔卡"是上单翼飞机，但是配备了铰接式机头，可以直接将货物装进25英尺6英寸（约7.77 米）长、8 英尺（约2.44 米）宽、7 英尺 6 英寸（约 2.29 米）高的大型货舱中，理论上可以在飞机停下 15 秒内使装甲车辆参加行动。为了方便快速行动，车辆的发动机在降落之前就于空中启动，使用连接到车辆排气管的临时延长管道将尾气排出滑翔机之外。这些管道在车辆向前离开货舱时解开，同时操纵解除前舱门锁的装置，自动开门。

"哈米尔卡"原来的意图是在战

下图：这则广告上将通用飞机公司的"哈米尔卡"滑翔机称为"英国最新的秘密武器"。（图片来源：作者收藏）

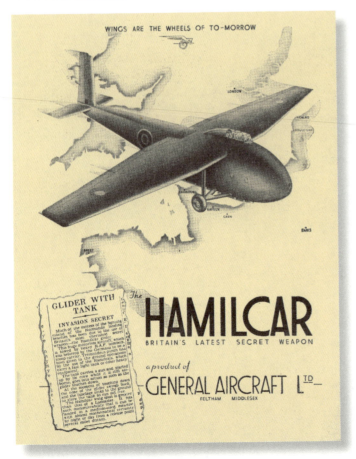

奇妙的胶水和纸质地板——脲醛黏合剂

随着战争的爆发，英国飞机工业预计到了铝的短缺，转向使用木材。英国造船商们历经数代，在层压船体和胶合剂应用方面积累了丰富的经验，渴望着制造木质滑翔机的飞机生产部利用了这一点。

20世纪30年代，合成脲醛（U/F）黏合剂的开发取得了重大突破。一位名叫诺曼·德·布鲁尼（Norman de Bruyne）的有机化学家开发了"陨石"系列脲醛木材黏合剂，黏合力强、快干且持久。它们快速替代了基于天然产物、容易老化而变得不可靠的旧式胶水。新的"陨石"材料得到飞机生产部的批准，用于飞机制造，并在后来广泛地用于木材胶合和飞机制造（例如，"霍萨"滑翔机和"蚊"式战斗轰炸机）。在20世纪40年代初，德·布鲁尼开发了一种木条胶接缝加热工艺，将"陨石"黏合剂的固化时间从几个小时减少到几分钟。

黏合力强、快干的U/F带给大规模飞机制造（特别是"霍萨"滑翔机）的好处是显而易见的。为飞机工业开发的黏合技术在战后被自动化工业所采用。

层压板纸

美国战时在通用塑料领域最有前景的发展之一来自于美国农业部林业局森林产品实验室，该实验室发明了被称为"层压板纸"（Papreg）的纸基胶合塑料。这种材料通过在特种纸中注入酚醛树脂制备，然后将这种纸片浇铸到胶合塑料中。层压板纸引起了飞机制造商和造纸商的兴趣，因为它的重量只有铝的一半，并且能够达到35000~50000磅/平方英寸（241-345兆帕）的拉伸强度，这可以与相对重量基础的某些铝合金相媲美。除了很高的抗拉强度，层压纸板还能提供出色的尺寸稳定性，低磨损以及高抗冲击性。

第二次世界大战期间，层压纸板用于制造超过156架突击滑翔机的地板，这些地板被交付给明尼苏达州明尼阿波利斯/圣保罗的西北航空公司，但是不清楚有多少飞机用于D日。胶合纸板成为了飞机制造的关键部件，包括突击滑翔机和德哈维兰"蚊"式战斗轰炸机。

斗使用中进行滑橇降落，为了起飞，它配备了特制的0.75吨起落架，可以在升空之后用降落伞抛弃。但是，随着战争进行中空降战略的革新，降落技术有了改变。因为滑翔机降落场的可用空间通常非常有限，为了将它们用于尽可能多的滑翔机，有必要保持畅通。因此，滑翔机应该用正常的轮式起落架降落，并用它们的速度结合差动轮制动控制，以离开降落跑道。在这种环境下，"哈米尔卡"的设计中有价值的特征之一是硕大而强壮的气动襟翼，它使飞行员能够控制下滑角，降落在局促的空间里。滑翔机停下后，立即释放起落架减震器中的高压油，使起落架缩短，滑翔机得以下降到其滑橇上，这样机内的车辆才能在

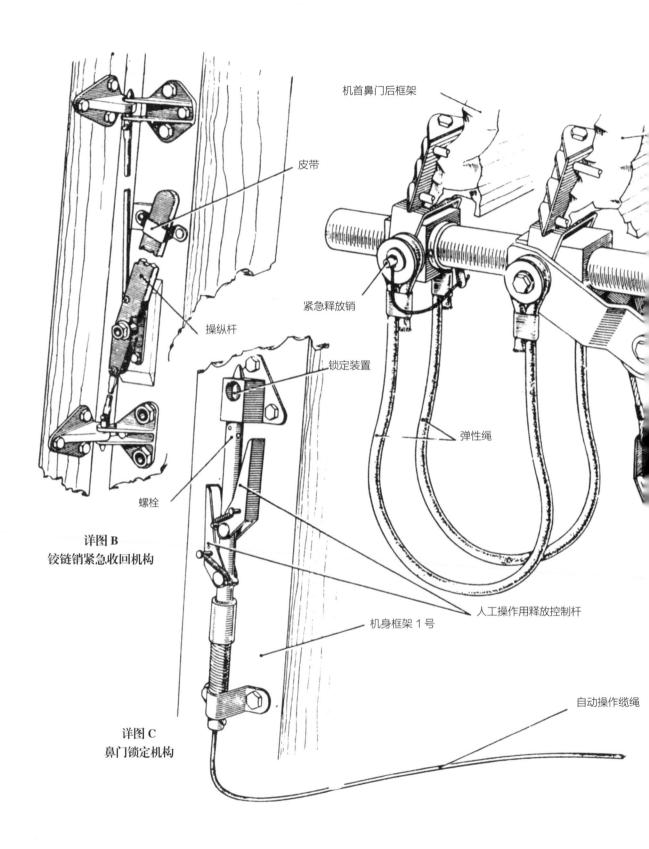

机首鼻门后框架

皮带

紧急释放销

操纵杆

锁定装置

弹性绳

螺栓

详图 B
铰链销紧急收回机构

人工操作用释放控制杆

机身框架 1 号

详图 C
鼻门锁定机构

自动操作缆绳

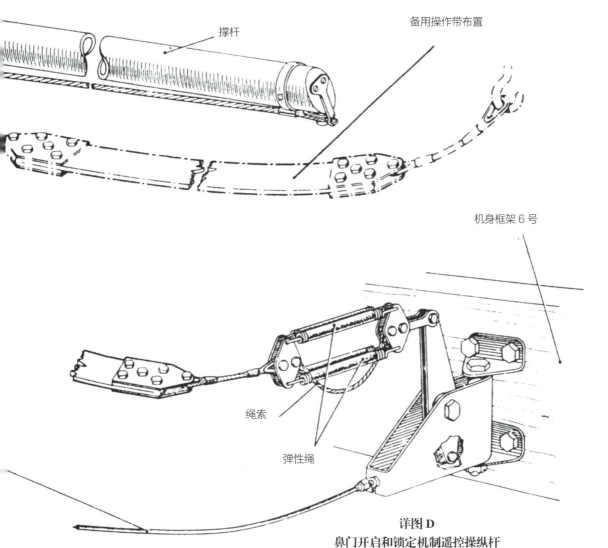

"哈米尔卡" Mk Ⅰ 机首鼻门开启和固定装置。(图片来源:作者的收藏)

机身框架 1 号

详图 A
鼻门开启机构

撑杆

备用操作带布置

机身框架 6 号

绳索

弹性绳

详图 D
鼻门开启和锁定机制遥控操纵杆

上图："哈米尔卡"Mk Ⅰ机内前视图。(图片来源：作者收藏)

不需要坡道的情况下开出。

因为"哈米尔卡"具有更大的尺寸和重量，汉德利–佩吉的"哈利法克斯"轰炸机是唯一能够牵引这种滑翔机的牵引飞机，但是有时候也使用肖特"斯特林"轰炸机。

"哈米尔卡"的第一次行动是英军用于1944年6月6日的D日登陆，有70架该型滑翔机参加。它还参加了1944年9月的阿纳姆之战（28架）和第二年春天的莱茵河横渡。

Waco CG–4A 滑翔机

美国陆军使用的英国"霍萨"滑翔机数量有限，他们的空降行动中主流装备是 Waco 的 CG-4A［Waco 是俄亥俄州韦佛飞机公司（Weaver Aircraft Company of Ohio）的简写，CG 是货运滑翔机（Cargo Glider）的简写］。CG-4A 在英国皇家空军中服役时称作"哈德良"（Hadrian），在美国由 16 家主承包商（到战争结束时上升到 23 家）建造，零件由大约 50 家子承包商制造，如施坦威父子公司（著名的钢琴制造商）制造机翼和机尾的表面；亨氏食品公司（有"57 种变化"的美誉）制造

规格——通用飞机有限公司 GAL 49 "哈米尔卡" Mk I

乘员：2 人

容量：最大 17500 磅（约 7.94 吨）载荷；60 名全副武装的士兵或者 1 辆 7 吨级的 "领主" 坦克

长度：68 英尺 1 英寸（约 20.75 米）

翼展：110 英尺（约 33.5 米）

高度：20 英尺 3 英寸（约 6.17 米）

空重：19500 磅（约 8.845 吨）

最大起飞重量：37000 磅（约 16.783 吨）

最大牵引速度：150 英里 / 小时（约 241 千米 / 小时）

不可超越速度：187 英里 / 小时（约 301 千米 / 小时）

失速速度：65 英里 / 小时（约 104.6 千米 / 小时）

制造数量：412 架，包括 2 架原型机、410 架 Mk I、MK X（22 架 Mk I 改装而成）

上图："哈利法克斯" 是唯一能够牵引沉重的 "哈米尔卡" 的飞机。（图片来源：帝国战争博物馆 EMOS 1357）

"哈米尔卡"运载能力

"哈米尔卡"所能运载的装备种类令人印象深刻。但是，负载的每次变化都需要小心注意内部的固定装置。在飞行期间不能移动沉重的负载。7.8吨（17500磅）的有效负载使"哈米尔卡"可以运送下列货物之一：

1辆"领主"Mk IV坦克；

1辆"蝗虫"坦克（美国）；

2辆"布伦"通用载具；

3辆"罗塔"牵引车；

2辆装甲侦察车；

1门17磅（40毫米口径）反坦克炮及载炮卡车；

1门自行"博福斯"高射炮；

吉普车和通用载具以及车组；

1辆载有3英寸迫击炮和8辆摩托车的通用载具；

桁架桥装备；

48箱装备和弹药；

机场建造设备：

带有侧铲的卡特彼勒D4推土机；

带有铲子的福特森拖拉机；

1辆平地机；

HD 10推土机（用3架"哈米尔卡"运送）；

HD14推土机（用3架"哈米尔卡"运送）。

机翼和翼梁帽；安海斯－布希（亨氏，著名的百威啤酒制造商）公司制造内部翼板。

CG-4A制造了13903架，超过了B17"空中堡垒"轰炸机，成为这一时期制造量最大的滑翔机。

CG-4A由一个覆盖织物的管钢框架、以云杉为主梁的木质机翼以及胶合板底板组成，非常简洁，因此以前没有制造经验的公司也能制造它的机身——所需要的只是切割和焊接管钢以及木工技能。只有少数制造商能够自行完成所有工作，大部分主承包商负责机身和铁件制造，而所有木工分包给在这方面有专业能力的公司，最主要的是家具制造商。零件来自各个分包商，在总装厂组装。完工的滑翔机可以拆卸打包到 5 个木制板条箱，发运到海外。

对木工能力的需求是许多 CG-4A 在美国五大湖区的密歇根州生产的原因，在那里，生产得到了本地家具产业的支持。金斯福德（Kingsford）的福特工厂和格林维尔（Greenville）的吉布森工厂制造了 5270 架滑翔机。

为了装卸货物，整个机头部分——包括驾驶员的座椅——采用可以活动的铰链结构，货物可以拉动几个插销直接装入。一根缆绳从铰接的机头顶部延伸到机身顶部，通过一个滑轮固定在滑翔机内的吉普或者榴弹炮的后部。滑翔机降落之后，机头部分上的一个锁立刻脱开，如果货物被解开准备从滑翔机前部离开，将会拉动机头，使飞行员的座位向上抬升，不会阻挡货物的路线。如果正常降落，吉普车可以简单地从前方开出，并将机头拉起。

CG-4A 可以运载 15 名全副武装的士兵和 2 名机组人员。正常载荷为 7500 磅（约 3402 千克），但是在极端战斗条件下可以达到 9000 磅（约 4082 千克）。设计最大速度为 150 英里 / 小时（241 千米 / 小时），常规滑翔（下降）速度为 72 英里 / 小时（约 116 千米 / 小时），降落速度为 60 英里 / 小时（约 96.5 千米 / 小时）。和"霍萨"相比，CG-4A 有较小的尺寸和较低的降落速度，可以更加安全地在狭窄的空间中降落［它降落时可以在 200 码（约 183 米）处停下］。这意味着，CG-4A 更适合于在诺曼底极其狭小的降落场降落，在降落中所运载的士兵受伤的可能性也更小。CG-4A 还可以在地面等待上空飞过的 C-47 运输机

下图：由滑翔机飞行员团 C 中队飞行员驾驶的第 6 机降旅"哈米尔卡"滑翔机运载第 6 空降师装甲侦察团的"领主"坦克，于 6 月 6 日降落在"N"空投区。（图片来源：帝国战争博物馆 B5198）

Waco CG-4A 是第二次世界大战中最广泛使用的美国滑翔机，它很注重简洁性。一位评论家曾经这样说道："从概念上说，机身只是一个头部略微钝化的巨大管形盒子，固定在机身上的机翼就像巨大的好时巧克力条。"（图片来源：美国国家档案馆）

上图：早期的 CG-4A 前起落架、牵引绳释放装置和机头抬升锁定装置（解锁之后，铰接的机头可以抬升，然后搭载的车辆可以直接出入机身货舱）经常发生故障，大部分是由于错误的例行维护造成的。这些问题应该可以预见，因为 CG-4A 是为单程战斗飞行而设计的，而不是用于训练中多次完成的数百小时的飞行。（图片来源：美国国家档案馆）

上图：美国滑翔机降部队坐在管钢和织物制成的 WacoCG-4A 机舱内。（图片来源：美国国家档案馆）

使用简单的网和尾钩装置"带上"。常用的牵引飞机是寇蒂斯 C-46"突击队员"和 C-47"空中列车"。

滑翔机牵引飞机

没有牵引滑翔机参战的手段，它们就哪里都去不了，所以在 1942 年 1 月 15 日，皇家空军在陆军合作司令部中组建了第 38 联队，为滑翔机牵引任务提供飞机和机组，但是皇家空军的库存中没有专用于空降部队的飞机。从同年 6 月使用一个中队退役的"惠特利"轰炸机开始，到两年之后的 D 日前夜，皇家空军已经成功地选择了一些旧轰炸机，将它们从原来的用途改装为运送伞兵和牵引滑翔机的飞机——汉德利－佩吉"哈利法克斯"、肖特"斯特林"和被退货的轰炸机（改为伞兵运输和滑翔机牵引飞机）——阿姆斯特朗－惠特沃斯"阿尔伯马尔"。

肖特"斯特林"和使用"灰背隼"式发动机的早期型汉德利－佩吉"哈利法克斯"是因为性能缺陷和高战损率而退居二线的重型轰炸机。为了让它们胜任新的角色，这些飞机配备了滑翔机拖曳装置，并

下图：CG-4A 的机头（包括飞行员座舱）完全是铰接结构，可以直接进入机身货舱。（图片来源：美国国家档案馆）

规格——WACO CG-4A（哈德良）

机组：2 人

容量：最大载荷 7500 磅（约 3402 千克）：15 名全副武装的士兵或者一门 M3A1 75 毫米榴弹炮及 3 名炮手。地中海战区的英军部队运载一辆吉普车或者一门 6 磅反坦克炮及炮手。有时也运载其他车辆。

长度：48 英尺 3.75 英寸（约 14.73 米）

翼展：83 英尺 8 英寸（约 25.5 米）

高度：15 英尺 4 英寸（约 4.67 米）

空重：3750 磅（约 1701 千克）

最大起飞重量：7500 磅（约 3402 千克）

最大拖航速度：120 英里 / 小时（约 193 千米 / 小时）

失速速度：50 英里 / 小时（约 80 千米 / 小时）

制造数量：13903 架

上图：CG-4A 在牵引飞机 C-47 "空中列车"的后上方。（图片来源：美国国家档案馆）

对内部进行改装，以运送和投放伞兵。由于机身宽大，"斯特林"对两种角色同样胜任，而"哈利法克斯"主要用作滑翔机牵引飞机（它是唯一能够牵引"哈米尔卡"滑翔机这样的庞然大物的飞机）。

1942年6月，美国陆军航空队（USAAF）组建了部队运输机司令部，次月它被改名为第1部队运输机司令部（I TCC）。它的主要任务是为美国伞兵、滑翔机和空降步兵及其所有装备和补给品提供空中运输手段。道格拉斯C-47"空中列车"是主要的伞兵和滑翔机牵引飞机，寇蒂斯C-46"突击队员"也有使用，但是数量较少。

肖特"斯特林"

当英国空军部意识到"斯特林"作为一种轰炸机缺乏任何未来的发展潜力时，就考虑将它作为滑翔机牵引飞机和伞兵运输飞机，以代替"阿尔伯马尔"和"惠特利"。大量的"斯特林"Mk Ⅲ在工厂的生产线上或者皇家空军的维护单位中被改装为用于上述任务的Mk Ⅳ。改装成"斯特林"Mk Ⅳ的工作始于1943年12月。

新的Mk Ⅳ和以往制造的"斯特林"有许多不同之处，最明显的是去掉了机头和机背上的炮塔，并用透明的有机玻璃整流罩代替了机头的炮塔。在现有的乘员入口前方的机舱底部有一个6英尺（约1.83米）×4英尺（约1.22米）的舱门，供伞兵跳伞使用。这个用于跳伞

下图：WACO和"霍萨"滑翔机的拖曳起飞部分依赖尼龙牵引索的弹性，以及"达科他"牵引飞机配备的绞盘上的滑动离合器（想象一下渔线轮），它们能在几秒钟之内将滑翔机从静止转入飞行。（图片来源：美国国家档案馆）

乘坐"霍萨"到诺曼底

　　莱恩·默里（Iain Murray）中校指挥滑翔机飞行员团第1联队。6月6日凌晨的第一波行动中，他和副驾驶波顿利（Bottomley）中尉一起，从皇家空军哈韦尔基地飞往诺曼底。他的"霍萨"滑翔机运载休·金德斯利（Hugh Kindersley）准将和他的吉普车、第6机降旅旅部人员以及BBC战地记者切斯特·威尔莫特（Chester Wilmot，他在飞行中录制评论）。下面的内容节选自威尔莫特的评论稿，他在对德战争最后11个月的出色报道《The Struggle for Europe》（《欧洲争夺战》）中加入了评论的内容。默里的"霍萨"降落在"N"机降区时并非一帆风顺：降落场上的一个反滑翔机障碍撕裂了左侧的翼尖，另一端则迎面撞上了驾驶舱。幸运的是，撞上驾驶舱的部分不牢固，在冲击下甩出了地面。

　　凌晨3点，还有半小时的路程。短暂的云开雾散提醒我们已经靠近海岸线——也提醒我们，另一架牵引飞机和滑翔机与我们机头相接，

右图：6月6日凌晨，切斯特·威尔莫特从英国飞往诺曼底"N"空降区的"霍萨"滑翔机中为BBC报道。（图片来源：作者收藏）

上图：在飞往伞降区途中的皇家空军 DC-3 "达科他"上负重的英国伞兵。（图片来源：帝国战争博物馆 TR1662）

危险万分。左侧的远方，英国皇家空军正在轰炸靠近勒阿弗尔的敌军炮兵阵地，天空被炸弹爆炸的火光和炮火照亮，直到我们再次没入云层之中。就在我们需要晴朗的天空时，云层却越来越厚，我们有时甚至无法看清牵引飞机的尾灯。突然，几束红黄色的光线刺破夜空，那是敌人海岸上高射炮所发射的曳光弹。我们和牵引飞机之间有 4 道闪光，然后，另一道闪光似乎进入了我们的滑翔机。但是，我们一开始并没有意识到自己被击中，因为炮弹在尾部最远的座位后爆炸，没有引起伤害。牵引飞机开始规避，但是由于牵引索的作用，它无法做出猛烈的动作。

在海岸上空我们冲出了云层，下方是白色弯曲的法国海岸，我们寻找的两条河流——奥恩河和运河映照在微弱的月光下。牵引飞机带着我们飞向目标，但是无法找到标识降落区的灯光。猛烈的地面防空炮火令我们无法分辨闪耀的火光是什么，没等飞行员找出任何地标，飞机又进入了云层。

很快，一位飞行员转过身来告诉我们："我们就要离开牵引飞机了，抓紧。"离开牵引飞机之后，滑翔机似乎停了下来，像寻机出击的鹰一样盘旋。随着速度的减慢，木质蒙皮上呼啸的风声变得低沉，四周突然变得寂静。我们浮游在深不可测的天空中——悬于和平与战争之间。我们穿过了防空炮火网，滑翔很顺利，战争引起的混乱似乎属于另一个世界。

一次猛烈的倾转将我们带回到现实世界，飞机急速俯冲，扎进黑暗之中。靠近地面，飞行员们看到了空降先遣组设置的灯光、白色的土路和机降区旁方形的诺曼式教堂钟楼。滑翔机恢复操纵，我们在恶心和耳鸣中离开了俯冲状态。滑翔机以很快的速度掠过地面，在将要降落时发现夜色中有另一架滑翔机向我们冲来。我们再次"起飞"，向上拉升，让那架滑翔机从对面滑翔机的机头下方穿过。法国的土地就在下方，我们摇摇晃晃地降落在一片耕地上，地面不平而松软，滑翔机在制动状态下仍然猛冲，一路上割断了"隆美尔芦笋"（德军布设的一种反滑翔机机降障碍）和 5 根粗壮的柱子。在木头断裂和织物撕裂的不祥声音中，我们努力站稳以抵御机体蹒跚而行产生的震动，直到一次猛烈的右倾，它才最终停了下来，虽然伤痕累累但是完整无缺，这时距离它原定的降落位置不到 100 码（约 91.44 米），时间是凌晨 3 点 32 分。

切斯特·威尔莫特
《欧洲争夺战》
（柯林斯出版社，伦敦，1952 年）

左图：朗维尔的"N"机降区上第 6 空降师的滑翔机，这正是切斯特·威尔莫特降落的地方。（图片来源：作者收藏）

的舱门昵称为"Joe hole"。在伞兵舱门背后的机身下方，安装了一个可收起的管钢框架皮带门，它可以通过支杆和插销降到机身下方或者固定，用于控制伞兵固定开伞索，避免它们被气流刮进飞机尾翼而造成损坏。一旦所有伞兵跳伞完毕，开伞索可以由"斯特林"的机组用绞车收回舱中，并使用机身地板上的升降臂，人工收回皮带门。

为了牵引滑翔机，在水平安定面的后面和下面配备了一条马蹄形的金属拖索，上面有 3 个用于连接牵引索的点，和一个通过音频导线及插头连接到牵引飞机内部通话系统的装置。内部通话线和牵引索编织在一起，连接滑翔机和牵引飞机，但是在实际运用中，由于拖航、解开和回收绳索供再次使用而引起通信线路经常损坏。

汉德利 – 佩吉"哈利法克斯"

当中央空降学校（后改为中央空降处）于 1940 年 6 月 19 日在灵韦（Ringway）揭幕，开始训练伞兵和滑翔机部队时，皇家空军从一线部队退下来作为伞兵运输和滑翔机牵引飞机的是阿姆斯特朗 - 惠特沃斯的"惠特利"轰炸机。这一任务落到了第 4 轰炸机大队的身上，1941 年，他们的"惠特利"被替换为"哈利法克斯"，后者也进入空降任务中。

分配给中央空降处的第一批"哈利法克斯"于 1941 年 10 月到达，进行伞兵空投的改装。其他"哈利法克斯"也参与了滑翔机的牵引工作。尽管"惠特利"能够进行"霍萨"的短途牵引，但是"哈利法克斯"或者类似的四发动机飞机对于长途航行非常关键，肖特"斯特林"硕大的方形机身使它更适合于运载伞兵，"哈利法克斯"显然成为了滑翔机牵引的选择。当巨大的"哈米尔卡"滑翔机开始服役，只有"哈利法克斯"这样的 4 发飞机能够对付这个大家伙。

为了 D 日的行动，第 38 大队奉命提供 4 架"斯特林"、4 架"阿尔伯马尔"和两个中队的"哈利法克斯"。其中"哈利法克斯"飞机由第 298 中队和第 644 中队提供，每个中队有 18 架"哈利法克斯"牵引飞机外加两架备用飞机，可以牵引 70 架"哈米尔卡"和 50 架"霍萨"。还有一个额外的复杂工作，牵引"哈米尔卡"时，"哈利法克斯"Mk Ⅱ 和 Mk Ⅴ 的罗尔斯 - 罗伊斯"灰背隼"20 发动机必须替换为"灰背隼"22 发动机。

道格拉斯 DC-3"达科他"

美国第 9 部队运输机司令部（IX TCC）的主力机型是道格拉斯 C-47"空中列车"（在皇家空军服役的是 DC-3"达科他"），它是取得巨大成功、非常可靠的 DC-3 民用客机的军用型。在 D 日及以后的行动中，IX TCC 在空降行动中几乎只使用"空中列车"，D 日当天的作对页上图：6 月 5 日，299 中队的“斯特林”在基维尔的跑道上列队。注意飞机上与“霍萨”滑翔机对应的记号。（图片来源：作者收藏）

对页下图：“斯特林”Mk IV 后机身上配备的马蹄形牵引索，注意连接到拖索上的内部通话线路。（图片来源：作者收藏）

下图：1944 年 5 月，在威尔特郡的皇家空军基维尔基地，196 中队编号为“W”的“斯特林”Mk IV 牵引一架“霍萨”滑翔机起飞。（图片来源：作者收藏）

战序列为：第 50 部队运输机联队（第 439、440、441、442 部队运输机大队）；第 52 部队运输机联队（第 61、313、314、315、316 部队运输机大队）；第 53 部队运输机联队（第 434、435、436、437、438 部队运输机大队）。

皇家空军在诺曼底战役（及以后）中也使用“达科他”作为滑翔机牵引飞机。第 46 大队下属 5 个中队的“达科他”Mk III，分布在 3 个机场：格洛斯特郡的下安普尼（Down Ampney，第 48 中队和 271 中队）；牛津郡的布罗德韦尔（Broadwell，第 512 中队和 575 中队），威尔特郡的布雷克希尔农场（Blakehill Farm，第 233 中队）。

阿姆斯特朗 – 惠特沃斯“阿尔伯马尔”

“阿尔伯马尔”是一种独特但是缺乏活力的飞机，设计的时候是一种轰炸机，但是却被用作通用运输机，由于预计轻质合金和特种飞机制造设施短缺，它采用木材和钢铁制造，而不是常用的轻质合金。

“阿尔伯马尔”ST Mk I 第 2 批次配备了马尔科姆滑翔机拖航装置，Mk II 和 Mk V 可以运送 10 名全副武装的伞兵或者拖带一架滑翔机。机身下方有一个空投孔，侧面有一个大的货舱门。

上图："哈利法克斯"是唯一能够牵引巨大的"哈米尔卡"滑翔机的飞机。图中是 1944 年 6 月排列在塔伦特拉什顿基地的 644 中队的"哈利法克斯"Mk Ⅴ。（图片来源：T.A. 皮尔斯 / 安迪・托马斯）

上图：6 月 5 日，塔伦特拉什顿基地的跑道被"哈米尔卡"滑翔机和 298 中队与 644 中队的"哈利法克斯"牵引飞机挤满。前方排列的是两架"霍萨"滑翔机。（图片来源：安迪・托马斯收藏）

对页图："哈利法克斯"和"斯特林"（后）牵引"霍萨"滑翔机。（图片来源：作者收藏）

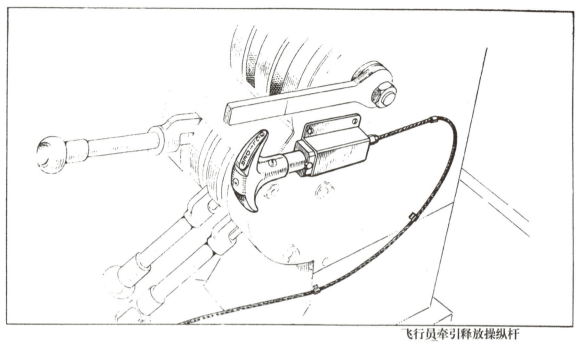

飞行员牵引释放操纵杆

牵引与释放单元（6A 型）

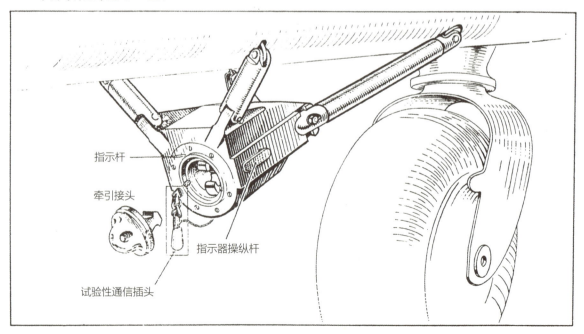

指示杆

牵引接头

指示器操纵杆

试验性通信插头

两点式滑翔机拖航装置由斯劳（Slough）的 R. 马尔科姆有限公司制造，该公司对盟军作战的其他贡献包括 P-51B/P-51C "野马" 和 F4U "海盗" 战斗机上的凸起式 "马尔科姆挂钩" 座舱盖以及 "哈夫纳旋翼飞行吉普"（Haffner Rotabuggy flying Jeep）的机身和尾翼。

在 D 日，皇家空军第 46 大队的 4 个中队使用 "阿尔伯马尔" ——第 295、第 296、第 297 和第 570 中队。其他一些中队也少量使用这种飞机。"阿尔伯马尔" 的机身内部很拥挤，因此不受伞兵的欢迎，而且在拖带滑翔机时，它的两台布里斯托尔 "大力神" XI 星形发动机很容易过热。

无线电导航设备—— "瑞贝卡" 和 "尤里卡"

第二次世界大战期间，空降部队的精确突入总是很困难，但是在 1944 年，英国电信研究所开发了 "瑞贝卡"（Rebecca）和 "尤里卡"（Eureka）空降定向设备系统和便携式陆基信标，用来向盟军和德占欧

对页图：用于 "哈利法克斯" Mk II 和 Mk V 的 6A 型滑翔机牵引与释放装置。（图片来源：作者收藏）

下图：美国陆军航空队第 438 部队运输机大队第 90 中队的一架 C-47 牵引 32 号 "霍萨" 滑翔机从格林汉康蒙（Greenham Common）基地起飞。（图片来源：美国国家档案馆）

洲地区的抵抗组织空投补给提供辅助。"瑞贝卡"是空中的台站，而"尤里卡"是陆基信标。

"尤里卡"信标 5 英尺（约 1.52 米）长的可伸缩桅杆安装在 7 英尺（约 2.13 米）高的三角架上，后者固定在一个密封的盒子里，只需要打开开关就可以发出信号。它的信号只能在靠近的飞机从"瑞贝卡"天线发送一个编码信号时才能激活。

在最大距离 60 千米上激活时，信标的信号可以传输 10 分钟，"尤里卡"的信号非常精确，飞机领航员可以在 200 米以内标定自己的位置，得出和伞降区（DZ，对伞兵而言）和机降区（LZ，对于滑翔机降部队和装备而言）之间的方位和距离。

对"尤里卡"Ⅱ型的初步测试表明，它太过笨重，不适合于伞兵团空降先遣组使用，所以和 A.C. 科索尔公司合作，用美国的 9000 系列小型电子管开发了一种轻量级的版本（尤里卡Ⅲ）。英国的尤里卡Ⅲ包括 6 伏电池，可以由伞兵用环绕腰间的网状背带携带，只需要解开

下图：皇家空军第 46 大队的"达科他" Mk Ⅲ 在巴藏维尔（Bazenville）B.2 前方着陆场，运送伤员撤回英国。可以辨认出的飞机包括 512 中队的 KG 432 "H"（中）和 575 中队的 KG320 "B"（最右侧）。（图片来源：帝国战争博物馆 CL 3885）

背带，竖起伸缩式天线，就可以操作该设备。

美国伞兵使用美国开发的 AN/PPN-1、AN/PPN-2（便携式）"尤里卡"，它大体上基于英国"尤里卡"Ⅲ的设计。

英国皇家空军和美国陆军航空队伞兵运送飞机使用 AN/APN-2"瑞贝卡"，它由 SCR-729 空中应答机发展而来，在 1944 年中期交付了 1000 套，用于 D 日的空降作战。

为了空降部队的行动，被称作"空降先遣组"（Pathfinder）的伞兵（最先降落的伞兵）必须在主力部队（空降兵）到达之前，在空投区或者降落区建立"尤里卡"无线电信标。有些空降先遣组奉命标记伞兵空投区，其他人则负责标记滑翔机降落场。

一旦空降先遣组设立了引导部队运送飞机的"尤里卡"信标，该团队负责点亮沿风向排列的标识，并在自动测向仪（ADF）的辅助下排列由 7 盏灯组成的"T"形图案。"T"的排列使用 7 盏相距 25 码（约 23 米）的全辉棱镜灯——通常由 4 盏灯组成顶部，至少 3 盏灯组成主

下图：美军的 C-47 可以运送 27 名全副武装的伞兵，他们可以坐在机舱内。（图片来源：作者收藏）

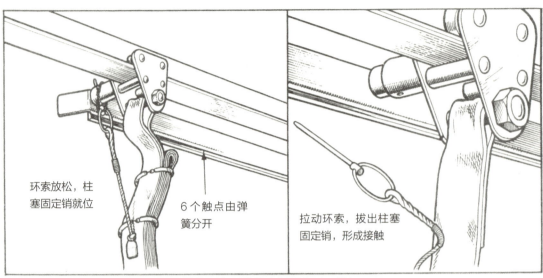

环索放松，柱塞固定销就位

6 个触点由弹簧分开

拉动环索，拔出柱塞固定销，形成接触

操作环索开关的专用托架（5 号）

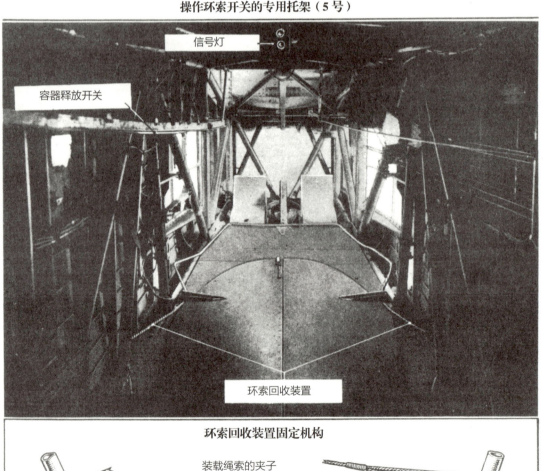

信号灯

容器释放开关

环索回收装置

环索回收装置固定机构

装载绳索的夹子

右舷 21A 号接头处的管子

左舷 21A 号接头处的管子

上图："阿尔伯马尔"伞降设施后视图。（图片来源：作者收藏）

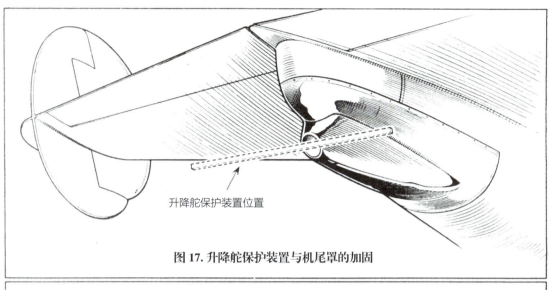

升降舵保护装置位置

图 17. 升降舵保护装置与机尾罩的加固

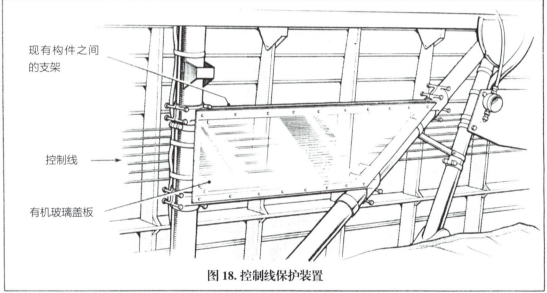

现有构件之间
的支架

控制线

有机玻璃盖板

图 18. 控制线保护装置

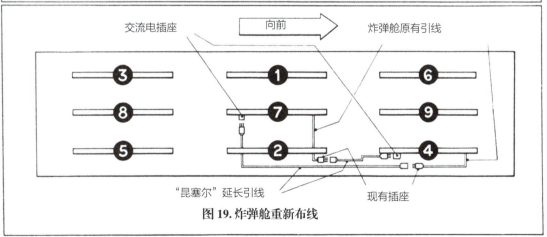

交流电插座　　　　　　向前　　　　炸弹舱原有引线

③　　　①　　　⑥

⑧　　　⑦　　　⑨

⑤　　　②　　　④

"昆塞尔"延长引线　　　　　现有插座

图 19. 炸弹舱重新布线

上图："阿尔伯马尔"为伞降所做的改装。(图片来源：作者收藏)

只是一条绳索

阿尔夫·索尔（Alf Sore），皇家空军二等兵，第 1 重型滑翔机勤务部队，内瑟埃文基地（Netheravon），1944。

当阿尔夫·索尔听说自己将和麻烦不断的维克斯"沃里克"飞机一起，从寒冷的皇家空军蒂斯河畔索纳比（Thornaby-on-Tees）基地调往索尔兹伯里平原上的皇家空军内瑟埃文基地，他一开始感到非常高兴，但是当他得知自己被指派到绳索小组时，心情变得沉重起来。

"绳索小组在机库的一角有一个小车间，里面有数百条整齐码放的绳索，每条绳索上都有不同的标签。但是当我开始产生兴趣时，发现它远比预期的要有趣得多。"

"绳索分为两类，较细的长度为 350 英尺（约 107 米），圆周为 3.5 英寸（约 8.9 厘米，绳索以圆周度量，而不采用直径），用于拖带'霍萨'和 Waco/'哈德良'滑翔机。较粗的绳索长度也是 350 英尺，但是圆周为 4.5 英寸（约 11.4 厘米），用于拖带最大的滑翔机——'哈米尔卡'。每条绳索都有单独的日志（记录其适用性和牵引次数）和一

右图：皇家空军二等兵阿尔夫·索尔，第 1 重型滑翔机勤务部队。（图片来源：阿尔夫·索尔）

个写有编号的标签，在每股新绳索上都缠着 10 条胶带，每次牵引之后去掉一条胶带，检查绳索，检查绞结处，并详细地写进日志中。所有绳索中都有一条高频电缆穿过，使牵引飞机和滑翔机飞行员可以通信。"

"我们做得最多的工作是连接绳索两端的接头。英国和美国的连接方式不同（这难道是新鲜事吗？）。美国的接头基本上是一个大的套圈锁眼，而英国使用的是所谓的'罗贝尔'接头。我所能给出的最简单描述就是，一只手握拳，然后用第二只手握住第一只手形成的拳头。解开的过程就是放开第二只手。牵引飞机和滑翔机都能够解开绳索，除非在紧急情况下，否则总是由滑翔机来完成。"

"更换这些接头是例行的工作。我们（英军）有 4 种牵引飞机：'惠特利'、'哈利法克斯'、'斯特林'和'阿尔伯马尔'，它们都采用标准的'E'型接头。'哈德良'采用'A'型接头，'霍萨'采用'E'型接头。当然，美国的牵引飞机不同。例如，'达科他'采用'A'型接头连接'哈德良'的'A'型接头，'霍萨'采用'E'型接头。看上去组合似乎是无穷的，最容易连接的是'哈利法克斯'（最强大的牵引飞机）和'哈米尔卡'，因为两边的接头相同。"

"另一个变化发生在'霍萨'Mk Ⅱ入役时，它采用从牵引飞机尾部'直拉'到滑翔机机头的绳索（'霍萨'Mk Ⅰ采用从牵引飞机机尾到滑翔机主翼面或者两翼的'Y'型拖索）。"

"当然，绳索断裂之后总会有人提出问题，但是答案是，这绝不是因为缺乏维护。这种情况通常发生在牵引飞机和滑翔机没有保持在一条直线上，最经常的原因是滑翔机飞行员无法看到云团中的牵引飞机。滑翔机头有一个仪器，显示牵引飞机与滑翔机的角度（称作'悬挂角'），如果这个角度很快地变化，就会对绳索造成损伤。"

"绳索断裂的另一个原因是在滑翔机从'高位索引'变为'低位索引'的时候。当滑翔机穿越牵引飞机的尾流时，会发生'推拉'效应，由此引起的'甩动'会造成绳索断裂。"

上图：阿姆斯特朗－惠特沃斯"阿尔伯马尔"飞机不受伞兵们的喜爱，因为内部很拥挤。6月5日深夜至6日凌晨，297中队的V1823、P5-S（图中）由爱德华·哈尔平（Edward Halpin）中尉驾驶，牵引由科林·霍普古德（Colin Hopgood）上士驾驶的35号"霍萨"滑翔机，机上运载着第13伞兵营的吉普和拖车、摩托车以及5名士兵。这架"霍萨"滑翔机的目标是朗维尔，但是在途中牵引索断裂，导致它在6月6日凌晨迫降在欧日地区圣瓦阿斯（Saint-Vaast-en-Auge）。滑翔机撞进树丛中，霍普古德上士和副驾驶达尼埃尔·菲利普斯（Daniel Philips）中士及3位士兵身亡。（图片来源：作者收藏）

上图：在这架620中队的"斯特林"Mk IV的机头侧面可以看到H形的"瑞贝卡"天线。（图片来源：作者收藏）

工作中的"瑞贝卡"

　　"瑞贝卡"机载设备在 VHF 频段某个标定频率上发射时长为 5 微秒的询问脉冲。接收到询问脉冲时，"尤里卡"陆基信标触发相关的发射机，以不同的频率发送应答信号，但是采用和询问发射机相同的脉冲重复频率（PRF）。返回的信号由飞机右侧和左侧的"瑞贝卡"接收天线接收，显示在阴极射线管指示器单元上。

　　如果信标在飞机右侧，那么这时飞机右侧的信号会有更大的振幅，此时需要向右转向以使同一时基两侧的信号振幅相等。这将会指示飞机直接飞向信标。

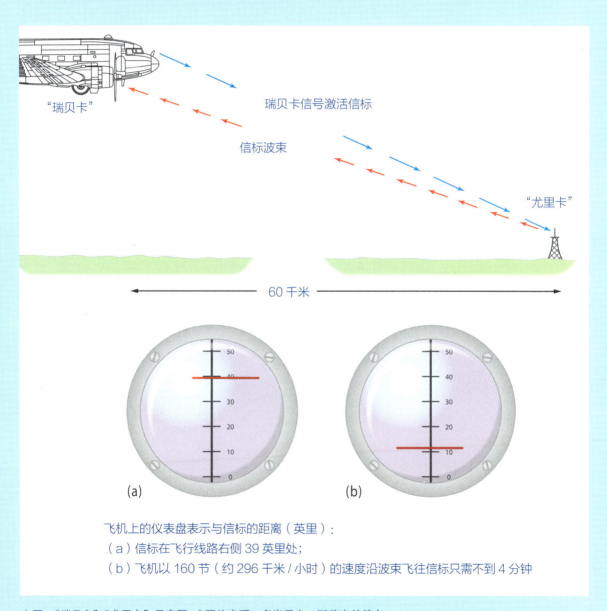

飞机上的仪表盘表示与信标的距离（英里）：
（a）信标在飞行线路右侧 39 英里处；
（b）飞机以 160 节（约 296 千米 / 小时）的速度沿波束飞往信标只需不到 4 分钟

上图："瑞贝卡""尤里卡"示意图。（图片来源：多米尼克·斯蒂克兰德）

乘坐"空中列车"到伞降区 O
——爱德华·克劳斯（Edward Krause）中校

绰号"炮弹"的克劳斯率领美军第82空降师505伞降步兵团第3营（3/505thPIR），乘坐美国陆军航空队第316部队运送大队（TCG）的36架C-47"空中列车"飞机之一，从皇家空军科茨莫尔基地飞往诺曼底。他们原定在凌晨1时57分抵达伞降区上空。他这样描述D日凌晨在讷维尔奥普兰（Neuville-au-Plain）西南的伞降区"O"上跳伞的经历：

"我不得不说，在接下来的3分钟里，是有生以来最接近于在空中坠毁的时刻。飞行员采取规避动作，我们被打散了。有些飞机爬高，有些则降低高度，有些向右转向，有些向左转向。我们的编队被打乱，分散到四处。降落时间的前两三分钟，我们看到了绿色的'T'形灯光，这是上帝的恩赐，就像找到了圣杯一样。我从2000英尺（约610米）以上的高度降落，这是50多次跳伞经历中最漫长的一次，下降的时候有4架飞机从下方穿过，我只能咬牙坚持。"

（出自1944年8月13日，"海王"行动情况简报会官方记录，《诺曼底战区："犹他"海滩》一书曾引用）

伞降区上空的云层使某些C-47飞行员决定从比平常更高的高度上空投。空降先遣组很好地标记了伞降区，许多飞行员在这一区域上空盘旋，以便更加准确地空投伞兵。实际上，伞降区O是这个晚上跳伞的序列中最准确的。

落地之后，克劳斯和180名官兵立刻乘着夜色冲进圣梅尔埃格利斯，仅仅使用军刀、刺刀和手榴弹，他们就在凌晨4时30分占领了这座小镇，成功地切断了德军与瑟堡的主通信电缆。

干。空降的方向由"T"的主干指示，而"T"的横杠指示"跳"点。

这些灯光从空中可以清晰地看到，但只在地面几乎看不到。"T"的尾部经过编码，用闪烁来表示伞降区的信号（例如，"A"空投区的闪烁表示莫尔斯码的字符"A"）。T形的灯光还根据所标识的空投区进行颜色编码：伞降区"A"为黄色，"C"为绿色，"D"为红色。"尤里卡"信标放在以"T"的头部为圆心，100码（约91.5米）半径的范围内。

在登陆区域的东侧，参与"突击"行动（Operation Coup de Main）的英国滑翔机机降部队于6月6日12点15分左右在卡昂运河（机降区X）和奥恩河附近（机降区Y）降落，成功地占领了"飞马"桥和"霍萨"

桥。稍后，2 个独立伞兵连从 6 架"阿尔伯马尔"飞机降落在伞降区 V、伞降区 N 和伞降区 K，为紧随其后的伞兵先头部队标识伞降区。

来自第 8 伞兵营（8 Para）的先头部队成功地在伞降区 K 降落，但是在瓦拉维尔西面的伞降区 V，所有的"尤里卡"信标在降落时都已损坏。因为没有办法标识伞降区，来自第 3 伞兵旅旅部、第 9 伞兵营和第 1 加拿大伞兵营的先头部队失散了。6 名士兵在飞机还在海岸线上时就跳下飞机，失去踪迹；另两架飞机无法找到伞降区，被高射炮击中。当第 9 伞兵营主力于 12 时 50 分到达时，71 架飞机中只有 17 架准确地空投。

以突袭梅维尔炮台为目标的突击部队包括 3 架配备了"瑞贝卡"Mk Ⅲ 的滑翔机飞行员团 B 中队"霍萨"滑翔机，它们由皇家空军 297 中队的"阿尔伯梅尔"牵引，运送 G-B 部队（参加"突击行动"的部队）的 56 名官兵和 8 名工兵 [1]。但是，他们无法找到"尤里卡"的信号，2 架滑翔机降落在降落区的远处，第 3 架则因为技术问题返回英格兰。

归功于伞降区 N 的"尤里卡"信标的精确定位，D 日中英军最成功的伞兵空降行动是在奥恩河以东朗维尔和布雷维尔之间地区进行的，这次行动出动了 110 架"斯特林"和"阿尔伯马尔"及 21 架"达科他"。第 5 伞兵旅的 2026 名士兵和 702 箱弹药和装备准确地空投，它们得到了伞降区上的全辉 T 形灯光和卡恩运河及奥恩河倒映的月光的帮助。

在圣梅尔埃格利斯和卡朗唐周围的西部侧翼，美军空降先遣组的效能在 C-47 编队被低空云层和德军高炮火力冲散之后受到了影响。这导致许多批次的伞兵被空投到原定的伞降区之外，但是美军的空降行动总体来说是成功的。尽管如此，一些美国伞兵的降落地点仍然很分散，以至于需要花费数日才得以重新集结。

---

[1] 参与突袭梅维尔炮台的英军部队指挥官为罗伯特·戈登 – 布朗（Captain Robert Gordon-Brown）上尉，因此这支部队被称为 G-B 部队（G-B Force）。——审校注

上图：6 月 5 日晚上 11 时 10 分，295 中队的"阿尔伯马尔"（注册序列号为 V1740 机身编号为 ZA-8 的）是第一架起飞前往诺曼底的飞机，负责运送第 22 独立伞兵连的空降先遣组。照片中部队正在准备登上飞机；站在飞机上的字母"Z"旁边的是鲍勃·米德伍德（Bob Midwood）中尉，他是 4 位组长之一，面对着自己的组员。这架"阿尔伯马尔"的飞行员是克劳德·梅里克（Claude Merrick，站在"8"前面）少校，乘员包括第 38 大队指挥官霍林赫斯特（Hollinghurst）少将。梅里克于凌晨 0 时 17 分从伞降区 K 上空 5000 英尺（约 1524 米）空投伞兵。因为这次行动，梅里克和他的领航员罗伯特·法罗（Robert Farrow, 左起第三人）准尉都被授予杰出飞行十字勋章。（图片来源：帝国战争博物馆 H39071）

上图：美国第 101 空降师的伞兵们在出发之前相互检查装备。（图片来源：美国国家档案馆）

上图：美国伞兵空降先遣组徽章。

上图：1944年6月5日，第6空降师第22独立伞兵连的领航员在皇家空军哈韦尔基地一架"阿尔伯马尔"飞机前涂黑自己的脸。（图片来源：帝国战争博物馆H39066）

下图：6月5日晚上，第101空降师506伞降步兵团（PIR）第3营营长罗伯特·L.沃尔沃顿（Robert L. Wolverton）中校和营部成员在埃克塞特登上第440部队运送大队第98中队的C-47［编号8Y-3，呼号为S"斯托伊—霍拉"（Stoy Hora）］之前检查装备。该机是第98中队的长机（机侧舱门用粉笔写上了数字1，即参与行动的飞机临时编号），由第440部队运送大队大队长弗兰克·X.克雷伯斯（Frank X. Krebs）上校驾驶。沃尔沃顿在6月6日圣科姆迪蒙（Saint-Côme-du-Mont）外围的一个果园中死于德军机枪下。（图片来源：美国国家档案馆）

2004年，为了纪念诺曼底战役，在D日60周年纪念日，现役伞兵们空降到诺曼底。
（图片来源：美国国防部）

上图：第506伞降步兵团第2营F连士兵在德文郡阿波特里（Upottery）基地第439部队运送大队粉笔编号为"12"的C-47运输机中等待起飞。凌晨1时20分，他们在伞降区C（耶斯维尔）上空跳伞。从左到右：威廉·G.奥拉尼（William G. Olanie），弗兰克·D.格里芬（Frank D. Griffin），罗伯特·J.努迪（Robert J. Noody，手持反坦克火箭筒）和雷斯特·T.黑格兰德（Lester T. Hegland）。鲍勃·努迪从C-47跳伞时，他连同M-1步枪、反坦克火箭筒和3枚火箭弹、地雷和其他各种装备共重250磅（约113.4千克）。他的胸前悬挂着一捆59英尺长（约18米）的绳索，用于垂下腿包直到落地，[1]这方便了他的降落，确保他在降落到圣梅尔埃格利斯时做好战斗准备。（图片来源：美国国家档案馆）

---

[1] 美国伞兵的腿包用绳索与背带相连，同时绑在一条腿上，腿包中放置武器装备，跳伞后当降落伞打开后，腿包从腿上解开，这样腿包将会垂下，在降落过程中可以提供额外的稳定性，同时先于伞兵落地又能降低降落伞的下降率，从而使伞兵触地时所受冲击更加柔和。美国伞兵的腿包使其落地后即可做好战斗准备，而不像德国伞兵那样需要先收集分开空投的武器装备。——审校注

上图：6月5日晚上，在莱斯特郡索尔特比的机场，第508伞降步兵团的伞兵们相互检查装备，他们即将乘坐第314部队运送大队的C-47飞往伞降区N。（图片来源：美国国家档案馆）

第 82 空降师师部
前进指挥所
APO 469（美国陆军邮政系统编码）– 发自战场
1944 年 6 月 11 日

主题："海王"行动空降先遣组使用情况报告
致：第 82 空降师师长

1. 第 505、第 507 和第 508 伞降步兵团的空降先遣组根据这些部队的作战命令，于 D 日 H–30 部署到相应的伞降区。

    团属空降先遣组由 3 个营属空降先遣组组成，每个小组包括 2 名军官、2 名"尤里卡"操作员，1 名接线员、7 名照明员和 4 ~ 6 名警卫员组成。第 507 空降团和第 508 空降团中各营的空降先遣组还各有 4 名来自第 504 伞降步兵团的警卫员，每个团属先遣组还各有 1 名军官。

    除了以上装备和人员之外，第 508 团团属空降先遣组还空投两个 BUPS 信标（AN/UPN–1 超便携 S– 波段信标—无线电测向信标，不像"瑞贝卡 – 尤里卡"那么有效），以及临时空降先遣连的连长。

2. 所有团属空降先遣组乘坐 3 架飞机，采用 V 型编队。从北威特姆（North Vitham）机场出发。

3. 第 505 团领航员小队由詹姆斯·J. 史密斯（JAMES J. SMITH）中尉、陆军航空队指挥官科克·帕特里克（KIRKPATRICK）上尉指挥，按照计划起飞。

    在降落前的最后一段路程遭遇了少数高炮火力，降落点在预设位置的 400 码（约 366 米）以内，比原定时间早了 6 分钟。除了一个营的"T"形灯光，伞降区按照 SOP（标准作业程序）设置。这组灯光因为组装问题而没有投入使用。"尤里卡"在降落之后 10 分钟内安装完毕，从第 1 支部队降落的时间起 15 分钟之后触发。第 505 团空降先遣组降落点周围共降落了 3 个作战批次，他们大约都比原定时间早了 10 分钟。第一个批次降落在"T"形灯光的东南方向约 0.5 英里（约 0.8 千米）处。第二个批次直接降落在"T"形灯光之上。第三个批次降落在北面大约 0.5 英里（约 0.8 千米）处。

    第三个批次在降落时的速度至少为 150 英里 / 小时（241 千米 / 小时），多名伞兵因为超高的速度而导致严重的骨折。

4. 505 团的机降区按照预定计划进行设置，用于滑翔机夜间降落的"尤里卡"在降落时间前 30 分钟设置。用于降落区的"尤里卡"在降落时间之前 20 分钟设置。滑翔机分散在机降区各处。

5. 第 507 团的空降先遣组由约瑟夫中尉指挥，机队由陆军航空队的米诺尔上尉指挥。飞机按时从北威特姆起飞，准时、准确地降落在指定的伞降区。降落时，领航员和领航飞机遭遇了猛烈的防空炮火。伞兵们在到达地面时发现身陷德军部队的包围。由于敌军的攻击行动，这个伞降区没能按照标准作业程序设立，没有开启任何灯光。这个空降先遣组在第一个作战批次降落之前 20 分钟设置了一个"尤里卡"。"尤里卡"在第一个预定的作战批次降落之前 15 分钟触发。所有部队按时到达，这些部队在到达时很分散，显然是因为敌军的防空炮火。最多有 15 架飞机将伞兵空投到空降区。"尤里卡"在最后一个作战批次的预定时间之后 20 分钟仍然工作。少数离群的伞兵在预定时间之后降落。

6. 第 508 团的空降先遣组由第 506 团的 N.L. 麦克·罗伯茨（N.L. MC ROBERTS）上尉指挥，机队由陆军航空队飞行队长迈尔斯上尉指挥，按时从北威特姆起飞，按时空投，在到达圣索沃尔－勒维孔特（SAINT－SAUVEUR－LE－VICOMTE）上空之前，没有遇到太多的高炮火力。从圣索沃尔－勒维孔特到降落之前，防空炮火从打击飞机转到瞄准伞兵射击。伞兵们按时降落在预先选定的伞降区南偏东约 1.5 英里（约 2.41 千米）处。由于敌军的地面进攻，除了两处灯光，其他灯光都未能打开；其中一处灯光按照预先指定的编码设置。空降先遣组在第一个原定的作战批次到达前 20 分钟设置了 BUPS 信标并开始工作。有一个"尤里卡"在第一个作战批次到达之前 20 分钟设置好并投入工作。"尤里卡"在降落时间前 12 分钟触发，BUPS 信标接收导航飞机的明确调谐信号。对于地面观察员来说，由于密集的防空炮火，编队显得非常分散。一个大型编队被观察到在大约正北方一英里外空投伞兵。20 架飞机在伞降区空投了伞兵，时间大约在第一个批次原定时间的 10 分钟之后。后续的批次都没有到达空降区上空。"尤里卡"一直工作到最后一个批次原定降落时间之后 30 分钟，在这段时间内没有离群的伞兵降落。

7. 第 505 伞降步兵团没有因为敌军的行动而导致伤亡。第 508 团的空降先遣损失了大约 2/3 的官兵，第 507 伞降步兵团损失了大约 20 名士兵。除了为避免落入敌手而损毁的设备，空降先遣组使用的所有导航设备都由师属通信兵回收。

8. 对于未来的空降先遣组行动有如下建议：

a）可以完全淘汰灯光指示，或者采用从地面不可见的构造。

b）空降先遣组要重视在复杂地形条件下夜间安装的训练。

c）空降先遣组的规模可以大大减小。

d）配备警卫人员。

e）航空兵飞行员和机组应该加强训练，能够在敌军密集防空炮火下维持队形。

f）BUPS 信标的天线和收发器应该改装为适合于空降的更加紧凑的单元。

N.L. 麦克·罗伯茨上尉，第 82 师空降师先遣组成员

突击滑翔机信托基金会的"霍萨"Mk I 滑翔机是由一个志愿者团队在皇家空军肖伯里基地的一个机库中从头制造的。（本章所有照片版权属于突击滑翔机信托基金会）

7 勇士重生——重现"霍萨"滑翔机

在英格兰西北部某皇家空军基地的一个机库里，一个志愿者团队在 2001—2014 年辛勤工作，使用原始的图纸和保留下来的飞机零件，从头制造一架"霍萨"滑翔机。这架飞机的建造使用了原来的技术，尽可能地利用了来自回收的"霍萨"滑翔机零件。

第二次世界大战中的英国军用滑翔机的名称取自以字母"H"开头的军事历史人物——亨吉斯特（Hengist）、霍萨、哈米尔卡和哈德良。亨吉斯特和霍萨兄弟是盎格鲁－撒克逊传奇人物，他们率领盎格鲁－撒克逊和朱特军队，在公元5世纪征服了英国的第一片领地。这些英雄的名称被用在斯林斯贝公司的"亨吉斯特"和空速公司的"霍萨"滑翔机上。

突击滑翔机信托基金会（AGT）是在突击滑翔机协会基础上建立的慈善团体，它的起源可以追溯到 2000 年，当时滑翔机飞行员团协会英格兰中部地区分会的老兵们决定建造一架完整的空速公司"霍萨"突击滑翔机，作为英格兰中部地区空降兵部队的纪念品。

在第二次世界大战中使用的数百架"霍萨"中，许多建造于伯明翰，在西米德兰地区的机场，例如皇家空军科斯福德（Cosford）、肖伯里（Shawbury）和斯雷普（Sleap）基地，进行组装和测试，然后交付给滑翔机飞行员团的作战部队。

令人吃惊的是，世界上没有一个地方保留完整的"霍萨"滑翔机样品。虽然南斯塔福德郡和牛津郡与白金汉郡轻步兵团这两个英格兰中部地区的滑翔机机降团都因其非凡的勇气而赢得尊敬，但是如果不提起在欧洲大战中牵引滑翔机、空投伞兵和为地面部队提供补给的皇家空军机组人员，任何纪念活动都显得不完整。

西北欧和地中海战场的大规模空降战役有很多史料记载，但是缅甸战役也不应该被人遗忘。6个"钦迪特"[1]旅插入日本军队战线背后，其中许多是用滑翔机投放，补给也几乎来自空中。在这些行动中使用了较小的美制金属框架 Waco CG-4A 滑翔机。

2001 年 6 月，在什罗普郡的皇家空军肖伯里基地为当地的志愿者团队提供了机库空间，用于建造空速公司的"霍萨"Mk I，基地持续地为志愿者团队提供支持。

最初，战后从诺曼底降落场回收的一段"霍萨"机身被租给志愿

[1] 钦迪特（Chindits），英国在缅甸的特种部队，正式名称为远程渗透组（Long Range Penetration Groups），以缅甸宝塔上一种鹰首狮身兽的称谓"钦特"命名（温盖特读音错误所致）。由奥德·温盖特以第 77 印度旅改编建立，成员包括英国人、缅甸人、印度人和廓尔喀人。该部队渗入日军后方进行游击战。1943 年 2 月至 4 月中旬首次行动，3200 人分成 7 队，越过亲敦江东进深入伊洛瓦底江，破坏铁路交通，袭击日军据点，行程 1600 公里，给日军造成一定威胁。同年 8 月魁北克会议后，兵力扩展至 6 个旅约 2 万人，并辖 1 支空军突击队，成员主要由英国第 70 师提供。——审校注

者进行复制。一年之后,英国宇航系统公司捐出了一些原始图纸的副本,使"霍萨"的建造得以继续,但是必须保证它不能用于飞行。

突击滑翔机信托基金会的空速"霍萨"用原始的图纸和保留下来的飞机零件从头制造。尽管图纸很详细,但是它们大部分是"组装"图纸,常常缺乏具体的尺寸。这要求志愿者团队进行许多"逆向工程",以便使所有零件能够正确地拼装起来。这架飞机采用原来的技术建造,并尽可能加入原有的零件。

2004年,信托基金会得到了考文垂大西洋航空公司的礼物——一架道格拉斯DC-3"达科他"(编号 KG 651)飞机,并且筹措资金将其改装成原来的滑翔机牵引和伞兵空投任务配置,并采用了战时的标识。

2005年,基金会收到了来自得克萨斯州拉伯克(Lubbock)的"沉默之翼"博物馆的一批CG-4A Waco零件。CG-4A的机身和驾驶舱现在已经由一个志愿者小组完全重新组装,组装工作与"霍萨"并行进行。基金会与2007年获得20世纪40年代用于训练滑翔机飞行员的一架DH-82"虎蛾"飞机(编号为EM820),完成了它的飞机收集工作。

2012年,"霍萨"的主机身几乎已经完成,未来的工作集中在机翼的建造上。同样,Waco团队也将工作集中在机翼的建造上。

2014年,"霍萨"从皇家空军肖伯里基地经公路运往科斯福德基地暂时贮存。人们希望在找到合适场所时再次公开展示它。信托基金会的"达科他"于2015年借给梅瑟灵厄姆机场游客中心,2018年,Waco滑翔机迁移到邓弗里斯与加洛韦航空博物馆。EM 820号"虎蛾"滑翔机被英国陆军历史名机基金会(Historic Army Aircraft Flight)购得。

下图:从原有的"霍萨"机身上进行尺寸测量,有助于为突击滑翔机信托基金会新建造的"霍萨"画出精确的图纸。

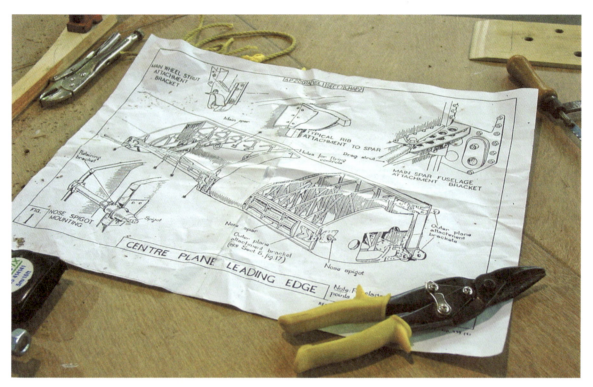

上图：空速公司原始出版物上的"霍萨"组装图很有帮助，但是没有最重要的详细尺寸，它们更多的是一个指南，而非全面的说明。

上图：制造圆形的机身隔舱。

上图：机身成型。

左图：后机身视图。机舱各段之间的连接向尾部方向重叠，每段的尾部延长，与下一段紧密衔接。

顶图：突击滑翔机信托基金会的志愿者们正在皇家空军肖伯里基地机库内的车间工作。

上图：方向舵及舵轴已经固定在机身上。

对页图：在简单夹具中的方向舵。

上图：WISA−Craft GL I 桦木胶合蒙皮（1.5 毫米厚）用"陨石"300 合成脲醛树脂黏合剂固定在结实的木框上。在黏合剂完全凝固、胶合板固定在结构上之前，用尼龙绳将其固定就位。这种特制的薄胶合板很适合于机身表面的技术难题的解决。

左图：前机身左侧的空洞是配备向下铰接的主货舱门的位置。

对页图：志愿者在巨大的舵结构前成了小矮人，这里看到的舵还没有安装亚麻蒙皮。

对页上图：建造驾驶舱部分。

对页下图：制作飞行员的操纵杆。

右图：蒙皮的连接点已经被密封。注意已经固定好的主起落架单元和上机身的机翼主梁固定托架。

下图：使用深黑色的涂装并涂绘机身的圆徽——油漆工作正在进行中，水平安定面还未安装。

3

8

9

WARNING
MAX DIVE SPEED
MAX SPEED FLAPS HALF DOWN
MAX SPEED FLAPS FULL DOWN
MAX SPEED TOWING

2

7

CABLE ANGLE
INDICATOR Mk II

11

6

5

"AIRBRAKE"

1

ARE YOUR
CONTROLS
LOCKED?

ELEVATOR LOCKING
STRUTS STOWED
ON COCKPIT SIDES
PORT & STARB'D,
AS A SIGN THAT
ALL FLYING CONTROLS
ARE UNLOCKED

4

14

空速公司 "霍萨" 仪表盘和控制设备

1. 飞行员和副驾驶控制杆	10. 仪表盘灯
2. 固定驾驶盘的蝶形螺母	11. 人工地平仪
3. 驾驶盘	12. 上升和下降率指示器
4. 方向舵脚蹬	13. 转弯和倾斜指示器
5. 高度计	14. 升降舵控制
6. 空气制动控制杆	15. 襟翼控制杆
7. 空速表	16. 牵引解除控制杆
8. 气压表	17. 起落架抛弃控制杆
9. 飞行限制板	18. 罗盘

ARE YOUR
CONTROLS
LOCKED?

ELEVATOR LOCKING
STRUTS STOWED
ON COCKPIT SIDES
PORT & STARB'D.
AS A SIGN THAT
ALL FLYING CONTROLS
ARE UNLOCKED

AIRBRAKE

TOP ROPE

UNDERCARRIAGE
LOCKED ➡

RELEASE

SIDE SLIP

Turn

上图：安装透明座舱盖之前的驾驶舱。

对页上图：建造驾驶舱。

对页下图：配备透明座舱盖的驾驶舱。

上图：架设脚手架平台，以装备机翼中段和起落架支柱。

上图：LH291 号"霍萨"滑翔机放在它的起落装置上，同时固定内翼。

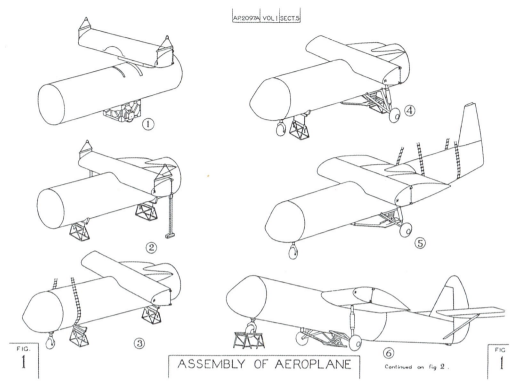

上图:"霍萨"的总体组装指南。

上图:"霍萨"组件。1944年4月,"民工们"在从制造商处送来的"霍萨"滑翔机的各个组件前拍照,之后,该机在牛津郡的皇家空军布赖兹诺顿(Brize Norton)基地第6维护单位组装。(图片来源:帝国战争博物馆 CH13022)

皇家空军肖伯里基地的参观者
正详细观察这架机身已经完
工的滑翔机。这架滑翔机于
2014 年存放在皇家空军科斯
福德基地的仓库里。

1944 年 6 月 7 日，勒夫雷斯恩卡米利（Le Fresne–Camilly）的 B5 机场，地勤人员目送第 175 中队的"台风" Mk I B 战斗机滑跑起飞。（图片来源：帝国战争博物馆 CL403）

8 战术空军使用的机场——建设前方着陆场

皇家空军和美国陆军航空队战斗工兵团队在 D 日后于诺曼底建造了几十个临时机场,供盟军战术空中力量用于支援前线的陆军。在登陆作战之后的 24 小时之内,就有 3 个这样的机场建立并投入使用。这些前方着陆场的快速建设是土木工程的巨大成功。

如果在 D 日之前和滩头战役期间，英国皇家空军和美国陆军航空队没有全面的遮断计划，空袭没有发生在正确的位置和时间，盟军地面力量就不可能在海滩上获得立足点并在敌军的猛烈反攻下守住桥头堡，然后向塞纳河和巴黎方向取得突破。

1943 年组建的两支战术空军部队——英国第 2 战术航空队和美国第 9 航空队在 D 日登陆之后对英国和美国地面部队进行了直接的空中支援。第 2 战术航空队的组建吸取了第 8 集团军和沙漠航空队在北非的经验，在那里的战斗中，战斗机和轰炸机参加了对地面部队的近距支援行动，它们都被整合到一个联合计划中。美国第 9 航空队于 1943 年从美国直接前往欧洲，为登陆作战做好战斗准备。

皇家空军在 1943 年夏季开始为未来的登陆作战进行实际准备，这

下图：1944 年 4 月 19 日萨塞克斯郡的阿普德拉姆（Appledram）前方着陆场（ALG），在由伪装网遮盖的巴特勒战斗机库入口处，第 312 中队和第 313（捷克）中队的"喷火"LF Mk IX B 战斗机正在进行维修保养。（图片来源：帝国战争博物馆 CH18720）

时，一些战术单位的地面人员和基地组织都进行了彻底的改组。建立了一系列编号的"机场"，每两个机场组成一个分区。这些机场完全是"移动"的，能够从前线的跑道（或者着陆场）无限期地高效运作。地勤人员与所在中队分离，组成独立梯队，然后派驻特定的机场，服务于任何降落在那里的中队及其飞机。有些中队很快被以特定的机场、联队和地勤服务梯队标识，他们一起被转移到不同的机场。这种方法在 1943—1944 年于英格兰进行了磨炼，在机场和服务梯队转移到诺曼底前方着陆场的新基地时，他们对自己的任务已经轻车熟路。

在法国建立飞机着陆场之前，第 2 战术航空队和第 9 航空队的战斗轰炸机中队从肯特郡、萨塞克斯和汉普郡的临时前方着陆场起飞，跨越英吉利海峡进行战术空中支援行动；从 1944 年 6 月 6 日起，他们在法国和后续的战场上执行任务，直到 1945 年 5 月 8 日欧洲的战事结束。

盟国远征军空军总司令、空军上将特拉福德·利 - 马洛里爵士是提出建立这些临时机场的第一人，这项至关重要的任务在 D 日之前交给皇家空军机场建设勤务部队（ACS）。这些前方着陆场与 1939 年起在英格兰中部和东部建立、用于支持皇家空军和美国陆军航空队对德国进行战略轰炸的几十个永久性机场不同。它们是战术作战用途的机场，用

下图：盟国远征军空军总司令，空军上将特拉福德·利 – 马洛里（Trafford Leigh-Mallory）爵士在诺曼底的 B2/ 巴藏维尔前方着陆场与乔·法格尔（Joe Fargher）空军上士交谈。法格尔是 6 月 14 日被轻型防空炮火击中后迫降在卡昂地区的 3 名第 234 中队"喷火"飞机驾驶员之一，他乘坐利 – 马洛里的道格拉斯 DC-3 "达科他" 飞机回到皇家空军索尼岛基地。（图片来源：帝国战争博物馆 CL 129）

于战术空中部队对跨越海峡来到战场进攻作战的地面部队提供支援。

前方着陆场设置在征用的农场，每个前方着陆场有两条 1600 码 × 50 码（约 1463 米 × 45.7 米）金属轨跑道，这些跑道用索莫非（Sommerfeld）轨道、方形网眼轨道（SMT）或者穿孔钢板（PSP）制成，加上 2.5 英里（约 4.12 千米）的机场环形道，以及和环形道平行的一条附加的机动车（MT）用道。住所很少且很简单，通常使用现有的农场房屋，还提供最多 4 座拱形机库。

1943 年夏季和秋季，英格兰南部有大约 12 个前方着陆场投入使用，但是在潮湿的冬季各个中队和他们的飞机都转移到永久性基地。1944 年春季到来、土地干燥时，这些中队返回前方着陆场，恢复对法国北部和比利时战术目标的攻击行动。

法国的前方着陆场

由于必须飞越英吉利海峡，以英国南部的前方着陆场作为基地的战斗轰炸机只能在诺曼底前线上空短暂停留，就需要返回基地加油和装载武器。执行战斗行动时，距离基地的有效作战半径估计为 100 英里（约 161 千米）。

但是，第 2 战术航空队和第 9 航空队对法国北部敌军机场及设施的破坏是确保盟军在登陆区域空中优势的必要行动，这需要付出很大的代价。盟军的空中部队在诺曼底无现成可用的跑道和维护设施，这

下图：1944 年 7 月 13 日，两架从 B5/ 勒夫雷斯恩卡米利起飞的第 174 中队"台风"Mk Ⅰ B 战斗机扬起尘土。（图片来源：帝国战争博物馆 CL450）

意味着他们必须在欧洲大陆重新建造自己的机场。所以，空军认为登陆滩头之后，就应该尽快在诺曼底（特别是卡昂－法莱斯平原，空军计划人员认为那是特别合适的地点）建造临时着陆场。

空军还认识到，一旦盟军的战线向前推进，超出了战斗轰炸机的有效作战半径，联队、中队和服务梯队必须转移到更靠近前线的新建着陆场，将后方的着陆场留给补给运送和伤员后运使用（在这个时候，有些前方着陆场就会被放弃）。

这些着陆场分为 4 类，建造计划的优先顺序如下：

1 级：紧急着陆跑道（ELS）。
2 级：加油及补充弹药跑道（RRS）。
3 级：前方着陆场（ALG，以后将成为机场）。
4 级：机场——设施与前方着陆场相同，但是疏散设施有改进。

紧急着陆跑道（ELS）——最小长度为 1800 英尺（约 548.6 米），在略作平整的地面上建造。顾名思义，这些跑道不适于常规行动，但是可以让处于困境的飞行员进行紧急着陆。

加油及补充弹药跑道（RRS）——最小长度为 3600 英尺（约 1097 米），有可供起飞降落的夯实平面，加上两个编组区域（在跑道两端，每个大小为 50 码 ×100 码（45.7 米 ×91.4 米），以便飞机的再次飞行准备，并有足够的跑道，使行动能够在夏天和秋天的常规天气

下图：在美国陆军航空队前方着陆场上进行飞机维护。（图片来源：美国国家档案馆）

在一架 P-47 "雷电" 战斗机加油和补充弹药后起飞时，这条着陆跑道的建造工作继续进行。(图片来源：美国国家档案馆)

条件下持续。

前方着陆场（ALG）——对于战斗机，最小长度为 3600 英尺（约 1097 米），对战斗轰炸机，最小长度为 5000 英尺（约 1524 米），设施与加油和补充弹药跑道相同，可以疏散 54 架上述两种类型的飞机，能够全负荷运转。

机场——和前方着陆场有相同的设施，但是疏散设施有改进。

场地

盟军的计划人员在登陆行动之前，根据诺曼底地质的专业知识选择降落跑道的潜在场地。巴约和卡昂周围的卡尔瓦多斯高原是皇家空军前方着陆场选择的场地，它的地基和表层沉积在潮湿天气中有很好的排水能力；在干燥的天气中，稳固和均匀的表层不容易碎裂；大片空旷的可耕地具有一致的性质，没有树篱和沟渠。

美军的机场主要位于科坦唐半岛，这里的地面给第 9 工兵司令部的各个工程营带来了更多的挑战。大部分地面是黏土层，需要更大比例的路面施工。最初的计划要求在诺曼底至少进行如下机场修建工作：

下图：453 中队的澳大利亚飞行员帮助平整 B11/滨海隆盖（Longues-sur-Mer）的跑道。D. 奥斯本（D. Osborne）中尉和 A. 赖斯（A. Rice）少尉驾驶一辆吉普车，J. 斯科特（J.Scott）少尉在本地征用的农用压路机上固定两个 500 磅（约 227 千克）炸弹以增加重量。背景中，在改装的岗亭里的跑道管理员监督下，602 中队的"喷火"战机起飞参加行动。（图片来源：帝国战争博物馆 CL 509）

- 在 D 日结束之前修建 3 条紧急着陆跑道（美军 2 条，英军 1 条）；
- 到 D+3 日晚上（不晚于 D+4）修建 4 条加油和补充弹药跑道（美军 2 条，英军 1 条）[1]；
- 到 D+8 日修建 10 个前方着陆场（美军 5 个，英军 5 个）（包括 4 条加油和补充弹药跑道）；
- 到 D+14 日修建 18 个机场（美军 8 个，英军 10 个）；
- 到 D+24 日修建 27 个机场（美军 12 个，英军 15 个）；
- 到 D+40 日修建 43 个机场（美军 18 个，英军 25 个）；
- 到 D+90 日修建 93 个机场（美军 48 个，英军 45 个）。

　　快速修建前方机场非常重要，因此英军和美军机场建设大队的先头部队于 D 日登陆，他们的装备和重型机械在接下来的几天内陆续运抵。陆军登陆之后，机场建设工作优先于所有其他建造活动，直到机场建成。

机场建设

　　为了建立稳固的跑道表面，承受重载的战斗轰炸机的频繁使用，用铲土机铲掉土壤表层，然后用羊足辗压路机和摆轮式压路机夯实底土，达到最优的含水量。正如预期，英军机场下的黄土在潮湿天气中能很快地排水。但是，晴天加上黄土微粒的振动造成机场早期作战使用中产生浓密的烟尘。有些机场洒水使尘土变湿，以减小对能见度和

上图：1944 年 6 月 14 日，皇家空军第 184 中队的"台风" Mk I B 战机（注册号 MN，机身编号 529 "BR-N"）携载火箭发射器，从 B2/ 巴藏维尔起飞，扬起了一片尘土。（图片来源：帝国战争博物馆 CL147）

---

[1] 原文如此。看到一种说法英军当时计划到 D+3 日，要完成两条 RRS，分别是 B2 和 B3。如前文所示，前方着陆场的建设是有优先级的，例如先修建了紧急着陆跑道（ELS），紧接着扩建加油及补充弹药跑道（RRS），再然后升级为前方着陆场（ALG），大多数资料以前方着陆场完工时间统计建成时间，因此诸如具体各处前方着陆场何时建成加油及补充弹药跑道等，实在难以具体考证。——审校注

美国第 9 工兵司令部 834 航空工兵营修建的 A1/ 圣皮埃尔迪蒙（St-Pierre-du-Mont）机场鸟瞰图。（图片来源：美国国家档案馆）

上图：一架美国陆军航空队的 P-38"闪电"战斗机降落在第 1 紧急着陆跑道（ELS-1）。在它的航迹上扬起尘土。右前方是一架 Piper L4"草蜢"侦察机，它在诺曼底被用于多项任务，包括炮兵弹着观察和伤员后送。（图片来源：美国国家档案馆）

上图：皇家空军机场建设勤务部队和皇家工兵在B3/滨海圣克鲁瓦铺设方形网眼轨道。（图片来源：美国国家档案馆）

上图：一辆皇家空军平路机及司机。（图片来源：美国国家档案馆）

上图：诺曼底的道路修建也由英国机场建设小队承担。（图片来源：美国国家档案馆）

发动机的损害。

机场的建造尽可能不破坏草地（接受相当不平整的疏散区域），但是对尘土问题的唯一真正解决方案是在铺设路面的跑道上起降飞机。

皇家空军的第一条紧急着陆跑道（B1/阿内勒）在6月7日（D+1）完成投入使用。到6月17日又完成了5个机场，到6月底，皇家空军在诺曼底可使用的机场数量达到10个。

在D日的24个小时内，美国陆军航空队的第9工兵司令部已经建立了两个机场——ELS1/普珀维尔（Poupeville）和A21/滨海圣洛朗。士兵们在艰苦的条件下工作，常常不得不将工具放在一边，去对付敌军的狙击手。

前方着陆场的设施相当简陋，官兵们通常睡在帐篷里，飞行控制在另一个帐篷进行。飞机经常在露天接受维护，但是当工作需要在遮盖下进行时，用钢材和帆布预制的"巴特勒"机库就可以派上用场。

人力

诺曼底的工作是由皇家空军和美国陆军航空队联合进行的——1个皇家空军机场建设联队和5个皇家工兵机场建设大队（从1942年夏季开始参加了严格的机场修建训练）；美国第9航空队第9工兵司令部

下图：在部分完成的前方着陆场上铺设方形网眼轨道。（图片来源：美国国家档案馆）

的 17 个航空工兵营（EAB），它们组建的目的是在英国和欧洲大陆为支援盟军部队的美国第 9 航空队修建和维护机场。

皇家空军机场建设联队和皇家工兵

皇家空军机场建设联队由 4 个中队组成，每个中队包括 6 个场地小队、1 个重型机械小队和 1 个机械运输小队。皇家工兵大队由一个队部连和两个道路修建连组成，每个道路修建连另有一个归其指挥的附属轻工兵连。他们使用的重型机械包括履带式拖拉机、翻斗车、机动平路机、压路机、推土机和大型载重运输车辆。

此后，有 5 个皇家空军机场建设联队登陆欧洲大陆：第 5357 联队的各个中队和前线部队一起工作，随着战斗机和战斗轰炸机中队的推进，为他们建造和维修机场；其他 4 个联队承担支援陆军和皇家空军行动的更广泛建造和维修工作。

美国第 9 工兵司令部

第 9 工兵司令部的基本工作单位是航空工兵营，营长负责为其分配他认为合适的工作项目——最终的结果是所有上级感兴趣的。一个营可能被全部投入建造工作，也可以细分到维护工作中，或者两者兼

下图：第 834 航空工兵营的士兵和第 78 战斗机大队的 P–47 "雷电" 战斗机在新建的 A1/ 圣皮埃尔迪蒙机场。（图片来源：美国国家档案馆）

有。17个航空工兵营中共有16000名官兵。因为军官们都是工程专业人士，士兵们都有在太平洋战场上建造机场的经验，所以他们几乎不需要进一步的培训就能够履行诺曼底的任务。

下面是第9工兵司令部为了简化在诺曼底的前方着陆场修建工作而设想的计划纲要：

每个营的人员和装备被分为A、B、C、D梯队。这样做的理由是为了排定活动的优先顺序，确定行动每个阶段应该到达机场建设位置，对特定时期行动具有最大作用的人力和装备。

第一个进入预定机场建设地点的梯队是侦察梯队，他们将在主要战术条件许可的情况下尽快到达那里。他们应该仔细检查场地，决定最佳的跑道和疏散区位置，查找并扫除该地区的敌军地雷，并在时间允许的条件下进行初步的规划。

下一个到达的是营长率领的先头部队。他们将与侦察梯队联系，营长决定场地是否适用，遵循侦察梯队提出的规划或者做出更改。如果决定在该场地建造，可以开始进行初步的建造工作；如果决定该场地不适用，侦察部队将前往备用场地，重复上述过程。

下图：测绘员是第一批进入现场作业的人员。在重型装备进入之前，他们用经纬仪、视距尺和测距标杆，在现场用木桩对跑道做出标记。图中最左边的测绘员通过经纬仪观看右边的视距尺。视距尺上的标识确定两者之间的距离。后边的士兵抓着测距标杆，保持已经通过观察经纬仪确定的合适角度。左边的其他人记下读数，在右侧视距尺旁的人同时准备立桩。（图片来源：美国国家档案馆）

先头部队有 50 名官兵，其中一些负责辅助进一步的规划工作，其他人则负责保护他们。至于装备，该梯队由两辆 D-7 牵引车，两辆机动平路机和一辆卡车组成，所以可以开始进行初期的土方和清理工作。

下一个到达的梯队是支援梯队，他们为地面清理土方工作增加了两辆带有推土版的 D-7 铲运车、一辆 D-4 牵引车和两部汽油锯，另外还有 8 辆卡车，利用它们就可以开始运送建筑材料。这个梯队将为整个团队增加 100 人，可以用于各种目的。

到主力梯队的 541 名官兵到达时，利用剩下的土方搬运和清理装备就足以"展开"项目，轨道的铺设也可以开始。

主力梯队带来了维持快速建造和完成任务必备的所有剩余装备，包括 4 辆带有推土板的 D-7 铲运机，2 辆 D-4 牵引车，4 辆机动平路机，28 辆 2.5 吨卡车，2 台空气压缩机，1 部卡车运载起重机，1 台牵引车运载起重机，1 台拖车运载的润滑器，4 辆 16 吨拖车，各种压路机，4 部汽油锯，供水设备和 13 辆勤务车辆。

下图：索莫菲轨道结构与铺设示意图。（图片来源：作者收藏）

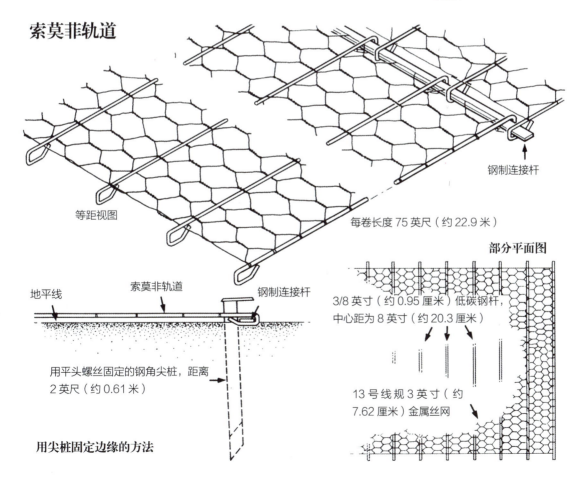

索莫菲轨道

等距视图

每卷长度 75 英尺（约 22.9 米）

钢制连接杆

部分平面图

地平线　索莫菲轨道　钢制连接杆

用平头螺丝固定的钢角尖桩，距离 2 英尺（约 0.61 米）

用尖桩固定边缘的方法

3/8 英寸（约 0.95 厘米）低碳钢杆，中心距为 8 英寸（约 20.3 厘米）

13 号线规 3 英寸（约 7.62 厘米）金属丝网

跑道修建和路面材料

着陆场上的设施按照如下顺序提供：

• 跑道（如果有必要，铺上轨道）；
• 滑行道、停放区或者疏散区；
• 修建和运营供水站；
• 通路的改进和建造；
• 飞行控制设施的保护；
• 修建和运营供水站；
• 通往仓储区域的道路；
• 建立汽油存储区域；
• 最低限度地翻新附近损坏的房屋，用于指挥部及用来存储对天气敏感的补给品。

工兵们使用一系列特殊开发的路面材料来代替粗糙、未经改善的土质降落跑道——索莫菲轨道、方眼轨道、穿孔钢板和预制麻布铺面材料，强化土壤来支撑飞机的重量，并将其作为抵御不可避免的潮湿天气的保障。开始，前线机场都是单条着陆跑道，除非当地的条件要求不同的方向，否则都是东西向铺设（跑道编号 09/27[1]）。

索莫菲轨道

D 日之前在英国修建的前方着陆场路面都用索莫菲轨道铺设，这是一种轻量级弹性铁丝网状预制机场路面材料，它的名称来自为躲避纳粹迫害于 1933 年流亡至英国的德籍犹太工程师库尔特·约阿希姆·索莫菲（Kurt Joachim Sommerfeld）。这种材料最初于 1941 年在英国被用作公路和跑道路面材料，它在纵向具有弹性，而在横向则是刚性的。它的预制表面由一个横向用相隔 9 英寸（约 23 厘米）的钢条加固的铁丝网组成。这种结构具有承载能力，同时保留足以卷起的弹性。索莫菲轨道的昵称是"Tin lino"，成卷包装，每卷宽度为 10 英尺 8 英寸（约 325.1 厘米），长度为 75 英尺 6 英寸（约 2301.2 厘米），可以用扁钢条穿过钢条末端的圆环，将不同卷的轨道连接起来。

[1] 原文中的 (09/27)，是机场跑道编号，以磁方位角来命名，最小 01，最大 36。向东就是 09 号跑道，相反方向就是向西的 27 号跑道。比如海口美兰机场跑道编号就是 09/27。——审校注

对页图：一位工兵正在维修方形网眼轨道路面。（图片来源：美国国家档案馆）

上图：第 834 航空工兵营士兵正在建造巴约西南方大约 10 英里（约 16.1 千米）处的 A9/ 勒莫莱机场。（图片来源：美国国家档案馆）

上图：横贯跑道的灌渠部分已经被推土机填上。平路机在重型拖拉机的牵引下，从近处运来泥土，均匀地填入灌渠中。平路机常被称作"大提包"或者"平底锅"，能够运载 8 立方码（约 6 立方米）土方，同时可以收集过多的泥土，或者在必要时填土。（图片来源：美国国家档案馆）

上图：光轮压路机沿着跑道来回运行，逐渐夯实，直到路面平整且坚硬。这些压路机每辆的重量为 10 吨，负责修建完成飞机正常降落所需的跑道路面。（图片来源：美国国家档案馆）

上图：D 日之后几天，在 A1/圣皮埃尔迪蒙，翻斗车将泥土卸到跑道上不平整的地方。（图片来源：美国国家档案馆）

上图：在用平路机进行铲平处理之后，运水车将破坏的草地弄湿，然后将其压实。这些运水车在跑道建造的整个过程中持续工作，在每次压实过程之前保持地面潮湿。它们是最后一个离开完工机场的装备，最后离开前还要洒水让尘土沉积。（图片来源：美国国家档案馆）

上图：在铺设之前，用起重机将预制沥青路面材料（或者粗麻布路面材料）吊上卡车。（图片来源：美国国家档案馆）

对页图与本页图：在选定的跑道场地平整之后，由货车运载200英尺（约610米）一卷的粗麻布路面材料（含有类似柏油纸的成分）进行铺设。相邻的材料之间保持50%的覆盖，然后用柴油和汽油的混合溶液黏合。路面材料用摆轮式压路机压实，然后用另一辆货车上的加注器喷射液态的黏合剂密封。（图片来源：美国国家档案馆）

铺设预制柏油路面材料（PBS）。（图片来源：美国国家档案馆）

1944 年 6 月 6 日—7 月 24 日
美军使用的前方着陆场 [1]

编号 / 名称	开始使用日期
ELS1/ 普珀维尔	6 月 7 日
A1/ 圣皮埃尔迪蒙	6 月 13 日
A2/ 克里屈埃维尔	6 月 19 日
A3/ 卡尔东维尔	6 月 14 日
A4/ 德瑞莫	6 月 30 日
A5/ 齐佩勒	7 月 5 日
A6/ 伯兹维尔	6 月 15 日
A9/ 勒莫莱	6 月 30 日
A11/ 圣朗贝尔	8 月 5 日
A12/ 利盖罗莱	7 月 18 日
A13/ 贝桑地区图尔	7 月 28 日
A21/ 滨海圣洛朗	6 月 7 日
A22/ 滨海科勒维尔	7 月 13 日

穿孔钢轨

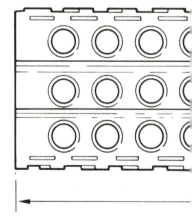

---

[1] 此处原作者应该是被维基上的介绍误导了，遗漏了几处美军的前方着陆场，根据美国陆军航空队
第 9 工兵司令部的报告中各处着陆场的启用时间，将 7 月 24 日及之前美军启用的着陆场清单进
行对照，原文中的清单应当补充如下的几处（另外原文中也出现了 8 月 5 日才开始使用的 A11）：

A-7 Azeville（阿泽维尔）6 月 24 日
A-8 Picauville（皮科维尔）6 月 26 日
A-10 Carentan（卡朗唐）6 月 19 日
A-14 Cretteville（克雷特维尔）7 月 4 日
A-15 Maupertus（莫佩尔蒂）7 月 4 日
A-23 Querqueville（屈埃尔屈埃维尔）7 月 6 日
A-24 Biniville（比尼维尔）7 月 17 日
上述机场均位于科唐坦半岛

另外对于前方着陆场补充说明如下：

1. 美军着陆场编号以 A 开头，英军以 B 开头
2. 只有建成前方着陆场（ALG）之后，才有上述 A、B 的编号，如果仅建成紧急着陆跑道
   （ELS），类似文中普珀维尔（Poupeville）没有此类编号
3. 开始使用时间指的是建成前方着陆场（ALG）并启用的日期，后续有成建制的航空部队
   进驻使用；但之前修建过程中，已经建成紧急着陆跑道（ELS）或者加油及补充弹药跑道
   （RRS）的时候，不少着陆场实际已被使用过（诸如受伤战机紧急迫降等）
4. 英军着陆场编号清单中，计划时就跳过了 B13 编号（也许是因为迷信）
5. 英军着陆场编号清单中，B20 和 B22 分配了两处着陆场，但后续取消。

关于前方着陆场的详情，推荐如下网址：
https://www.dday-overlord.com/en/battle-of-normandy/alg ——审校注

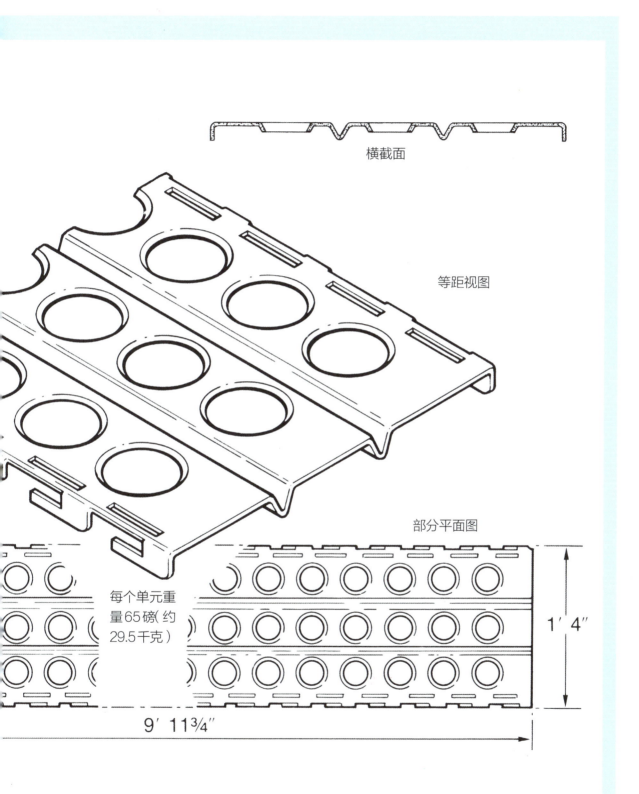

横截面

等距视图

部分平面图

每个单元重量65磅(约29.5千克)

1′ 4″

9′ 11¾″

上图：穿孔钢板轨道。

1944 年 6 月 6 日—8 月 8 日 英军使用的前方着陆场

编号 / 名称	开始使用日期
B1/ 阿内勒	6 月 7 日
B2/ 巴藏维尔	6 月 11 日
B3/ 滨海圣克鲁瓦	6 月 10 日
B4/ 滨海贝尼	6 月 15 日
B5/ 勒夫雷斯恩卡米利	6 月 15 日
B6/ 库隆	6 月 15 日
B7/ 吕屈埃维尔	不详
B8/ 索梅尔维厄	6 月 22 日
B9/ 朗特伊	6 月 22 日
B10/ 普吕默托	6 月 10 日
B11/ 滨海隆盖	6 月 21 日
B12/ 埃隆	7 月 18 日
B14 昂布利耶	7 月 7 日
B15/ 里村	7 月 5 日
B16/ 维隆莱比伊松	8 月 7 日
B17/ 卡尔皮屈埃	8 月 8 日
B18/ 克里斯托	7 月 25 日
B19/ 兰热弗雷	8 月 6 日
B21/ 圣奥诺兰德迪西	8 月 8 日

第 9 工兵司令部接收的建筑材料
（1944 年 6 月 6 日—8 月 9 日，单位：长吨 [1]）

穿孔钢板（PSP）	约 13325.46 吨
预制粗麻布路面材料（PHS）	约 5348.47 吨
方形网眼轨道（SMT）	约 12438.45 吨

[1] 长吨是英制计重单位，1 长吨 =1016 千克。另外短吨是美制计重单位，1 短吨 =907.2 千克。吨是公制计重单位，1 吨 =1000 千克 =1.1 短吨 =0.984 长吨。——审校注

方形网眼轨道（SMT）

诺曼底登陆之后的前几周，为建造前方着陆场所选择的路面材料被称作方形网眼轨道（SMT）。方形网眼轨道由英国钢筋混凝土工程公司于 1943 年开发，由 3 英寸（约 7.62 厘米）见方的粗铁丝网格连接而成。它胜过其他路面材料的原因是非常轻，已经十分繁忙的登陆艇可以将足够数量的轨道运过英吉利海峡。方形网眼轨道是很容易使用的材料，一个战斗机着陆场可以在大约一周内铺设完毕，就像铺地毯似的。

预制柏油路面材料（PBS）和预制粗麻布路面材料（PHS）

用方形网眼导轨完成诺曼底的第一批机场之后，建造机场的工兵部队几乎都转向另一种路面材料——预制柏油路面材料（PBS）。预制柏油路面材料是源于英国并由加拿大陆军工兵部队开发的，作为一种快速路面辅助材料，它很轻、容易运输，具有很好的全天候特性。它可以快速铺设，不会造成方形网眼导轨表面的着陆场碰到的尘土问题。1943 年夏季进行的预制柏油路面材料试验取得成功，这种材料很快就被大量生产。到战争结束，仅在英国就制造了 2000 万平方码（约 1672 万平方米）。

预制柏油路面材料被简单地描述为一种粗麻或者黄麻浸泡布料，每卷为 300 英尺（约 91.4 米）长，36 英寸（约 91.4 厘米）或者 43 英寸（约 109 厘米）宽，铺设时重叠部分加以密封，形成适用于好天气的防尘表面。

预制柏油路面材料是需要小心搬

运和常规维护的材料。很快就发生了飞机的急刹车导致预制粗麻布路面材料被撕裂的情况，但是这种情况可以通过在脆弱位置的预制粗麻布路面材料之上铺设方形网眼导轨的方法来弥补。但是，预制柏油路面材料吸引人之处主要在于铺设的速度。150 名士兵的团队可以在大约 14 个小时内铺好 3600 英尺 × 120 英尺（约 1097 米 × 36.6 米）的跑道。

　　预制柏油路面材料也是具有良好成本效益的穿孔钢板替代品——普通的前方着陆场需要 800 吨预制柏油路面材料，而同样的着陆场需要 4800 吨穿孔钢板。在跨越英吉利海峡的坦克登陆舰上，这对运输空间也是巨大的节约。

穿孔钢板（PSP）

　　为了向美国第 9 航空队中型和轻型轰炸机提供全年使用的机场，1944 年 7 月，诺曼底引入了第三种路面材料——穿孔钢板 [PSP，或者"马士敦"路面（Marsden Matting）]。它由连接在一起的 10 英尺（约 3.05 米）长、15 英寸（约 37.8 厘米）宽的穿孔钢板组成，垂直于飞机航线铺设。穿孔钢板广泛地使用在其他战场上，是欧洲大陆所有机场的理想路面材料，但是有限的产量和较大的重量使其变得不实用。而且，因为供应问题，建造穿孔钢板路面的战斗轰炸机机场可能要花费一个月或者更长的时间，而类似的预制柏油路面材料机场和方形网眼导轨机场分别可以在两周和一周内完成。

草皮和泥土

　　除了上述材料，在紧急着陆跑道和加油及补充弹药跑道的修建中还使用了草皮和泥土跑道。

下图：第 833 航空工兵营的士兵在机场建设中铺设穿孔钢板。（图片来源：美国国家档案馆）

机场建设：美国风格

美国第 843 航空工兵营于 7 月 2 日抵达诺曼底。分配给他们的第一项任务是在靠近卡朗唐的布吕舍维尔（Brucheville）建造一个前方着陆场（A16）。该营的书记员写下了在法国土地上建造机场之前的一个多月里，他们与天气抗争，划定和清理场地的经历：

我们于 7 月 5 日 16 点从圣朗贝尔（Saint-Lambert）出发，乘坐汽车沿着由瑟堡向南延伸的主干道开进，这条路上挤满了运载士兵和补给品的卡车，通过卡朗唐的时候，遇到了零星的敌军炮火，经过我军战斗机占据的飞机跑道周围挖掘的步兵和炮兵阵地，最后到达布吕舍维尔——我们将在那里完成本营在法国建造的第一个前方着陆场。

这时，瑟堡半岛的卡朗唐地区是双方必争之地，大雨使原本已经遍布沼泽的乡间低地条件变得更加恶劣。在沼泽中可能发起进攻的通道，敌军步兵已经在灌木丛中建立了阵地，并得到迫击炮、机枪和不断增加的炮兵的支援。需要飞机和重炮将敌军逐出这些据点。我们最为急迫的任务是建造着陆跑道，以增加空中支援的效率，支持正在瑟堡半岛西南方向 10 英里（约 16.1 千米）长的战线上作战的我军地面部队。

在布吕舍维尔的任务已经于 1944 年 7 月 4 日下达给第 843 营。详细命令如下：一条 5000 英尺 ×120 英尺（约 1524 米 ×36.6 米）的跑道，其中 3600 英尺（约 1097 米）采用预制粗麻布路面材料路面，其余采用平整和夯实的泥土跑道；一条预制粗麻布路面材料铺设路面

下图：降下犁板的平路机进行粗切。按照测量员标记的线路，他们开始对跑道进行平整。然后，他们升起犁板，降下位于机器前方的大型锯齿，开始铲平地面。（图片来源：美国国家档案馆）

和一条方形网眼轨道铺设路面的滑行道；75块42英尺×72英尺（约
12.8米×21.95米）的停机坪，其中50块铺设网眼轨道，25块仅做
平整和夯实。完成日期设定为1944年7月16日。

　　本营负责作战参谋任务的S-3小组的先头小队已经在5日凌晨到
达新位置，标记跑道中线。7月6日，在跑道场地上清理灌木的工作
已经开始，每天分3班工作，6小时换班。所有树木和矮灌木都被清
除，并将土壤下挖至达到理想地基的深度，然后填土并用羊足碾压路
机夯实。灌木丛的清除在7月9日完成。跑道平整于7月8日开始，
进展迅速，但是到7月13日在跑道中央遇到了一大块松软的土地。我
们必须将这一地块挖掘到4英尺（约1.22米）的平均深度，安装排水
管排出地下水，并填入来自附近矿坑的岩石。滑行道的清理从7月12
日开始，利用跑道平整所不需要的设备进行。跑道进近区的清理在次
日完成，同日，两个连的士兵分为两班，每8小时一班开始在跑道上
铺设粗麻布路面。

　　预制粗麻路面材料（PHS）是两面涂上厚厚的沥青的粗麻布料。
在地面夯实到最优的湿度，形成坚硬、致密的表面时，铺设这种材料，
每块之间有50%的重叠部分，形成双层覆盖。材料一面的沥青在铺
设之前浸泡在汽油和柴油的混合溶液中；这会将沥青涂层软化，变得

非常黏稠，从而提供黏性。这一思路是加拿大陆军工兵提出的，但是我们使用的材料是由美国屋面材料制造商制造的。这种布料的宽度为 43 英寸（约 1.09 米），每卷长度为 300 英尺（约 91.4 米）。通常，跑道两端的区域容易因为飞机转弯动作而遭到破坏，所以在粗麻布之上铺设了铁丝网以防撕裂。粗麻布材料铺设起来很快，整条跑道在 3 天内就可以铺完，但是地基必须完好——而且在雨中也不能高效地铺设。这种覆盖材料非常成功——没有灰尘，没有泥土，飞行员也喜欢它。

7 月 14 日，在跑道上遇到了第二块软地，使得平整工作延迟，结果是将完成的日期推迟到 7 月 21 日。7 月 15 日，滑行道的平整和安装开始。大雨使粗麻布路面的铺设推迟了 2 天，我们还必须去掉开始下雨时边缘尚未密封的粗麻布路面，重新铺设。7 月 20 日下午的大雨再度终止了所有行动，我们还要花费 3 天去排水。这一延迟将完成的日期再次推后到 8 月 1 日。7 月 24 日，我们接收了两个容量的 250 桶（每桶 42 美制加仑）的栓接钢罐并开始架设。晴朗的天气持续了三天后，雨又下了起来，降低了平整工作的速度并推迟了路面铺设。8 月 1 日，这个机场的一条跑道、一条滑行跑道和 38 块停机坪投入使用。8 月 2 日，第一架飞机从英国飞来，降落在机场上。一条滑行道、通行道路和停机坪，工作继续进行，机场于 8 月 7 日最终完工。

上图：这种 10000 加仑（美制 1 加仑为 3.7854 升）的钢制储油罐可以由 6 名士兵组成的小队在 3 天内拆卸并在下一个机场上重新安装。（图片来源：美国国家档案馆）

机场建设：英国风格

皇家空军的第 5023 机场建设中队于 7 月 6 日下午 3 时和 8 日夜里降落在诺曼底的勒阿梅尔（Le Hamel），人员、重型机械、机械运输和机动车装备齐整之后，他们已经做好了工作的准备。该中队的历史记录中这样描写接下来发生的事情：

开始的几天，我们的主要任务包括维护机场跑道、修建道路、机场环形道、制作炮靶，为跑道上油防尘以及一般的小工作。我们的重型机械操作人员帮助皇家工兵建造蒂利的一条新公路时，第一次体验了炮火下的工作。所有中队都是第一次挖掘工事躲避空袭，这种事情几乎每晚上发生。很快，我们就开始谈到"跑道"，而不是机场，我们用字母和数字代表它们，B2、B3、B4、B7、B8、B9——这些跑道因为王牌飞行员从那里起飞而闻名，很快就呈现了"正规机场"的外观——我们起早贪黑地工作，没有休息，也没有抱怨。我们都已经为此接受过训练，并且适应了这种生活，以自己成为欧洲大陆第二战场的一员而兴奋和骄傲。

下图：皇家空军第 5023 机场建设中队的重型机械操作员。（图片来源：作者收藏）

　　7月31日，我们将3个小队转移到靠近瑟莱湖畔蒂伊（Tilly-sur-Seulles）的场地，8月2日，中队的其余人员也转移过来，在这里我们开始和兄弟部队第5022中队一起工作，建造一个前方着陆场。从没有一个机场建设联队或者大队曾经在这样短的时间内完成这么多的工作。当我们抵达时，玉米已经长到3～4英尺（91～122厘米）高，树木枝繁叶茂，看上去长得十分结实。在5天内，这里就发生了巨变。一条1300码（约1189米）长、40码（约36.6米）宽的长方形网眼轨跑道、环绕跑道的40英尺（约12.2米）宽滑行道，以及一条环绕机场的50英尺（约15.2米）宽的机动车道路以及5个疏散区已经全部完成——B19新机场已经为战斗飞行做好了准备。在8月8日我们第一次停下来休息时，自己都无法相信这一切。

上图：6月15日，皇家空军飞行控制人员在巴约东北5英里（约8千米）处的B2/巴藏维尔工作。（图片来源：帝国战争博物馆 CL 162）

上图：8月1日，第419维修和救援小队的士兵在 AEC 移动式起重机的帮助下，从穿孔钢板着陆跑道上将机腹着陆到 B9/ 朗特伊机场（巴约以东约8公里）的加拿大皇家空军第440中队的注册序列号为 MN413，机身编号为 I8-T 的"台风"Mk IB 战机走。（图片来源：帝国战争博物馆 CL652）

上图：8月13日，加拿大皇家空军第421中队的"喷火"Mk IX 战机准备从 B2/ 巴藏维尔机场疏散区滑行起飞，实施"薄暮巡逻"。（图片来源：帝国战争博物馆 CL782）

伤亡清单

　　阅读关于帮助实现 D 日作战成功的科技和机械设备资料时，很容易忽视了登陆战中人力的消耗。许多有血有肉的人参加了作战，他们实实在在地付出了流血牺牲的代价。

　　"海王"和"霸王"行动进行了精密的计划，但是令人吃惊的是，D 日作战却没有"官方"的伤亡数字。在战争的混乱中，保留准确的记录十分困难。例如，被认为失踪了的部队可能实际上降落到了错误的地区，在以后重新与上级单位会合。

　　对于 6 月 6 日盟军的伤亡数字，一般的估计是 12000 ～ 14000人（包括 2500 人死亡）。这一数字按照国家列示如下：（大约）英国2700 人，加拿大 946 人，美国 6603 人。美国国家 D 日纪念基金会最新的研究更精确——人数也更多——盟军在 D 日中牺牲的战士中，有 2499 名美军士兵和 1915 名来自其他国家的士兵，总数达到 4414人（远高于目前为止公认的 2500 人）。进一步的研究可能得到更高的数字。

下图：滨海圣洛朗的诺曼底美军士兵公墓和纪念碑矗立在俯瞰"奥马哈"海滩的峭壁之上。这里埋葬了 9387 名美国军人，其中许多死于"奥马哈"海滩。（图片来源：Shutterstock.com/Jakez）

对页图：靠近巴约的拉康布德军公墓埋葬着21000名德军阵亡者，包括许多诺曼底战役中的亡者。（图片来源：美国陆军摄影/小阿尔弗雷多·巴拉扎）

下图：滨海贝尼（Beny-sur-Mer）的加拿大战争公墓中有2048座第二次世界大战士兵的陵墓，其中大部分是D日和向卡昂挺进初期阵亡的加拿大第3师官兵。（图片来源：Burtonpe/维基共享）

英军登陆海滩的伤亡大约是："金"海滩1000人，"剑"海滩也相近。英军的其他损失来自空降部队：有600人伤亡，另有600人失踪，还有100名滑翔机飞行员伤亡。加拿大第3师在"朱诺"海滩有340人死亡，574人受伤，47人被俘（不包括在"朱诺"登陆的英国工兵和突击部队）。

美军伤亡情况如下：1465人死亡，3184人受伤，1928人失踪，26人被俘。美军的总计如下：空降部队有2499人伤亡，其中238人死亡。相比之下，"犹他"海滩的伤亡较少：197人，包括60名失踪者。然而，在"奥马哈"海滩，美国第1和第29师一共至少有2000人伤亡。

德军在D日的准确伤亡数字不详，但是可能在4000～9000人。

在诺曼底战役期间（6月6日—8月31日），有超过425000名盟军和德军官兵伤亡或者失踪。这一数字包括：盟军的伤亡超过209000人，其中地面部队阵亡37000人，空中部队阵亡16714人。在盟军的伤亡中，83045人来自第21集团军群（英国、加拿大和波兰地面部队），125847人来自美国地面部队。

德军在诺曼底战役中的准确损失数字只能依靠猜测。大

约有 20 万德军官兵伤亡，盟军还俘虏了 20 万德军（没有包括在上述的 425000 人中）。在 8 月份法莱斯包围圈周围的激战中，德军损失了约 90000 人（包括被俘者）。

今天，诺曼底有 27 处战争公墓，埋葬了双方的 11 万名战死者：77866 名德军官兵，9386 名美军官兵，17769 名英军官兵，5002 名加拿大官兵和 650 名波兰官兵。

然而，作战并不是战役中唯一的伤亡原因。在发生战斗的下诺曼底大区 3 个省中，6 月 6 日—8 月 21 日有 14000 名法国平民丧生，主要是因为盟军的轰炸，至少有 25 万名城乡居民（有些估计为 40 万人）为了躲避战争而逃离他们的住所。

参考资料

主要资料

The National Archives (UK)

AIR 27/717 – Operations Record Book, 88 Squadron RAF, Jan 1944–Apr 1945

AIR 27/802–803 – Operations Record Book, 101 Squadron RAF, Jan–Dec 1944

AIR 27/966–968 – Operations Record Book, 140 Squadron RAF, May 1941–Nov 1945

AIR 27/1004 – Operations Record Book, 149 Squadron RAF, Jan 1944–May 1945

AIR 41/24 – RAF Narrative: The Liberation of North West Europe, Vol. III: The Landings in Normandy

'The Assault Landings in Normandy: Order of Battle Second British Army' (Cabinet Office Historical Section, London, 1958)

DEFE 2/416–417 – Report by Naval Commander, Force 'G', Operation Neptune, 6 June 1944

US Fleet, Task Force 122, 'Report of Naval Combat Demolition Units, 19 July 1944' (NARA)

WO 291/1331 – No. 2. Operational Research Section, 21st Army Group

辅助资料

Administrative History of US Naval Forces in Europe, 1940–1946, Vol. 5. The Invasion of Normandy: Operation Neptune (Commander US Naval Forces in Europe, 1946, Washington DC)

Anderson, Richard C. Jr., Cracking Hitler's Atlantic Wall: The 1st Assault Brigade Royal Engineers on D-Day (USA, Stackpole Books, 2010)

Anon, An Account of The Operations of Second Army in Europe 1944–1945, Vol. 1 (Second Army Headquarters, repr. Military Library Research Service, 2005)

Anon, Battle Summary No. 39: Operation Neptune: Landings in Normandy, June 1944 (London, HMSO, 1994)

Anon, Omaha Beachhead (6 June – 13 June 1944), 'American Forces in Action' Series (US War Department, Historical Division, 1945)

Anon, United States Forces, European Theater: Armored Special Equipment (Office of the Chief of Military History, General Reference Branch, US Army, Washington DC, 1953)

Bailey, Roderick, Forgotten Voices of D-Day (London, Ebury, 2009)

Balkoski, Joseph, Omaha Beach: D-Day, June 6, 1944 (USA, Stackpole Books, 2004)

Balkoski, Joseph, Beyond the Beachhead: the 29th Infantry Division in Normandy (USA, Stackpole Books, 2005)

Barbier, Mary Kathryn, D-Day Deception: Operation Fortitude and the Normandy Invasion (USA, Stackpole Books, 2009)

Brown, D.K., The Design and Construction of British Warships 1939–1945, The Official Record: Landing Craft and Auxiliary Vessels (London, Conway Maritime Press, 1996)

Clough, Brigadier A.B., Maps and Survey (London, HMSO, 1952)

Ellis, L.F., Victory in the West Vol. 1: The Battle for Normandy (London, HMSO, 1962)

Fletcher, David, Swimming Shermans: Sherman DD amphibious tank of World War II (Oxford, Osprey, 2006)

Ford, Ken, D-Day Commando (Sutton, 200?)

Fowle, Barry W. (Ed), Builders and Fighters: US Army Engineers in World War II (USA, Office of History, US Army Corps of Engineers, Fort Belvoir, Virginia, 1992)

Friedman, Norman, US Amphibious Ships and Craft: An Illustrated Design History (Annapolis, USA, Naval Institute Press, 2002)

Gawne, Jonathan, Spearheading D-Day: American Special Units of the Normandy Invasion (Paris, Histoire et Collections, 2001)

Gordon, Alan, 'Mapping and charting for the greatest collaborative project ever' (The American Surveyor, 2005)

Hampshire, A. Cecil, The Beachhead Commandos (William Kimber, 1983)

Henson, Terry, Porky's War: The Story of a Real-Life Freddy the Frogman on D-Day (Menin House, Brighton, 2012)

Jarman, W.D., Those Wallowing Beauties: The Story of Landing Barges in World War II (Lewes, The Book Guild, 1997)

Keller, Maj-Gen R.F.L., 'The Technique of the Assault: the Canadian Army on D-Day: After-action reports by commanders' (Canadian Military History, Vol. 14, No. 3, Summer 2005)

Lavery, Brian, Assault Landing Craft: Design, Construction & Operations (Barnsley, Seaforth Publishing, 2009)

Lewis, Adrian R., Omaha Beach: A Flawed Victory (USA, University of North Carolina Press, 2001)

Liptak, Eugene, World War II US Navy Special Warfare Units (Oxford, Osprey, 2014)

Monckton, Sir Walter, Report: 'The part played in "Overlord"by the synthetic harbours' (Chiefs of Staff Committee, 18 January 1946)

Pakenham-Walsh, Maj-General R.P., Military Engineering (Field), (The Second World War 1939–1945, Army), (London, The War Office, 1951)

Pemberton, Brigadier A.L., The Development of Artillery Tactics and Equipment (The Second World War 1939–1945, Army), (London, The War Office, 1950)

Prados, Edward F. (Ed), Neptunus Rex: Naval Stories of the Normandy Invasion, June 6, 1944 (USA, Presidio, 1998)

Price, Alfred, 'Spoof operations' (Aeroplane magazine, June 2004)

Rogers, Joseph and David, D-Day Beach Force: The Men Who Turned Chaos Into Order (History Press, 2012)

Rose, Edward P.F., and Pareyn, Claud, 'British applications of military geology for Operation Overlord and the battle on Normandy, France, 1944' (Geological Society of America, Reviews in Engineering Geology, Vol XIII, 1998)

Roskill, Captain S.W., The War at Sea 1939–1945, Vol. 3: The Offensive, Part II, 1st June 1944–14th August 1945 (London, HMSO, 1961)

Sailplane and Glider magazine, 'Tank carrying glider', Vol. 13, No. 2, March 1945

Scott, Desmond, Typhoon Pilot (Arrow, 1987)

Shaw, Frank and Joan (compilers), We Remember D-Day (Hinckley, 1994)

Skill in the Surf: A landing boat manual (US Navy, February 1945)

Smith, David J., Britain's Military Airfields 1939–1945 (Wellingborough, PSL, 1989)

The Civil Engineer in War: a symposium of papers on wartime engineering problems, Vol. 2: 'Docks and Harbours' (The Institution of Civil Engineers, 1948, London)

Trew, Simon (Ed), Battle Zone Normandy, various volumes (Stroud, Sutton Publishing, 2004)

Trew, Simon, D-Day and the Battle of Normandy: a photographic history (Sparkford, Haynes, 2012)

US Air Force Doctrine Document 2—5.1. 'Electronic Warfare' (USAF, November 2002)

Waldron, T.J., Gleeson, James, The Frogmen: the story of the wartime underwater operators (London, Evans Brothers, 1950)

Wood, Alan, History of the World's Glider Forces (Wellingborough, PSL, 1990)

Zaloga, Steven J., Rangers Lead the Way: Pointe-du-Hoc, D-Day 1944 (Oxford, Osprey, 2009)

网站

http://www.beckettrankine.com
Marine Consulting Engineers

http://mulberrysurvey.co.uk
The Gooseberry, the newsletter of the archaeological survey of the artificial harbour built off Arromanches, Normandy

http://jproc.ca/hyperbolic/decca.html
Proc, Jerry (Ed), 'Hyperbolic radio navigation systems, Decca'

http://www.coppheroes.org
COPP Heroes of Hayling Island

http://www.ixengineercommand.com
US IX Engineer Command History

http://www.rquirk.com/cdnradar
Grande, George K., Linden, Sheila M., Macaulay, Horace R. (Eds), 'Canadians on Radar 1940–1945'

http://www.somerleyton.co.uk
'Duplex Drive amphibious tanks at Fritton Lake'

http://benbeck.co.uk/fh/transcripts/sjb_war_diaries/intro.html
Battery Diary, 341 Battery, 86th Field Regiment, Royal Artillery, 1944 to 1946

http://www.mcdoa.org.uk – 'Operation Neptune Frogmen: the first men ashore on D –Day'

http://www.6thbeachbattalion.org – US 6th Naval Beach Battalion

http://archive.divernet.com – Frogmen: first ashore on D-Day

https://www.jstor.org/stable/26304197 – Fowle, Barry W., 'The Normandy landing', Army History No. 30, spring 1994 (US Army Center of Military History)

http://www.americandday.org – 'American D-Day' by Laurent Lefebvre

图书在版编目（CIP）数据

登陆日："海王"行动、"霸王"行动和诺曼底之战／（英）乔纳森·法
尔康纳（Jonathan Falconer）著；姚军译. --武汉：武汉大学出版社，2024.8.
--ISBN 978-7-307-24433-7

Ⅰ. E195.2
中国国家版本馆 CIP 数据核字第 2024M9H430 号

责任编辑:褚德勇　　　责任校对:汪欣怡　　　装帧设计:千橡文化

出版发行:**武汉大学出版社**　　（430072　武昌　珞珈山）
（电子邮箱: cbs22@ whu.edu.cn　网址: www.wdp.com.cn）
印刷:北京雅图新世纪印刷科技有限公司
开本:787×1092　1/16　印张:23.5　字数:429 千字　插页:2
版次:2024 年 8 月第 1 版　　2024 年 8 月第 1 次印刷
ISBN 978-7-307-24433-7　　定价:186.00 元

ETER→

GREEN

QU

RED - - ROCHES

DE

LION

INEFIELD GROWS

PROBABLE MINES & WIRE
ALONG AREA FRONT

SEA WALL

ELEMENT "C"

Clos Colas

Gasholder

FLAME THROWERS

STAKES

Tower

B⁵ Lion

Cemetery